AF329747

LE TOURMENT DE DIEU PAR DOM WILLIBRORD VERKADE O.S.B.

ÉTAPES D'UN MOINE PEINTRE

TRADUCTION DE MARGUERITE FAURE REVUE PAR L'AUTEUR

LIBRAIRIE DE L'ART CATHOLIQUE
6, PLACE SAINT-SULPICE, PARIS VI

LE TOURMENT DE DIEU

A MON FRÈRE JUMEAU
ERICUS GERHARDUS VERKADE

PORTRAIT DE DOM VERKADE
PAR MAURICE DENIS

LE TOURMENT DE DIEU
PAR DOM WILLIBRORD VERKADE

ÉTAPES D'UN MOINE PEINTRE
TRADUCTION DE MARGUERITE FAURE
REVUE PAR L'AUTEUR PRÉFACE ET
PORTRAIT PAR MAURICE DENIS

LIBRAIRIE DE L'ART CATHOLIQUE
6, PLACE SAINT-SULPICE, PARIS VI.

PRÉFACE

La conversion de notre camarade Jean Verkade, ce grand garçon si peu mystique, si ardent à vivre, fut un des événements de notre jeunesse. Le souffle de l'Esprit nous enlevait inopinément un joyeux compagnon dont nous aimions le talent et le caractère. Mais la vocation surnaturelle qui séparait son destin des nôtres et le conduisait vers un couvent d'Allemagne et vers une autre peinture, épanouissait en lui une âme plus belle et nous liait d'une amitié plus parfaite. Tout le long de ma vie, les lettres du P. Verkade m'ont apporté des joies, des encouragements, des clartés : les jours que j'ai passés auprès de lui, à Beuron et au Mont-Cassin, ne me laissent que de bienfaisants souvenirs. L'amitié du P. Verkade est une de ces grâces dont je ne me lasse pas de remercier la Providence de Dieu.

Comment, au juste, par quelles démarches cette conversion s'est-elle faite ? C'est, à la vérité, ce dont nous ignorions le détail avant d'avoir lu ce livre. On trouvera ici une confession et une histoire : l'histoire d'une génération, la génération symboliste, et l'histoire d'une âme, une âme que Dieu enve-

loppe peu à peu de mille fils invisibles pour l'attirer à Lui. On lira comme un roman d'aventures cette suite de récits pittoresques et vivants, où la précision minutieuse de Gérard Dow, le comique de Téniers et parfois la profondeur de Rembrandt se retrouvent sous la plume moderne d'un moine peintre hollandais. A travers ce fourmillement d'anecdotes et ce style composite, mélange de germanismes et d'argot parisien, on voit le gamin de Paris reparaître sous le moine allemand, et peu à peu se dessiner la figure originale, les yeux clairs, le bon sourire de Jan Verkade. Ses confidences, ses histoires d'enfance, ses aventures et ses fredaines de jeune homme, ses divagations et ses rêveries nous amènent à comprendre la psychologie du converti, et nous conduisent insensiblement jusqu'au seuil du cloître, où il trouve la sérénité et la paix.

Peu de récits de conversion ont un tel caractère de simplicité, de naïveté, d'objectivité, une telle bonne humeur. Aucune des crises que l'Eglise et la pensée humaine ont traversées n'a laissé d'amertume dans son âme. Sans doute, il les a subies, il a connu toutes les objections contre la vérité : il en a fait le tour : c'est un homme de notre temps. Mais il n'est resté en lui aucune trace de tout cela. Il a suivi l'appel de Dieu avec la candeur d'un enfant. Il n'a pas discuté. Il est tel que nous imaginons les premiers compagnons de saint François, le Frère Léon des Fioretti. C'est pourquoi son amour de l'art, de la Beauté et de la vie n'a été ni diminué ni contrarié par son développement spirituel. Il a conservé son originalité, sa fraîcheur. Son style n'a rien de cafard, rien de janséniste ni même d'académique. Il garde son franc-parler, et les libertés de langage de l'ancien rapin ne font point tort à l'apologétique du moine.

C'est ainsi qu'il évite d'être ennuyeux : il se fait lire de ceux-là mêmes qui redoutent le plus la littérature cléricale. Les âmes tourmentées, celles qui déjà entendent l'appel de Dieu, mais qui ont peur, se sentiront rassurées par l'accent familier, la bonhomie du P. Verkade : ils comprendront en le lisant qu'à force d'humilité et de droiture, ils viendront, eux aussi, à bout de tous les pièges du diable. Ils pourront aussi se faire une idée de ce que c'est que la joie parfaite, et du bonheur qui les attend.

Les dons de l'écrivain se trouvent aussi chez l'artiste. Mais il faut tenir compte que l'Ecole d'Art de Beuron est une école de hiératisme, et que les règles en sont sévères. Ces règles ont eu sur le peintre Verkade une influence plus visible, sinon plus profonde, que celle de saint Benoît sur son caractère. Peut-être faut-il regretter qu'il n'ait pas fait davantage de paysages et de natures mortes dans le goût de sa jeunesse. Le Hollandais, dit-il lui-même, a peu de fantaisie... devant la nature, il se débrouille facilement. Van Gogh prétend, dans une lettre à Emile Bernard, que les maîtres hollandais n'étaient au fond que des portraitistes et qu'ils ont su écrire l'histoire de leur République en faisant les portraits de leurs contemporains. Le tempérament de Verkade le portait à travailler d'après nature. Elève de Sérusier, dont on verra quel rôle important il a joué dans sa vie, — comme aussi dans la mienne, — Verkade exposa en 1891 aux Indépendants. On apprécia son dessin nerveux et ses dons de coloriste. C'étaient les débuts d'un peintre. Il existe au couvent des Franciscains de Fiesole une ou deux fresques de lui qui témoignent de l'influence qu'il reçut des giottesques. C'est alors (1892) qu'il entra au Monastère de Beuron. Il y devint l'élève et sans doute le meilleur élève du célèbre P. Desiderius. Didier Lenz, sculpteur, disciple de Cornelius, est une des figures les plus remarquables que j'aie rencontrées dans ma vie : j'ai fait son portrait en 1903 au Mont-Cassin ; il était déjà tout chargé du poids des années et du poids des théories. Il a toujours soutenu que les anciens Egyptiens et les Grecs archaïques avaient seuls reçu la révélation de la Beauté. Ennemi de la Renaissance et des écoles modernes, fidèle au néo-classicisme munichois de 1850, il n'aimait pas l'art du moyen-âge ni même les mosaïques byzantines. Son rêve était de créer un art nouveau, appuyé sur « les saintes mesures », sur les canons égyptiens, sur l'exemple des Grecs, et d'en faire l'expression quasi mathématique du Dogme chrétien. Il a conçu, son compas de proportion à la main, d'implacables formules qui ne sont pas sans beauté. C'est une grande injustice de juger cet art-là comme a fait Huysmans, d'après des photographies, et d'en mépriser la plastique monastique sans avoir vu au moins le tombeau de saint Benoît au Mont-Cassin ou la Maurus kapelle à Beuron : ce sont d'excellents spécimens d'un système de décoration dépourvu de toute séduction profane, spécifiquement religieux, et par cela même, analogue au système musical de la Congrégation de Solesmes.

C'est dans ce milieu artistique, c'est dans cette école que l'admirateur de Gauguin et de Cézanne, le jeune peintre symboliste eut à faire un nouvel apprentissage. Evidemment, il était préparé par les idées de Sérusier à celles du P. Didier. Mais, tout de même, quelle aventure ! On verra comment il s'adapta à la nouvelle doctrine...

Après quatorze mois de séjour à Beuron, où il apprit le latin et l'allemand, il fut envoyé à Prague pour y travailler sous la direction du P. Didier à la décoration de l'église des Bénédictines de Saint-Gabriel. Entré en 1897 au noviciat, il cessa de peindre sauf pendant les vacances, — employées à décorer la façade de l'église de Beuron et la chapelle de la Sainte Vierge, toujours en collaboration avec l'atelier du P. Didier. Ordonné prêtre en 1902 il va travailler au Mont-Cassin, et s'y remet à dessiner d'après nature. Il expose en 1906 une Immaculée Conception à la Sécession de Vienne. La même année, il commence son ministère sacerdotal, tout en décorant une petite église de la Forêt Noire. Ses lettres de cette époque me disaient sa joie de peindre pendant la semaine, et de remplir le dimanche tous ses devoirs de prêtre : heureux surtout de confesser dans une humble paroisse où la foi est vive. Ses supérieurs lui permirent en 1907 un séjour d'étude à Münich. Là reparut, comme il dit, « le vieux Jan », l'élève de Gauguin ; et il travailla pour son propre compte, faisant même des études de nu d'après le modèle vivant. A Jérusalem, où il fut envoyé ensuite et où il décora une salle capitulaire, il continua ses recherches personnelles sous formes de dessins, d'aquarelles et de peintures, d'après les impressions qu'il recueillait au hasard de ses promenades. En 1912, il est à Vienne, et il peint à l'église des Carmes déchaussés de Dobling une grande descente de

Croix. C'est du Beuron avec des éléments de Giotto ; de toutes ses décorations, c'est celle qu'il préfère et c'est aussi la dernière en date. Son désir était de faire une œuvre « devant laquelle les pauvres pourraient prier et qui ne ferait pas fuir les artistes ». Ce travail l'occupa jusqu'en 1914. La guerre était commencée. Il redevint le bon moine assidu aux offices, acceptant tous les devoirs et toutes les besognes. Trop occupé par la charge d'hôtelier qui lui fut donnée pendant la guerre pour se remettre à peindre, il commença d'écrire l'histoire de sa vie, ce Tourment de Dieu (die Unruhe zu Gott) que nous présentons maintenant au public français.

Il entreprit en même temps des traductions de Cennini et de Ruysbrœck l'Admirable. À cette époque difficile, il eut à s'occuper des prêtres et séminaristes français internés à Beuron : tous ceux-là gardent de lui le meilleur souvenir. En 1916 paraît sa traduction du Libro dell' Arte de Cennini. En 1919, le Tourment de Dieu paraît en hollandais, et en 1920 l'édition allemande. La traduction de l'Ornement des Noces spirituelles de Ruysbrœck est sur le point de paraître à son tour.

Depuis 1914, nous voyons le père Verkade, toujours au chœur ou au confessionnal, ou au parloir. Au parloir il donne des conseils, console les uns, rassure les autres, inspire confiance à tous. Les jeunes gens surtout lui font leurs confidences : l'habit sévère qu'il porte ne leur fait pas peur. Car il est indulgent, et de bonne humeur toujours, avec des façons de vieux rapin. Il s'excuse de ne plus peindre, alléguant son âge, une maladie (bien supportée, d'ailleurs),

*et ce fait qu'un Hollandais comme lui n'aime rien tant que
le repos, et enfin que « la peinture, ça prend trop de temps. »*

*Si on insiste, il répond ceci : « Mon Dieu, de nos jours il
y a tant de peintres, et puisque tous veulent faire des chefs-
d'œuvre, au lieu de se contenter de réussir un bon morceau
de peinture, la peinture me dégoûte. D'ailleurs, j'ai trop à
faire ; je peins les âmes : la mienne d'abord... Et pourtant
si je suis quelque temps hors du couvent et si j'ai un peu de
loisir, les doigts me chatouillent... »*

*Et il ajoute : « Je suis un des hommes les plus heureux
qu'on puisse rencontrer : l'enfant gâté du bon Dieu. »*

*Aux approches de la vieillesse, voici donc « le vieux Jan »
qui revient parmi nous : ce livre le rend à ses amis. Voici
son image et sa pensée ; voici sa vie. Il veut que nous consi-
dérions avec lui d'un œil spirituel nos années passées, et
le peu qui nous reste à vivre. Il revient comme un missionnaire. Ayant trouvé la joie parfaite, il la veut donner aux
autres. Comme le bon Pasteur, il cherche du regard ceux qui
ne sont pas encore entrés dans la bergerie. Mais ce n'est pas
son genre de prêcher : il ne sait que raconter le miracle de
sa vie : il en rend témoignage, et nous livre sa propre
légende, pour la gloire de Dieu et le service de la Vérité.*

Maurice DENIS.

CE LIVRE A ÉTÉ TRADUIT DE L'ALLEMAND PAR Mlle MARGUE-
RITE FAURE. L'ÉDITION ALLEMANDE A ÉTÉ TIRÉE A SEIZE
MILLE, L'ÉDITION HOLLANDAISE A QUATRE MILLE. UNE TRA-
DUCTION ANGLAISE EST EN PRÉPARATION.

I

ANNÉES D'ENFANCE

Je naquis à Zaandam, près d'Amsterdam, le 18 septembre 1868 ; mon frère jumeau m'avait précédé d'un quart d'heure environ. Nous ne reçûmes pas le baptême, mon père appartenant à la secte des Mennonites. Mes parents avaient déjà deux filles, dont une du premier lit de mon père[1]. Après nous, naquirent encore quatre enfants, une fille et trois garçons, de sorte que nous étions huit. A l'exception du plus jeune, ma mère, quoiqu'elle fut d'une santé délicate, allaita tous ses enfants ; pour nous deux seulement elle eut encore recours à une nourrice. J'étais plus fort que mon frère, aussi souffrit-il plus que moi des maladies de l'enfance ; mais nous étions tous les deux d'une constitution vigoureuse et au conseil de révision nous mesurâmes la taille respectable d'un mètre quatre-

[1]. Mon père Ericus Verkade est né le 20 novembre 1835 à Vlaardingen (Province de Zuid-Holland) et mort à Hilversum le 8 février 1909. Ma mère Eduarda Thalia Koning est née le 14 août 1841 à Wedde (Province de Gronigen) et morte à Zaandam le 8 mars 1917.

1

vingt-trois centimètres. Mon frère jumeau reçut le nom de *Ericus* et moi celui de *Jan* (Jean), en souvenir de nos deux grands-pères.

Nous habitions d'abord au *Dam*, nom qui signifie *digue*. De notre fenêtre, nous avions la vue sur un petit port où plusieurs bateaux étaient amarrés. La rue devant la maison était très animée : les bateliers, les ouvriers du port et des usines, les paysans et les bourgeois s'y rassemblaient pour discuter de leurs affaires ou entendre les nouvelles quotidiennes. Ajoutez à ceci maintes voitures chargées de fûts, de sacs et de bois et vous avez le mouvement d'une importante petite ville commerciale et industrielle, qui se déroulait chaque jour devant nos yeux. Mon père possédait une fabrique d'huile, et nous en avions, tout gossés que nous étions, bien vite trouvé le chemin, ce qui nous fournit l'occasion de développer notre faculté d'observation et d'éveiller notre esprit.

Presque tous les jours un marchand de poisson, long et maigre, vrai type hollandais, dressait sa petite table de vente vis-à-vis de notre maison, et, suivant l'habitude des pêcheurs et des marins, il avait continuellement la chique à la bouche, et ne cessait de cracher, ce que nous observâmes étant assis sur les genoux de notre nourrice. Toutes les deux minutes il criait bien fort : « *Braadspiering* », c'est-à-dire « *friture* ». Il lançait chaque fois ce mot avec énergie, ce qui semble avoir fait sur moi une forte impression ; car ma mère m'a raconté plus tard qu'un de mes premiers mots a été « *Braadspiering* ». Jusqu'à l'âge de dix huit ans, époque à laquelle la vie nous arracha l'un à l'autre, nous avons été deux jumeaux inséparables. Nous n'étions qu'un seul cœur, qu'une seule âme, voire qu'une seule tête ; ce que pensait l'un, l'autre, presque toujours, le pensait aussi. Nous eûmes bien durant ces années quelques amis communs, mais, en réalité, nous nous suffisions parfaitement à nous-mêmes. Tout petits déjà, nous jouions ensemble. On nous asseyait l'un en face de l'autre, chacun bien enfermé dans sa chaise, puis on nous donnait une assiette en étain ; nous la tenions bien serrée dans nos petits doigts, la tiraillions de-ci de-là, ce qui nous causait une grande joie ; et si l'assiette tombait à terre, nous nous mettions à crier. Il me semble toujours que je me souviens de tout cela, mais ce doit être une illusion : on a dû me le raconter. Mais il y a une chose dont je me souviens très exactement : nous couchions ensemble, et souvent il arrivait que le lit se trouvait tout défait par notre sieste de midi. — L'un demandait alors : « Es-tu bien ? » Et, si l'autre répondait « Non », nous nous dressions sur le lit, jetions tout à terre jusqu'à ce que nous fussions sur les planches, et puis nous nous mettions à pleurer le plus fort possible. Notre mère, ou bien la bonne, accourait alors, et refaisait le lit, après quoi nous étions admirablement couchés. — Souvent nous nous disputions ; bien des fois même, à force de nous battre, nous avions les yeux pochés et le nez tout ensanglanté, mais nous étions vite réconciliés. — « Allez, battez-vous », disait notre père, quand par hasard il survenait, « vous êtes de la même force. »

Enfant, je croyais en Dieu, je savais qu'il voyait tout, qu'il était miséricordieux et pardonnait tout, mais qu'il punissait aussi quand on ne se corrigeait pas, et qu'il exauçait nos prières. Comme bien d'autres enfants, j'ai demandé souvent, moi aussi, dans mes prières, que telle ou telle chose ne se sache pas, que le maître ne m'interroge pas ce jour-là ou autres choses semblables, et très souvent j'ai été exaucé.

Ces vérités fondamentales, et bien des choses de ce qu'a dit, enseigné, ou fait Jésus-Christ, je les ai connues par mes parents, par les domestiques, par les livres de classe, sans qu'on m'ait rien enseigné de spécial sur la prière et sur la religion.

A la maison, la seule prière en commun était le *Benedicite*; mais nous autres, garçons, nous disions simplement : « Seigneur, bénis ces mets, amen ! »

Autant que je puis m'en souvenir, la servante nous a appris une prière du matin et une prière du soir; mais j'ai dû très vite les oublier. C'est à peine si j'arrivais au bout du *Pater*. J'ai souvent entendu parler de Jésus-Christ, notre Rédempteur, comme du Fils de Dieu, mort pour nos péchés, ainsi que du royaume de Dieu, du péché mortel et de la grâce, mais la conception exacte de ces choses m'échappait. J'aurais dû savoir à ce moment là que Jésus-Christ est Dieu de Dieu, Lumière de Lumière, vrai Dieu de vrai Dieu. J'ai gardé ma foi en Dieu jusqu'à ma quinzième année. Puis, peu à peu, l'obscurité se fit dans mon cœur, et je finis par ne plus croire en Lui.

Il y a un moment dont je me souviens encore très bien; c'était dans le jardinet derrière notre maison de la *Gedempte Gracht*[1] à Zaandam, tout près du tas de sable où nous avions coutume de jouer. C'est là que pour la première fois, je me suis demandé d'où je pouvais venir. Je

1. Canal comblé.

pensai au ciel et aux étoiles et je cherchai dans la nuit de ma vie inconsciente si je ne pouvais pas me souvenir de l'instant où je commençai d'être. — « J'y étais pourtant ! » Mais non, je ne pus rien me rappeler, absolument rien. Mes pensées se perdaient toujours dans l'ombre épaisse de l'inconnu. Mais cette ombre m'inspirait du respect. Après une timide tentative pour questionner les autres sur mon origine, je renonçai à m'informer davantage. J'avais remarqué tout de suite que, quoique je fisse, de toutes manières on ne me dirait pas toute la vérité.

Je ne me souviens pas très bien, mais je crois m'être une fois coupé profondément le doigt, ce qui m'avait valu une sévère réprimande. Ce qui est certain, c'est que, si petit que je fusse, je blasphémai honteusement Dieu dans ma colère, parce qu'il était cause de tout. — Lui, le tout-puissant, aurait pu et dû empêcher cela. J'étais alors réfugié dans un coin de ma chambre. Presqu'aussitôt après, j'eus l'impression d'avoir fait quelque chose de monstrueux. Je m'étonnai que Dieu n'exerçât pas sa vengeance sur moi et me laissât vivre. Je ne peux pas dire que je demandai précisément pardon, mais j'éprouvai du remords.

Non loin de notre maison habitait une pauvre femme infirme, mais jeune encore, du nom de Mina. Elle était toute déformée par la maladie, et sa tête était fortement inclinée sur l'épaule gauche. Je la regardais souvent avec une curiosité pleine de compassion. Ses traits étaient si contractés par la douleur ! Souvent, les gamins de la rue lui criaient : « Mina, tiens donc ta tête droite », car alors, elle se fâchait, et disait des injures. Cela me faisait souffrir. Un jour, pourtant, je ne pus résister à la tentation de crier, moi aussi : « Mina, tiens donc ta tête droite ! ». La pauvre s'emporta. Longtemps j'ai senti toute la méchanceté de mon action.

A côté de l'école primaire où je recevais une éducation frœbelienne, habitait le fils d'un horloger. Il était complètement paralysé et on le promenait toujours dans une petite voiture. Toutes les fois que je le voyais j'avais pitié de lui, d'autant plus que, l'ayant rencontré un jour, mon père nous fit remarquer, à mon frère et à moi, que nous devions être reconnaissants de ne pas être comme ce pauvre garçon. Pourtant la mine vieillotte de ces pauvres créatures, jointe au penchant à la présomption qui se manifeste souvent chez ceux qui constamment sont entourés de soins, m'était insupportable

Il y a deux fêtes de Saints que le protestantisme n'a pu extirper en Hollande. Ce sont *Sintermaarten* et *Sinterklaas*, la Saint Martin et la Saint Nicolas. On les conserva aux enfants, car le royaume des cieux est à eux. La veille de la *Sintermaarten*, les gamins et les fillettes portent des choux-raves, de grosses pommes de terre ou des radis noirs, évidés dans lesquels brûle une petite bougie, ou bien des lampions de couleur, parcourent les rues, et chantent des chansons devant la porte des bourgeois riches ou des membres de la famille.

Une de ces chansons dit, entre autres :

> Ici habite un homme riche,
> Qui peut donner, donner beaucoup,
> Bien des choses il peut donner,
> Qu'il vive longtemps, longtemps !

Naturellement, nous n'étions pas les derniers, mon frère et moi. et nous chantions à nous fendre la gorge. Le défilé à travers la petite ville était toujours plein d'émotions, car nos lampions, secoués par le vent, prenaient facilement feu, et on était bien ennuyé quand une « chose si chère » se mettait à flamber. — Je me suis souvent demandé ce que pouvait bien être ce *Sinter-maarten*. — Ce nom m'évoquait quelque chose de très familier. Et quand ma mère aussi me parlait de la tour de Saint Martin à Groningen, cela éveillait toujours en moi une image indéfinissable. Plus tard, dans le cours de ma vie, il sera encore question de *Sintermaarten*.

Sinterklaas était pour nous une très grande fête parce que nous recevions alors des cadeaux. Il n'est guère coutume en Hollande de faire un arbre de Noël ou d'installer une crèche. Nous fêtions seulement *Sinterklaas*. Il était, lui aussi, il est vrai, un être légendaire, mais bien plus accessible à notre intelligence d'enfant. On savait tout au moins que Sinterklaas montait un cheval blanc, qu'il portait une mitre sur ses cheveux argentés et tenait une crosse à la main, et même qu'il trottait tout simplement par-dessus les toits avec son cheval, accompagné de son valet *Pikkie*, un nègre qui portait un grand sac dans lequel on fourrait les enfants pas sages. Quelques semaines avant *Sinterklaas*, le saint homme venait voir si les enfants étaient sages. On entendait tout d'abord un formidable coup de sonnette, puis c'était dans la maison un bruit infernal : Sinterklaas montait l'escalier avec son cheval blanc ! Alors nous nous mettions aussitôt à chanter : « Sinterklaas, bon et saint homme », etc... Puis, on frappait à la porte et une grosse voix demandait :

« Y a-t-il des enfants qui ne sont pas sages ? » — « Non,
Sinterklaas. » — « Tous sont bien sages ? » — « Oui,
Sinterklaas. » — Alors Sinterklaas jetait des bonbons par
la porte à peine entr'ouverte et nous roulions comme des
boules sur le plancher. Mais c'est surtout la veille de
Sinterklaas que c'était beau ! Ah, tous ces petits paquets
que l'on recevait enveloppés avec tant de malice avec de
si beaux vers, et une surprise dedans ! Avant d'aller nous
coucher, nous mettions encore nos souliers et nos
pantoufles sous la cheminée et le matin, nous y
trouvions des bonbons. — J'ai longtemps cru à Sinterklaas et me suis toujours demandé pourquoi il n'y avait
plus aujourd'hui d'évêques à longue barbe, coiffés
d'une mitre, et tenant une crosse. Autrefois, me disais-je,
c'était bien plus beau, il y avait aussi des chevaliers,
et maintenant toutes ces merveilles ne sont plus !

Je ne sais de quand date cette coutume, mais chaque
année, la veille de la Pentecôte, on fête en Hollande, le
Luilak... Luilak veut dire à peu près *fainéant.* — Ce jour-là,
on a coutume de se lever de grand matin. Mais si quelqu'un ne se lève pas à temps, on répand des chardons
et des orties devant son lit ou bien on écrit *Luilak* sur sa
porte. On fait toutes sortes de plaisanteries devant la
maison dans laquelle il habite, on l'éveille en poussant
de grands cris, bref, on cherche à le tirer du sommeil
par un moyen quelconque. Cette nuit-là, les gamins
parcourent les rues, avec des voitures à petites roues
appelées *lorries.* — Puis, à Zaandam, les jeunes gens de
bonne famille, simulant un incendie de l'église et de
l'hôtel de ville, font manœuvrer la pompe à incendie de

leur section sur ces bâtiments qui sont alors inondés.

Tout cela, naturellement, était de la plus haute importance pour nous gamins. On nous avait donné aussi une lorrie, et pour la première fois (nous avions peut-être alors huit ans) on nous avait permis de fêter à fond le *Luilak*. Afin de ne pas laisser passer l'heure, les bonnes avaient mission de nous réveiller en allant se coucher, et, à tour de rôle, l'un de nous devait veiller jusqu'au moment venu. Nous nous couchâmes de très bonne heure après avoir soigneusement préparé tout ce dont nous avions besoin pour le lendemain matin. Les bonnes tinrent parole et nous réveillèrent. Nous veillâmes à tour de rôle, mais ne pûmes rester longtemps au lit, et nous nous levâmes. Nous nous glissâmes dans la chambre des bonnes, et répandîmes à profusion des épines et des orties devant leur lit. Puis, nous allâmes réveiller notre petite sœur, plus jeune que nous de deux ans. Elle devait venir avec nous et s'asseoir sur le charriot « afin que nous ayons quelque chose à tirer ». Mon frère entra dans la chambre des parents pour prendre la clef de la porte du jardin, comme c'était convenu. Ma mère s'éveilla : « Mère, la clef, dit-il. — Ah ! petit, c'est déjà l'heure ? dit notre mère à demi endormie ; il me semble que je viens de me coucher ; la clef est là-bas sur la table de nuit. » — Mon frère s'éclipsa aussitôt. — « Jan, me dit-il, j'ai la clef, maintenant filons ! » — Nous traversâmes très vite le jardin et arrivâmes à la porte. Elle n'était pas très haute : deux mètres environ ; malheureusement, nous ne pouvions l'ouvrir avec la clef. Mais cela ne nous inquiéta pas trop. Vite résolus, nous posâmes le charriot contre la porte, et nous nous mîmes à grimper. Notre petite sœur devait en

faire autant. Nous la fîmes passer du côté de la rue ainsi
que le charriot. Puis, oust ! nous filâmes tout le long des
rues !...

C'était une belle nuit, mais le vent soufflait et il faisait
frais. De grands nuages passaient devant les étoiles. Au
début nous nous amusions beaucoup, mais à mesure que
nous allions, l'inquiétude nous prenait. Il faisait si sombre
sous les arbres le long de la grand'rue. Les réverbères
n'étaient pas allumés car il faisait clair de lune. A un
moment nous croisâmes des ouvriers ; ils nous laissèrent
aller notre chemin, et très certainement ils ont dû se
dire : « Pour sûr, ce sont les gamins de Monsieur Verkade. » — Autrement, nous ne rencontrâmes personne.
Des étincelles sortaient de la cheminée d'une boulangerie.
J'étais effrayé et ne cessais de me retourner. « Etait-ce le
feu ? » J'avais si peur ! Je pensais à Dieu, et me dis qu'il
nous protègerait certainement, qu'il était bon, et qu'il ne
nous arriverait rien. Ericus me disait que ce n'était pas le
feu, mais tout simplement le boulanger qui chauffait son
four et rien d'autre... Mais toutes ces étincelles !

Nous nous approchâmes de l'église où l'on devait essayer
la pompe, personne n'était sur la place et tout le monde
dormait encore. Alors, nous rebroussâmes chemin, et
regagnâmes la porte du jardin ; nous fîmes passer notre
petite sœur et le charriot de l'autre côté, et nous nous
glissâmes tout doucement dans la maison. Notre petite
sœur ne voulait plus venir avec nous, elle retourna se
coucher. « C'était trop bête ! » Nous nous demandâmes ce
qu'il fallait faire, et nous décidâmes de jouer avec le
grand jeu de construction jusqu'au lever du jour. Nous
nous mîmes bravement à l'œuvre, mais, lorsque les bonnes

entrèrent le matin dans la salle à manger, elles nous trouvèrent tous deux endormis sur le plancher. Il faisait jour depuis longtemps. Toute la folle partie était passée. Mais sur la porte du jardin, était écrit en grosses lettres : *luilak, luilak !* Fainéant, fainéant !

En Hollande, quand on voit un travail qui a demandé beaucoup de patience, on a coutume de dire : C'est *un travail de moine.* — Ce mot-là avait pour moi un charme indéfinissable. Bien que fort impatient dans ma jeunesse, j'ai pourtant fait avec plaisir certains travaux qui exigent beaucoup de patience, comme, par exemple, de débrouiller un peloton de fil ou autres choses semblables, uniquement parce que c'était *un travail de moine !*

En 1877 mon père quitta Zaandam pour Amsterdam. Même dans la grande ville, nous avons joui de la plus grande liberté. On a l'habitude, en Hollande, de donner aux enfants une éducation très indépendante afin de ne pas entraver leur esprit d'initiative. C'est ainsi qu'une bonne partie de ma jeunesse s'est passée dans la rue, à la condition cependant que le but ordinaire de nos promenades et de nos flâneries fut le grand jardin zoologique ou le *Vondelpark.* Ces flâneries continuelles nous fournirent, il est vrai, l'occasion de faire toutes sortes de farces, parmi lesquelles il y en eut de vraiment mauvaises et dangereuses, mais elles ont été aussi très instructives. — S'intéresser à tous les métiers qu'on voit faire, forger, ferrer les chevaux, fondre, souder, construire, menuiser, etc... et rester planté à contempler les occupations les plus diverses, c'est là la leçon la plus naturelle que la famille

et l'école ne peuvent que difficilement remplacer. On
devrait réfléchir davantage à cela quand on parle des
dangers de la rue.

En ce temps-là, nous avions une couturière catholique,
Truitje de naaister, qui venait une ou deux fois la semaine
raccommoder le linge. Elle avait été élevée par des religieuses dans un couvent, et elle y avait même enseigné
jusqu'au moment où la loi n'admit plus que des maîtresses
diplômées. Elle savait une foule d'histoires et contait
merveilleusement. Nous aimions à nous asseoir auprès
d'elle quand elle cousait, et à l'écouter. Elle habitait au
béguinage, merveilleux endroit de silence et de solitude
au cœur du vieil Amsterdam. Il est vrai que, depuis
longtemps, il n'y habite plus de béguines, mais des vieilles
filles et des veuves ; tout est resté cependant dans le
même état qu'autrefois. Souvent nous allions prendre une
tasse de café chez *Truitje de naaister*. Elle nous parlait du
curé, de la confession, de la famille C., si strictement
catholique, chez laquelle elle allait coudre aussi chaque
semaine, etc. Une fois même, nous lui avions apporté
notre canari afin que le sien lui apprît à chanter. A cette
occasion, elle nous raconta cette histoire : « Hier soir,
comme la nuit commençait à tomber et que le veilleur
faisait sa ronde pour voir s'il n'y avait plus d'hommes
dans le béguinage, j'ai vu soudain un chat rouge. Je lui
dis très gentiment : « Petit chat, que fais-tu là ? » — Et
que croyez-vous que le chat m'ait répondu ? — « Quoi ? »
fîmes-nous étonnés. Le chat ne dit : « Rien », déclara la
couturière en se moquant de nous. — Truitje avait
toujours quelque chose de ce genre à raconter. Un soir

elle nous emmena avec elle à l'église catholique du *Singel*. — Un prédicateur célèbre devait faire le sermon. Le cœur battant, j'allai avec elle. C'est là que, pour la première fois, je vis chacun des fidèles faire une génuflexion devant le maître-autel. Je n'ai rien compris au sermon. Lorsqu'on donna la bénédiction, Truitje nous dit de nous agenouiller ; nous le fîmes avec beaucoup de gaucherie. Cette fois-là, tout cela ne m'avait fait que peu d'impression. Je quittai l'église comme j'y étais entré. — J'ai toujours gardé un bon souvenir de *Truitje de naaister*. Elle vivait, grâce à sa foi, dans une atmosphère de surnaturel et de paix, où je me sentais heureux chaque fois que ses récits m'y transportaient.

Dans ces années-là et plus tard aussi, mon frère jumeau et moi nous fréquentions le dimanche ce qu'on appelait « l'église des enfants ». — Chaque fois c'était un autre *Dominee* qui prêchait. Le chœur chantait d'abord un cantique, puis le *Dominee* récitait une prière selon l'inspiration du moment, faisait ensuite son sermon, et pour finir, tous les enfants chantaient un autre cantique. C'est sans déplaisir que nous allions à cette église, d'autant plus que chacun de nous recevait une pièce de deux sous pour mettre dans la bourse du quêteur. Mais la bourse ne recevait jamais plus d'un centime et même rien du tout, car souvent nous manquions l'église. Mais à la fin du service, nous nous trouvions toujours à la porte pour demander à un camarade ce qu'on avait prêché.

Mais je peux dire aussi, à ma louange, que plus d'une parole du prédicateur est tombée sur un bon terrain. Souvent, les yeux fermés et les mains sagement jointes, je répétais fidèlement tout bas la prière du Dominee. On nous raconta une fois l'histoire d'Esther. Le Dominee contait d'une façon charmante. Je me souviens encore très nettement de ces mots : « Tue Aman˝ », et aussi qu'Esther avait sauvé le peuple d'Israël.

Très souvent, j'entendais dire du haut de la chaire : « Si vous ne devenez pas comme des enfants, vous n'entrerez pas dans le royaume des cieux » (Matth. 18, 8). En entendant ces mots je me suis souvent dit : « Jésus ne devait pas très bien connaître les enfants, ou les enfants d'autrefois étaient-ils meilleurs ? S'il savait tout ce que j'ai déjà volé, il n'aurait pas dit cela ! »

Jusqu'à l'âge de douze ans, mon frère et moi nous couchions dans le même lit. Un soir, nous étions couchés l'un à côté de l'autre, tous deux du côté droit. Mon frère me tournait le dos. Je dormais déjà à moitié, lorsqu'il se retourna et me dit : « Jan, pries-tu quelquefois ? » — Nous avions justement entendu, quelques jours auparavant, à l'église des Mennonites du Singel, un sermon sur la prière. Je n'y avais pas compris grand'chose, pourtant quelques paroles m'étaient restées dans la mémoire. — Depuis, je priais fréquemment, mais je ne voulais pas l'avouer à mon frère, et c'est pourquoi je lui répondis : « Es-tu fou ? je ne prie jamais ! » — « Cochon ! » me dit alors mon frère, et de nouveau il me tourna le dos.

Que de fois, en passant devant une église catholique, ai-je eu envie de m'y glisser inaperçu ! Mais je savais par expérience qu'une fois entré, je serais gêné par des regards qui reconnaîtraient immédiatement en moi le non-catholique. C'est pourquoi je n'osais le faire que lorsque je voyais beaucoup de monde entrer dans l'église ou en sortir. Je pouvais alors rester au fond sans être dévisagé. Et c'était toujours la même chose que je regardais : un autel tout auréolé de lumières et voilé d'épais nuages d'encens. Devant l'autel, le prêtre allait et venait avec ses lévites tandis que l'on chantait. Et tout cela était très solennel, plein de sérénité, mais très étrange aussi et bien incompréhensible pour moi, pauvre petit gamin qui se sentait si irrésistiblement attiré par ce spectacle.

Une parente qui habitait notre maison était profondément religieuse. Enfant, elle avait un jour élevé dans l'embrasure d'une fenêtre de mansarde large d'à peine quatre-vingts centimètres, un tout petit autel qu'elle avait orné de linges blancs, de cierges, de fleurs et de quelques statuettes de saints. Je trouvai cela joli, et l'imitai. Mais je fermais de plus mon petit autel par un rideau placé devant la niche et je possédais ainsi un petit coin pour moi tout seul, si petit, il est vrai, que je pouvais à peine m'y retourner. Je m'agenouillais alors devant mon petit autel, et en faisant cela, j'avais le sentiment qu'il me fallait prier aussi. Mais ne pouvant y arriver, j'abandonnai bientôt ce jeu.

Très souvent aussi, nous jouions à l'église catholique. Les enfants singent volontiers. Je m'affublais de quelques loques et faisais le prêtre. Ma sœur aînée me disait presque toujours : « Personne ne fait cela aussi bien que toi. » Souvent, écoutant derrière la porte d'une église catholique, j'avais entendu le chant grégorien ; j'avais bien retenu la façon dont il était chanté et avais soigneusement noté les intervalles. Mes frères et mes sœurs étaient tou-

jours pris d'un fou rire quand, en chantant, je prenais un
ton *grégorien*. Le *service* une fois célébré, on passait à
confesse. Ma sœur me disait alors « Père, pardonne-moi
mes péchés », sur quoi je répondais : « Enfant, qu'as-tu
fait ? » Elle me disait alors quelque sottise si bien que je
la renvoyais presque aussitôt sans *absolution* et en disant :
« Allez-vous-en, petit diable ». A ces mots, tous de nouveau éclataient de rire ; l'un des enfants dit une fois :
« Jan a l'air de s'y connaître. »

Nous avions trouvé un jour dans la rue, mon frère et
moi, un petit livre de messe. L'ayant ouvert, nous tom-
bâmes sur les litanies de la Sainte Vierge, et nous lûmes
ceci : « *Tour d'ivoire, Vase insigne de dévotion, Maison d'or,
Etoile du matin, etc...* » Cela nous fit rire, et, sans autre
forme de procès, nous jetâmes *toutes ces bêtises* dans l'eau,
à côté de nous.

Mais pourquoi n'ai-je jamais pu oublier cet incident, et
comment se fait-il qu'aujourd'hui il me soit possible
encore de désigner exactement l'endroit où nous avons
trouvé cet étrange petit livre ? Aurais-je alors, malgré mon
attitude méprisante, ressenti toute la poésie de ses invocations splendides ?

« Je me suis vu souvent près de la mort » (II Cor. 11,
23). C'est à quoi nous exposait presque chaque jour notre
folle exubérance. Que de fois ne nous est-il pas arrivé de
patiner sur de la glace très mince encore, traversant
même de larges ponts ! Que de fois n'avons-nous pas
grimpé le long des gouttières, cherchant sur les toits des
nids de moineaux ! Il nous est même arrivé de nous ris-

quer sur un toit d'où nous serions tombés dans l'eau si
une seule tuile avait cédé. Que de fois, tout petits bons-
hommes encore, n'avons-nous pas grimpé sur les arbres
les plus hauts ! — Une fois que j'étais assis tout au sommet
d'un orme immense, mon père arriva. Il eut peur, mais
dit tranquillement : « Jan, peux-tu grimper plus haut ? »
Je me dis qu'il prenait bien la chose, et répondis : « Pas
beaucoup plus haut, père. — A ta place, alors, je descen-
drais tout doucement, » me conseilla-t-il. Une fois en bas,
il m'empoigna par le col et me ramena à la maison. Qui
eût cru cela ? Une autre fois vers onze heures du soir, en
patinant sous un pont, la glace se rompit sous moi, mais
heureusement, je pus me sauver tout seul. — Mon frère
jumeau est entré plus souvent encore que moi en contact
avec l'élément humide. Il y a une anecdote que je tiens à
raconter. C'était à Amsterdam, nous jouions près de la
Muiderpoort sur des radeaux. Mon frère se mit à courir
sur une planche très mince, perdit l'équilibre et tomba à
l'eau. Par bonheur, il ne disparut pas sous le train de
bois, et put se sauver. Cela se passait dans un endroit
assez désert. Ericus enleva en riant ses vêtements trem-
pés. Nous les tordîmes, puis il les remit. On nous avait
donné à chacun un ticket d'omnibus pour le retour. Mais
nous savions que lorsqu'on est tombé à l'eau, il faut
courir pour se réchauffer, et, au lieu de monter en omnibus, nous nous mîmes à galoper derrière jusqu'à la
maison. Arrivés là, mon frère se cacha. Je lui apportai
des bas secs et de chaudes pantoufles. Mais il garda
momentanément ses habits mouillés. A table, ma mère lui
attacha sa serviette autour du cou, (car nous étions encore

petits, nous avions dix ans peut-être) sans remarquer
qu'il était mouillé. Après le dîner, nous racontâmes l'histoire à notre *Jane*, une bonne qui était depuis bien des
années à notre service. Sans le trahir, elle fit tout de
suite coucher mon frère. C'était plus prudent.

Mon frère jumeau et moi fréquentions à Amsterdam
une école municipale pour fils de « bonne famille ».
Comme nous nous ressemblions d'une manière frappante,
nous pouvions nous permettre toutes sortes de blagues.
Si, par exemple, j'étais en retenue, je filais avec les autres
gamins et donnais gentiment la main au professeur en
disant « Adieu, Monsieur le Professeur ». Pensant que
j'étais le frère jumeau, il me laissait partir. Sur quoi, je
disparaissais au plus vite. Mon frère arrivait bientôt après.
Naturellement, il ne pouvait être retenu. Il est vrai que
c'était pour le lendemain, soit une réprimande, soit une
paire de gifles, mais, là aussi, j'étais endurci. D'ailleurs le
maître avait assez de sympathie pour nous. Un jour, il fit
cette remarque à quelqu'un : « Il est vrai que ce sont des
cancres, mais je ne peux m'empêcher moi-même de rire
de leurs farces. » De temps à autre, il faut le dire, j'étais
aussi très appliqué ; il m'est même arrivé deux fois
d'avoir ce qu'on appelle le prix d'application. Mais à la
fin, nous en fîmes tout de même trop. Le directeur fit
venir mon père et lui dit : « Vos garçons ont la vie trop
facile à la maison ; mettez-les dans un pensionnat où l'on
soit un peu plus sévère. » C'est ce qui fut fait. Notre père,
il est vrai, ne nous dit rien, mais pendant les vacances, il
arriva chez nous un tas de prospectus. Mon frère me dit

alors : « Jan, çà, c'est pour nous. » — « Je m'en fiche «, répondis-je. — « Moi aussi », dit-il. — Et, l'œil sec, nous dîmes un jour adieu à notre mère en pleurs et à nos frères et sœurs. Notre père nous conduisit lui même dans un pensionnat à Oisterwyk, village de la province du Noord-Brabant.

II

EN PENSION

La vie de pension fut pour moi une nouvelle révélation des choses religieuses. Le matin, au petit déjeuner, le Directeur lisait à haute voix un chapitre de la Bible, et j'appris ainsi à connaître le peuple d'Israël, ses héros et ses prophètes. D'ailleurs, je l'ai déjà dit, je connaissais déjà maints passages de l'Ecriture Sainte. Dans notre pension, on récitait la prière avant et après le principal repas et, tous les dimanches, nous allions à l'église réformée. Une fois par semaine, un Dominee venait faire le catéchisme. Mais tous les garçons n'y assistaient pas, car ils étaient de sectes différentes. Il y avait parmi eux plusieurs fils de pasteurs qui n'étaient pour cela ni plus religieux ni plus sages que les autres élèves. Un seul parmi eux cherchait à exercer une bonne influence. L'église dans laquelle nous allions chaque dimanche assister au service n'était qu'une toute petite église, car il n'y avait guère qu'une douzaine de familles réformées dans cette grande bourgade catholique. Le service se composait de deux chants, d'une prière que récitait le Dominee, d'un sermon et d'une allocution finale. Nous

étions assis dans de hautes stalles, ce qui nous permettait
de lire ou d'écrire. Il m'était impossible de suivre attentivement le sermon, c'est pourquoi, le plus souvent, au
lieu d'écouter, je lisais la Sainte Bible ou un autre livre
ou bien encore j'écrivais une lettre. A cet effet, je serrais
du papier à lettre dans une petite case pratiquée dans la
stalle et destinée aux livres de cantiques. Un jour, je ne le
trouvai plus. Le bedeau l'avait probablement enlevé. Pour
me venger, je déchirai une lettre en petits morceaux que
je répandis dans la stalle. J'avais complètement oublié ce
mauvais tour, quand avant le déjeuner, le directeur
furieux m'invectiva et me demanda : « Est-ce toi qui as
répandu des petits morceaux de papier dans la stalle ? »
— « Oui, » répondis-je. Je mentais rarement dans ces
cas-là.

Je tendis tout tranquillement mes joues, d'abord la
droite, puis la gauche et reçus deux bons soufflets. Mais ce
n'était pas tout. Le directeur me dit : « Tu aurais été
invité aujourd'hui chez le Dominee R. ; tu n'iras pas. »
C'était là une dure punition. Je n'avais pas encore été
invité, et, le soir, je dus me contenter de la maigre chère
du pensionnat, au lieu de manger tout mon saoul à la
bonne table bourgeoise du brave prédicateur.

Chaque semaine, donc, le Dominee R. venait nous faire
le catéchisme, vers le soir, après la promenade. Nous
avions un catéchisme dans lequel il nous fallait apprendre. Mais j'ai rarement appris par cœur la leçon, et je
n'écoutais presque jamais ce que disait le prédicateur. Je
me souviens seulement que le Dominee R. a parlé d'une
ancienne et d'une nouvelle alliance et qu'il s'est agi un

jour de la Pentecôte et du miracle des langues. — « Parler différentes langues », expliquait-il alors, « ne signifie pas que les disciples du Christ, après avoir reçu le Saint-Esprit, aient parlé et compris plusieurs langues, mais, au point de vue de l'exégèse, cette expression veut dire qu'ils étaient extrêmement heureux et exprimaient leur joie de la manière la plus vive. » — Je me dis alors qu'un Dominée comme lui, devait avoir beaucoup étudié pour savoir tout cela. Et à partir de ce moment-là, j'eus plus de respect pour lui. — Un jour, nous avons joué à ce bon et brave homme un bien méchant tour. Il nous avait exhorté à aider les missions. Une tire-lire placée en classe avant la leçon, nous fournit l'occasion de montrer notre esprit de sacrifice. Un soir, au lieu d'y mettre de l'argent, nous la remplîmes d'eau. Or, il arriva que ce soir-là, le Dominée prit la tire-lire. La sentant si lourde, il nous dit : « C'est bien, nous pourrons bientôt l'ouvrir. » Quinze jours plus tard, il n'y avait plus d'eau dedans. Dominee R. la soupesa à nouveau. Cette fois elle était fort légère. Très affligé, il demanda comment il était possible de voler les pauvres du Christ. Seuls, de vilains scélérats en étaient capables. Personne ne répondit. Lorsque plus tard, le Dominee R. ouvrit la tire-lire, les pièces couvertes de vert-de-gris ont dû lui expliquer pourquoi elle avait été si lourde un jour, et je suis sûr qu'il a été heureux de penser que si nous étions de mauvais garnements, nous n'étions pas des voleurs.

C'est à cette époque que, pour la première fois, je vis un moine. Il portait une robe brune à capuchon, marchait nu pieds et n'avait rien sur sa tête complètement rasée ;

une corde lui ceignait les reins. **Je tressaillis, horrifié.**
Ça, c'est un pénitent, me dis-je ; la corde autour des reins
est, à coup sûr, pour se fustiger. Je le suivis des yeux. Le
moine allait tout tranquillement son chemin. Je m'aperçus alors qu'il tenait un bâton à la main et que ses sandales étaient ferrées. Je cherchai à me renseigner sur les
moines auprès d'un ami de mon frère. Il pourra bien
m'expliquer cela, me dis-je, car il est originaire de la
province de Nood-Brabant où il y a beaucoup de couvents.
« Cette vermine de moines, » me dit alors le gosse, « est la
terreur de la population. Les moines mendiants parcourent le pays, cherchent un gîte pour la nuit chez le
paysan, le pillent de fond en comble et s'en vont. Si on
ne leur donne rien, ils vous menacent alors du diable et
de l'enfer. » Je trouvais fort étrange que les paysans se
laissassent faire, mais les catholiques sont si bêtes ! me
dis-je alors. — Je n'ai jamais oublié ce moine, et lorsque
plus tard, sur la route, je voyais dans le sable des mar-
ques de clous, je me disais : C'est un moine mendiant qui
vient de passer là, car en Hollande on n'a pas l'habitude
de ferrer les souliers.

Une fois, pendant les vacances, mon père **nous**
emmena, mon frère jumeau et moi, visiter sa ville natale,
Vlaardingen, petit port de mer réputé pour ses pêches
de harengs. Il y avait passé une partie de sa jeunesse et
parlait souvent de son grand-père. Mon père n'a, **en effet,**
jamais connu le **sien**, étant venu au monde quelques mois
après sa mort.

Nous prîmes d'abord le train jusqu'à Rotterdam, puis le
bateau à vapeur jusqu'à Vlaardingen. — Nous allâmes

voir tout d'abord la maison de mon arrière-grand-père, puis une vieille servante qui avait tenu mon père sur ses bras lorsqu'il était petit, et enfin le cimetière où reposaient les parents et grands-parents de mon père. Après avoir longtemps cherché, nous trouvâmes les tombes. — « Chapeau bas », ordonna mon père qui était visiblement ému, ce que d'habitude il ne voulait pas laisser voir. Nous restâmes là, muets comme des carpes, bien benêts, le chapeau à la main, sans savoir que faire. — Il existe un pont entre ceux qui sont disparus et ceux qui restent : la prière. Mais ce pont, nous ne le connaissions pas.

J'ai toujours considéré comme une grâce particulière de Dieu de ne pas avoir été trop perverti au pensionnat, mais d'y avoir, au contraire, appris bien des choses, entre autres à me priver et à me contenter de peu, car bien que le pensionnat fût fort cher, on y était fort mal. — Je pris également l'habitude d'un certain ordre et appris à supporter les autres. C'est que j'ai eu beaucoup à souffrir de quelques camarades plus âgés qui prenaient plaisir à essayer leur force sur moi. L'un d'eux s'est tué d'un coup de revolver quelques années plus tard, l'autre fut blessé dans un duel et mourut très jeune aussi. D'ailleurs, il y avait au pensionnat quelques gars fort dangereux. Le nombre des élèves était monté très rapidement de dix-sept à trente-six, ce qui eut des conséquences désastreuses. Mes bulletins étaient à cette époque, fort divers, tantôt bons, même très bons, tantôt mauvais. L'histoire, la géographie, et surtout le dessin étaient ce que j'aimais le mieux.

Notre séjour en pension se termina avec une rapidité tout à fait inattendue. Un jour mon frère et moi nous

reçûmes une lettre ainsi conçue : « Les bulletins ont été de
nouveau au-dessous de tout. En conduite, vous avez tous
les deux la note très mal. J'arriverai dimanche prochain
pour prendre, d'accord avec M. le Directeur, les mesures
de correction nécessaires. Adieu, votre père très affligé. »

Le dimanche suivant, le cœur battant, nous allâmes à
la gare : « Mets-toi devant, » dis-je à mon frère, « tu es
l'aîné et c'est toi qui as les plus mauvaises notes. » —
« Non, » répliqua-t-il, « c'est à toi de t'y mettre car ton
bulletin, après tout, est encore meilleur que le mien. »
— Le train s'arrêta. Mon père descendit. Nous l'accueil-
lîmes affectueusement. Il nous donna froidement la main.
Mais à notre grande joie, notre mère descendit à son
tour. « Oh ! alors, ça va être moins grave, » pensâmes-nous
tout de suite, et nous devînmes très gais. Notre père
gronda : « Oh ! ne soyez pas si gais, j'ai quelque chose de
très sérieux à vous dire. » — Mais nous ne perdîmes pas
contenance et nous nous mîmes à raconter aux parents
toutes sortes d'histoires du village. Mon père fléchit.
« Père, » dit mon frère, « si nous déjeunions au restaurant car, aujourd'hui, il y a de la choucroute à la pension... » Il ne pouvait même pas en supporter l'odeur. —
« Nous verrons, » répondit-il en bougonnant. — « Père,
vois-tu, c'est dans ce restaurant là-bas que l'on mange le
mieux et à meilleur marché. » — Nous disions cela car,
attenant à ce restaurant, il y avait une boutique où l'on
pouvait acheter du chocolat et des bonbons. « Puis cet
après-midi nous irons au *Hundsberg.* » — Nous arrivâmes
ainsi à la pension. Le directeur reçut nos parents et nous
congédia. Plus tard ma mère m'a raconté ce que l'on avait
dit : Sans être précisément méchants, nous étions insup-

portables. Dès qu'il y avait quelque chose, on était sûr de voir Ericus suivi de Jan ; à part cela, nous étions parmi les meilleurs du pensionnat, avait déclaré le directeur. — Mon père se montra alors plus satisfait. D'ailleurs, il n'attachait pas grande importance aux bons ou aux mauvais bulletins. — Cela nous le savions. Une fois même, alors qu'il ne se croyait pas écouté, nous l'entendîmes dire : « Après tout, moi aussi, je n'étais pas un ange. Les gars, (c'est de nous qu'il parlait), sont doués et assez malins, ils sauront bien se tirer d'affaire. » On nous appela : « N'est-ce pas, petits, dit le directeur, vous tâcherez que le prochain bulletin soit meilleur. » — Nous le promîmes très sérieusement et l'affaire fut réglée. Alors on nous permit d'aller au restaurant commander le dîner. Nous composâmes nous-mêmes le menu : Beafsteak et compote de pommes, et comme dessert, un pudding. Toute la journée, nous nous montrâmes sages et prévenants, bref, tout à fait gentils. — Mais, la peur une fois surmontée, la nature prit sa revanche. Nous devînmes de plus en plus gais, et les parents aussi étaient heureux comme nous.

Le soir, nous dévorâmes comme des loups. Durant les derniers mois, nous avions beaucoup grandi. Nos bras maigres sortaient bien longs de nos manches trop courtes. Nos pantalons étaient beaucoup trop courts aussi et des boutons manquaient au pardessus. Nos parents eurent alors pitié de nous. — « Les pauvres gosses meurent de faim ; après les vacances, nous les reprendrons avec nous. » C'est ce que mon père, paraît-il, avait dit. Du moins il en fut ainsi.

Lorsque je quittai le pensionnat et pris congé du Dominee R. il me dit : « Cher enfant, nous n'avons jamais été grands amis. Je fais des vœux pour toi, mais je crains que plus tard tu n'aies pas de chance, mais, je le répète, je fais des vœux pour toi. Que Dieu te protège ! » Je compris alors subitement que j'avais profondément peiné le brave homme. Je me repentis sincèrement. Mais ne pas avoir de chance dans la vie, je ne pouvais croire à cela. — « Parbleu, je saurai toujours me tirer d'affaire ! » m'écriai-je.

III

A L'ÉCOLE DE COMMERCE

On nous ramena donc à la maison. A partir de septembre 1883 nous allâmes à l'école de commerce d'Amsterdam, mes parents étant retournés dans la ville après
avoir passé deux ans à la campagne. L'école commerciale
était la plus *chic* de toutes les écoles secondaires de la ville.
Seule l'élite de la bourgeoisie s'y trouvait représentée.
Les maîtres qui, tous sans exception, étaient des hommes
respectables, restaient neutres, autant que possible, en
matière religieuse. En général, il régnait une bonne discipline pendant les classes, bien qu'on ne donnât ni pen-
sums ni corrections. Mais, comme partout ailleurs, le
maître d'écriture et le maître de dessin étaient de véritables souffre-douleurs.

C'est dans cette école que j'entendis parler pour la
première fois des Pères de l'Eglise, particulièrement
d'Augustin, comme aussi du plus ancien des ordres religieux, celui des Bénédictins. A ce nom, j'eus l'impression
que l'on éprouve quand on vous présente à quelqu'un en
qui l'on reconnaît un futur ami..... Notre voie est tracée
d'avance, et dès qu'on entend le nom d'une station future,

on tressaille involontairement. Cependant peu nombreux sont ceux qui s'en rendent compte. Tous les hommes naissent avec des antennes, mais au fur et à mesure que l'érudition augmente, elles se recroquevillent, ou bien s'émoussent d'elles-mêmes avec le temps.

En août 1884 nous passâmes, mon frère et moi, une partie des grandes vacances aux bords de la Moselle, dans les environs de Cochem. Nous visitâmes à l'aller Cologne et Trèves. L'année précédente déjà, avec mon père, nous avions remonté le Rhin jusqu'à Mayence et au retour nous avions, de Coblence, visité Kreuznach. Nous arrivâmes à Cologne un samedi. Après être descendus dans un hôtel, nous allâmes à la cathédrale. La splendide nef était presque sombre. Dans le transept de gauche quelques lumières brûlaient. De la tribune des chanteurs s'élevait un chant à quatre voix. On ne voyait que le maître de chapelle qui, lentement, battait la mesure. Le chant n'était pas fort, mais doux et léger et passait sous les hautes voûtes comme le vent dans les sapins. Ce fut là un instant vraiment solennel. Nous étions tous les deux profondément émus. Je me souviens d'avoir laissé échapper ces paroles : « Vrai, c'est à en devenir catholique ! » Le tintement d'une clochette s'éleva du chœur. Un prêtre s'avança , portant quelque chose. Il était précédé d'un garçonnet qui balançait un encensoir. Deux autres portaient des cierges. — La clochette de plus en plus se rapprochait de nous..... « Maintenant, filons », dis-je, et nous prîmes, hélas ! la fuite devant le Saint-Sacrement..... Ah ! que de choses n'avons-nous pas laissé échapper dans la vie, pour n'avoir pas voulu attendre ! Le lendemain, de grand matin, nous

fûmes éveillés par la grosse cloche de la cathédrale.
Lorsque nous nous levâmes, quelques heures plus tard,
les cloches de toutes les églises sonnaient et cela était très
nouveau, très imprévu, très agréable pour nous, Hollandais du Nord chez qui, dans la grande ville, les cloches ne
sonnent que pour la naissance ou pour la mort d'un
enfant royal.

De Cologne, nous allâmes à Trèves. En entrant dans la
ville, nous passâmes à côté de la *Porta Nigra*. Je n'oublierai
jamais l'impression imposante que me fit cet édifice de la
fin de la période classique. Pour la première fois, un morceau d'architecture me donnait vraiment l'impression du
monumental. A côté de cela, tout ce que j'avais vu précédemment me paraissait joli, élégant, charmant, fabuleux,
beau, voire merveilleux, mais jamais à ce point monumental, pas même la cathédrale de Cologne. Tandis que,
dans cette dernière ville, j'avais acheté des photographies
représentant des têtes d'hommes par un peintre de la
Basse-Allemagne, je pris à Trèves des reproductions de la
Porta Nigra et de la *Iglersäule*. Ainsi se révéla ma future
prédilection pour le primitif et le classique.

A Trèves, nous habitions la *Maison Rouge* sur la place
du marché, et c'est de là que nous partions pour aller
voir toutes les belles églises de la ville. L'attraction et la
fascination que, dans une église catholique, exerce le
Tabernacle, ne manquèrent pas sur nous leur effet. Nous
nous sentions transportés dans ces sanctuaires et nous
quittions avec respect et regret ces lieux où flottait avec
l'odeur de l'encens l'ardeur de la prière. Nous arrivâmes
aussi à une église qui était fermée. Elle semblait toute

neuve. Nous la fîmes ouvrir. Une jeune fille d'environ dix-huit ans nous conduisit à l'intérieur et débita son boniment : « Cette église luthérienne, reconstruite en partie il y a des années, rien qu'en briques... Les orgues... » C'en était assez. C'était un joli endroit, avec beaucoup de chaises, très proprement tenu, mais une église, non, ce n'en était pas une, toutes celles que nous venions de voir nous en avaient donné une autre idée. Nous glissâmes un pourboire à la jeune fille et filâmes au plus vite. Ces mots de « rien qu'en briques » répétés à diverses reprises par la jeune fille nous amusaient beaucoup... C'est que, chez nous, nous n'avions guère vu autre chose que des constructions en briques.

Nos ancêtres, du côté paternel et maternel, avaient tous été avocats ou notaires. Mon père seul avait fait exception. On lui avait déclaré qu'étant trop remuant et trop agité, il était préférable qu'il se fit commerçant. Le grand-père de ma mère allait souvent à la chasse, mais c'était pour peindre et dessiner en cachette. Il a laissé beaucoup de paysages, pour la plupart assez bons. Mon grand-père paternel aurait voulu se vouer à la peinture, mais n'en eût pas l'autorisation. Mon grand-père maternel était également très artiste et de plus très instruit. Dans ses moments de loisirs, mon père faisait, lui aussi, du dessin et de l'aquarelle. Il y eut même un temps où il crut qu'il pourrait devenir un second *Mesdag* [1].

C'était là une illusion dont il ne tarda pas d'ailleurs à se rendre compte. Il n'y a donc rien d'étonnant à ce que,

1. Nom d'un peintre hollandais célèbre qui fut d'abord commerçant.

de très bonne heure, je manifestai le désir de dessiner.
Un jour, un négociant de Paris vint nous voir. Mon père
le conduisit au musée d'Amsterdam et m'emmena. Depuis,
j'y retournai presque chaque semaine et ne tardai pas
à le connaître à fond. Non seulement je connaissais le
nom des peintres mais je savais aussi à quelle école ils
appartenaient, à quelle époque ils avaient vécu ; de plus,
je possédais une jolie collection de gravures d'après leurs
œuvres. En ce temps-là je ne craignais pas de faire du
chemin pour aller voir quelque chose de nouveau, exposé
à une devanture, et je fréquentais toutes les ventes de
tableaux. J'allais aussi très souvent au jardin zoologique
pour dessiner des lions, des ours, des chameaux et autres
animaux. Une fois même, j'ai « séché » l'école pendant
toute une semaine pour pouvoir y dessiner. C'était juste
avant les vacances de Noël. Le matin, je quittais la maison
avec mon frère Ericus et j'allais au jardin zoologique ; lui
se rendait en classe, où il racontait que Jan était malade.
Comme je restai absent cinq à six jours, on le crut. C'est
pourquoi personne, après les vacances, ne réclama de
certificat de médecin ; on me demanda au contraire avec
sympathie si j'allais mieux.

Mon père s'étant aperçu à quel point j'aimais le dessin
me donna un excellent professeur. C'était un jeune peintre
du nom de Haverman. « Enfants, » disait souvent notre
père, « je ne vous laisserai pas une grande fortune, mais je
ferai en sorte que vous receviez une bonne instruction.
Mais alors, débrouillez-vous et tâchez de vous tirez d'affaire
tout seuls ! » Et, même à l'époque où ses affaires marchaient mal, il ne manqua pas à ce principe. C'est ainsi

qu'il permit à mon frère Arnold, âgé à peine de vingt ans, de faire un voyage en Amérique, et cela dans une année où il avait un gros déficit.

Par l'intermédiaire de mon maître, je fis la connaissance de quelques bons artistes. Mon plus grand plaisir était d'aller les voir dans leurs ateliers et de les regarder travailler. L'art de plus en plus me captivait, et lentement mûrissait en moi la résolution de me faire peintre. Cependant, j'hésitai longtemps. Il y eut un dur combat entre mon goût d'artiste et mon sens pratique. Etre peintre, cela voulait dire pour moi renoncer à l'aisance, au mariage jeune et même peut-être, manger de la vache enragée. Et puis, si je n'avais pas assez de talent pour devenir un bon artiste ? C'était là, en fin de compte, l'essentiel. J'étais alors, tel Hercule, au carrefour. Dieu soit loué qu'obéissant à une impulsion de mon cœur, je me sois résolu à suivre mon goût, car je jetai ainsi les fondements de mon bonheur futur.

Ce fut pour mon père une déception de ne pas me voir entrer dans la maison qu'il venait de fonder ; cependant, il ne tarda pas à me donner son consentement. Je quittai l'école commerciale au milieu de la troisième année scolaire, pour me préparer à entrer à l'Académie Royale des Beaux Arts, à Amsterdam.

Je ne devais pas tarder à être séparé de mon frère jumeau. Un soir de septembre, nous l'accompagnâmes à la gare, mon père et moi. Il se rendait par Flessingue et Londres à Brighton où il devait se préparer dans une école technique à devenir industriel. Je ne peux dire que la séparation me fut très pénible. Je restais chez nous, et de plus l'art m'avait déjà pris complètement. Mais mon

frère qui avait toujours montré plus de cœur que moi
ressentit très vivement cette séparation et en souffrit
longtemps. Rien d'étonnant à cela, car après l'union
de l'homme et de la femme par le mariage, il n'y a pas de
lien plus étroit que celui qui existe entre deux jumeaux.

Je dois encore ajouter quelque chose à ce chapitre.
Lorsque mon frère et moi, nous eûmes dix-huit ans, mon
père nous dit un jour qu'il serait bon de nous faire con-
firmer chez les Mennonites et qu'un homme « comme il
faut » devait appartenir à une secte. En cas de mariage,
la première question que l'on posait, était en effet celle-ci :
« Qu'êtes-vous ? » Mais deux ans auparavant, j'avais
assisté au baptême d'un proche parent et, à cette occasion,
je m'étais bien promis que je ne me ferais jamais baptiser.
« Père, » répondis-je donc, « je n'ai nulle envie d'aller
répéter ce que prêche un Dominee. » Je disais cela en
pensant à la profession de foi écrite qu'il faut présenter
chez les Mennonites lors de la confirmation, et j'ajoutai :
« Quand je serai plus vieux de quelques années, je saurai
bien me former un jugement sur les choses religieuses. »
Mon père se contenta de cette réponse, et je ne me sou-
ciai plus de questions religieuses.

IV

A L'ACADÉMIE DES BEAUX-ARTS

Après m'être préparé cinq à six mois sous la direction de mon maître Haverman, je passai l'examen de l'Académie des Beaux-Arts et fus refusé. Mon père s'en réjouit fort. Il aimait à parler des bienfaits de l'adversité. Trois mois après je me représentai, et cette fois je fus reçu.

L'Académie des Beaux-Arts n'était pas alors très florissante. Le programme des études y était assez exclusif et incomplet. Pendant deux années, sans être en réalité initié à l'esprit des anciens, on dessinait d'après des modèles classiques, et cela uniquement pour se préparer à dessiner et à peindre d'après les modèles vivants. Une fois que l'élève pendant deux années s'était bien escrimé à faire du modèle vivant, on lui donnait un atelier particulier et il se mettait à faire des travaux personnels. Mais presque toujours il s'apercevait qu'il était bien capable de peindre toutes sortes d'objets d'après nature, mais qu'il ne savait pas comment faire un tableau. Il était comme quelqu'un qui, connaissant beaucoup de mots et beaucoup de règles d'une langue, ne peut la parler. L'élève, après de longues années d'études, devait alors recommencer, pour apprendre à s'exprimer au moyen de lignes et de couleurs, et cela lui était d'autant plus difficile que son imagination, à force de copier bêtement la nature, se trouvait presque complètement atrophiée. C'est là le tort de la plupart des Académies ; on inculque aux élèves des procédés au lieu de leur enseigner comment naît une œuvre d'art. En réalité, cela ne s'apprend peut-être qu'aux côtés d'un maître, surtout quand on l'aide de toutes ses forces dans ses travaux. Pendant deux ans et demi, je me suis tué de travail à l'Académie, mais non sans de temps à autre, même en dehors des vacances, étudier de mon propre chef. Puis je quittai cette institution et allai à la campagne chez mon beau-frère, peintre habile, pour continuer mes études sous sa direction.

Jusqu'au moment où je choisis une carrière, je n'avais pas toujours fait preuve de beaucoup de sérieux. Je n'accordais que peu d'importance à l'ordre, à l'exactitude et à la ponctualité. De très bonne heure, je suivis mes goûts et agis à ma guise. Pourtant la grande liberté dont nous jouissions, mon frère et moi, à la maison, nous avait rendus fort débrouillards. Nous étions devenus très dégourdis ; nous n'étions guère disciplinés, c'est vrai, mais nous n'avions rien de bas ni de vulgaire. De plus, nous étions en général assez francs et sincères avec nous mêmes. Nous tenions de mon père notre énergie et notre esprit de justice, de ma mère une certaine distinction et délicatesse. A cela s'ajouta chez moi une grande passion pour le beau ; un désir ardent de faire de moi quelque chose de vrai, de réellement bon. Je ne recherchais pas uniquement le succès extérieur ; j'avais même un profond mépris pour ce qu'on appelle le « public ». Mais ce n'est qu'assez tard que je me suis mis à la peinture, trop tard malheureusement. La peinture est tout d'abord un noble métier, et pour apprendre un métier, il faut s'y mettre de bonne heure. A quatorze ans, c'est trop tard. Or, j'avais déjà dix-huit ans et je ne savais que dessiner un peu d'après nature. Il est très différent, d'une part, de connaître et de sentir une chose, de l'autre de l'exprimer. C'est là une infirmité dont souffrent presque tous les jeunes gens et qui fait de leur vie un tourment. Mes yeux savaient discerner le beau, mon cœur l'embrassait d'un ardent amour, mais je ne pouvais le représenter. La réalisation, seule libératrice, me faisait défaut, car mes mains étaient encore trop malhabiles.

Ce que fut l'idéal d'une époque, ce que fut sa foi et sa joie, la littérature et l'art nous le racontent. Le moyenâge a cru en Dieu et a mis toute sa foi dans les mérites du Christ, dans l'intercession de la Mère de Dieu et des Saints, et leurs fêtes ont été sa joie. C'est ce que racontent les cathédrales, les tableaux de Madones, les statues des Saints et les mystères. Dans ma jeunesse, on croyait à la toute-puissance de la science, on mettait sa confiance uniquement dans les mérites et la force de l'homme et on tirait toute sa joie des progrès de la technique. C'est pourquoi on a fait de la représentation de la vie moderne le but suprême de l'art. C'est dans la grande ville que l'on pouvait le mieux suivre les triomphes de l'esprit humain. C'est là que l'on jouissait pleinement des *bienfaits* de la culture moderne. Quoi de plus beau et de plus imposant que les usines avec leurs cheminées et leurs machines stupéfiantes ; les gares avec leurs halles gigantesques et tout le remous de la foule ; les grandes rues et les places brillamment éclairées avec le va-et-vient des gens, des voitures, des omnibus et des trams. Quoi de plus intéressant que de traquer la bête humaine dans ses repaires, de décrire tous ses faits et gestes ! L'art n'était autre chose qu'un « coin de la nature vu à travers un tempérament ». Je m'étais, moi aussi, rallié à ce programme des naturalistes et des impressionnistes et pour le réaliser je me jetai dans le tourbillon de la vie. Mais hélas ! combien grande était la part de la curiosité sensuelle !

Ce que l'expérience personnelle ne pouvait me donner, je le demandais aux livres. Pendant les dernières vacances, j'avais lu en français la vie du peintre Jean-François Millet par son ami Sensier, gros livre avec de belles reproductions, et j'avais vaillamment vaincu les premières difficultés que présente toute lecture dans une langue étrangère. Puis ce fut le tour des œuvres de Daudet, de Zola, de Flaubert, de Goncourt, de Balzac, ainsi que des Russes, Tourguenev, Tolstoï et Dostoïewski. A vrai dire, je gagnais par ces romans un aperçu de la vie et de l'art, et si étrange que cela puisse paraître, ces auteurs ont largement contribué à former ma conviction religieuse, bien que la tendance de leurs livres, à l'exception de ceux de Dostoïewski, soit anti-religieuse ou hostile à l'Eglise. Mais, aussi bien en France qu'en Russie, le christianisme a des racines trop profondes pour ne pas transparaître dans la vie quotidienne, dans les idées, les mœurs et les coutumes des habitants. Rien d'étonnant à ce qu'on en retrouve partout aussi les manifestations chez les auteurs, qui ont emprunté à la vie quotidienne les sujets de leurs romans. Zola lui-même qui a écrit des livres dont la conscience humaine semble exclue (et « l'Assommoir », par exemple, prouve que ce « collectionneur de documents humains » n'était pas toujours un collectionneur bien averti), a continuellement recours à l'Eglise catholique et à ses institutions. Aussi rencontrai-je dans la *Faute de l'abbé Mouret* comme dans le *Rêve* de Zola, ainsi que dans *Germinie Lacerteux* de Goncourt et *Madame Bovary* de Flaubert, maint passage exprimant cet esprit catholique si large, si profond et si humain que je n'avais jamais trouvé dans mon entourage hollandais. D'une autre façon la lecture de ces romans m'était peu favorable. Ils excitaient le désir sensuel. De plus, ils développaient en moi le goût des sensations variées et firent que je ne tardai pas à avoir du monde une vision fort pessimiste. — « La vertu ? Qu'est-ce que cela ? — La noblesse d'âme ? Ne te laisse donc pas berner ! — L'innocence ? Ah ! ciel, les enfants en ont déjà si peu ! » Voilà ce que je me disais souvent, et pourtant j'allais à la recherche de la vertu, de la noblesse d'âme et de l'innocence. Mais presque toujours, je les cherchais là où elles n'étaient pas ; naturellement j'étais déçu, ce qui me rendait plus pessimiste encore. Le soir, une inquiétude folle me poussait souvent à errer pendant des heures sous la pluie et dans le vent. Je me sentais mieux alors quand le vent frais de la mer sifflait à travers les branches mortes et que les nuages semblaient poursuivre la lune à pas de géants. A quoi pouvais-je bien penser dans de telles promenades ? Je ne puis m'en souvenir. D'ailleurs, je ne pensais guère dans ces années-là. Je ne vivais qu'avec les yeux, je rêvais ou lisais. Je laissais toutes les sensations déferler sur

moi, et les accueillais ardemment. J'observais surtout les
valeurs et la couleur des choses ; je me demandais par
exemple de quelle valeur était une maison qui se détachait sur le ciel. Je vivais beaucoup aussi avec les héros
des livres que je lisais. Certes, j'avais bien quelques
plaisirs çà et là, mais presque toujours, ils n'étaient pas
honnêtement acquis. C'est pourquoi ils n'étaient que de
courte durée, et souvent suivis de malaise. Je n'ai d'ailleurs jamais pu, comme beaucoup de mes camarades,
passer la nuit entière à boire ou à nocer. Il m'aurait fallu
payer très cher tous ces excès.

Quand je compare ma vie actuelle à celle que je
menais étant jeune homme, je ne peux m'empêcher de
m'écrier : « Ah ! comme j'étais pauvre alors, comme
j'étais pauvre, surtout le dimanche ! » Le plus souvent, je
restais au lit très tard, et au grand mécontentement de
ma mère, je ne voulais pas me lever. Après le petit
déjeuner, j'allais souvent voir une exposition ou visiter
un musée. Mais que faire l'après-midi ? Il y avait presque
toujours un monde fou dans les musées, et il n'y avait pas
de chemins solitaires pour se promener. Mes amis peintres n'étaient pas dans leurs ateliers le dimanche. Je
n'avais pas toujours de beaux livres ; quant à peindre, je
ne pouvais guère le faire dans mes habits du dimanche.

L'ennui me conduisait souvent dans un café où on
faisait de la musique, mais là encore, il était rare de
trouver de la place. Et puis tout ce brouhaha de voix,
cette fumée, cette odeur de bière, quelle horreur ! Aussitôt je prenais la fuite... Vers six heures on dînait, puis
on restait ensemble toute la soirée autour d'une tasse de

thé d'abord et ensuite autour d'un verre de vin ou d'un
grog. L'un de nous lisait le journal, un autre un livre
quelconque, d'autres jouaient aux dames ou aux échecs.
Notre père pensait à ses affaires, ou bien en parlait ou
s'entretenait avec un invité. Notre mère versait le thé,
s'entendant à merveille à remplir un nombre incalculable
de tasses avec sa seule théière. Bientôt les plus jeunes
disaient bonsoir et allaient se coucher. C'était là, certes,
une belle vie de famille. Mais avec quelle ardeur j'aspirais à une noble action, comme mon cœur soupirait vers
un bien inconnu dont j'avais terriblement besoin !

Le samedi soir j'allais presque toujours dans un café-
concert ou bien dans un boui-boui. J'y ai ri très souvent
de bon cœur et m'y suis amusé, mais presque toujours
j'étais obsédé par la pensée que je n'étais pas né pour de
pareilles bêtises.

Je tiens à rappeler un autre souvenir religieux qui date
de cette époque. Un soir, nous décidâmes entre étudiants
d'assister à une assemblée de l'Armée du Salut. Elle venait
d'établir son camp à Amsterdam. Nous entrâmes dans
une grande salle comble. Sur l'estrade avaient pris place
les *soldats*. Le *major* fit un discours très populaire qu'il
termina par ces paroles : « On va procéder maintenant à
une quête. Plus d'un parmi vous a certainement un jour
mis moins d'argent dans la bourse du quêteur qu'il n'en
avait reçu de ses parents, il a ainsi volé le bon Dieu. Cela,
vous pouvez le réparer maintenant. » Cette supposition
du major, comme on l'a vu, pouvait s'appliquer à moi. Ce
jour-là, j'ai donc moi aussi réparé quelque chose. Pendant
la quête on chanta un cantique dont le refrain était :
« Nous sommes heureux, nous sommes heureux. » Chaque

fois que ce refrain revenait, les salutistes applaudissaient et manifestaient une joie excessive, ce qui me fit une impression pénible. Mais sur le mur, tout en haut, ces paroles étaient écrites en lettres gigantesques : *Dieu a tellement aimé le monde qu'il a donné son fils unique afin que tous ceux qui croient en lui ne périssent point.* (Joh. 3,15). Ces paroles firent sur moi une très forte impression et m'émurent profondément.

A cette époque mon père avait de grands soucis. Bien qu'assez âgé, il avait monté une nouvelle affaire, une fabrique de biscuits. Cette entreprise en réalité n'a jamais mal marché, mais au début elle était loin de rapporter ce qu'il fallait pour tenir selon son rang une grande maison comme la nôtre. Mon père perdit ainsi dans les cinq années qui suivirent, une grande partie de sa fortune. Naturellement, cela affecta profondément le pauvre homme. Le soir, il lui arrivait de rester longtemps assis auprès de nous sans rien dire ; il lisait silencieusement son journal ou restait pensif, envoyant devant lui la fumée de son cigare. Nous autres enfants n'y prétions guère attention et le laissions à ses pensées. Mais ma mère allait souvent à lui et l'embrassait tendrement. Il se défendait alors et grommelait un peu, mais au fond, c'était ce qu'il lui fallait. D'habitude, vers dix heures, notre père s'animait et commençait à s'entretenir avec moi. — « Oui, » disait-il, « cette friabilité des biscuits et puis tous ces ennuis avec les revendeurs ! » — Presque toujours j'écoutais sagement, car je savais que cela le soulageait de pouvoir s'épancher. Mais souvent j'avais terriblement sommeil, car il était presque toujours onze heures et

demie, voire même minuit lorsque mon père disait :
« Au fond je ne sais pas ce que tu en penses, mais moi,
je vais me coucher ! » — Les autres membres de la
famille dormaient depuis longtemps. — Je répondais alors :
« J'ai encore un petit chapitre à lire, ou bien j'ai encore à
fermer la maison et à lâcher le chien.» — Mais dès que je
savais mon père rentré dans sa chambre, je me glissais
dans mon lit. — Je dois beaucoup à ces entretiens. J'ai
acquis ainsi la connaissance des affaires et un sens
pratique que d'habitude les peintres n'ont pas.

Quand je me sentais par trop contrarié d'être encore un
peintre aussi maladroit, quand ma sensibilité, surexcitée
par la vie d'une grande ville, me devenait un tourment
incessant et que de mauvaises occasions menaçaient de
me pervertir, je me réfugiais à la campagne. Mon père
m'en donnait toujours la permission et les moyens. Il
savait ce dont j'avais besoin. Lui-même, après la mort de
sa première femme, ne s'était préservé d'une crise morale
que par un voyage en Suisse. — La nature et surtout la
forêt ont toujours eu le don de m'apaiser et de m'élever
l'âme. Dans l'admiration joyeuse pour toute la beauté qui
m'entourait, et que je cherchais à rendre par des formes
et des couleurs, je me sentais redevenir un autre homme.
La tempête des sensations se calmait et s'apaisait et la
pureté de ce qui m'entourait faisait bientôt sortir de sa
cachette la bête timide de mon « moi » meilleur : le cerf
hardi du noble orgueil, la licorne de l'innocence, le
chevreuil timide de la pudeur, la colombe des sentiments
profonds, la tourterelle des pensées pures, et bien d'autres
encore... Et j'y trouvais une joie très grande. Souvent

aussi je voyais en rêve une jeune fille très pure que j'avais entrevue quelque part. Cette vision purifiait également mon âme. Quand je pensais alors aux mois qui venaient de s'écouler, je ne pouvais m'empêcher de dire : « Mon Dieu, où donc allais-je ? »

C'est en fuyant ainsi la grande ville qu'en 1887, pendant les grandes vacances, je partis pour Haarzuilens dans les environs d'Utrecht. Haarzuilens n'était pas sur la ligne du chemin de fer, ce n'était qu'un petit village formant demi-cercle autour d'un vieux château en ruines. Le village tout entier était catholique. Mais il n'y avait pas d'église. On voyait bien, il est vrai, les ruines croûlantes d'une vieille chapelle ainsi que de vieilles pierres tombales avec de jolies armoiries et des inscriptions latines qui témoignaient de la piété des anciens comtes de Zuylen. Tout autour du château en ruine s'étendait un large fossé dans lequel des nénuphars blancs flottaient entre de larges feuilles rondes. Derrière le vieux château se trouvaient de belles prairies couvertes d'arbres fruitiers. Je logeais avec un peintre de mes amis dans une auberge de paysans tout près de la vieille chapelle. Nos hôtes étaient encore jeunes et possédaient deux gamins à tignasse rousse. Chaque jour nous composions nous-mêmes notre menu. On faisait très souvent des crêpes et de la compote de pommes, car nous les aimions beaucoup tous les deux. A table, le service se faisait très simplement. L'hôtesse arrivait dans la salle avec sa poêle fumante et faisait tomber les crêpes toutes brûlantes dans nos assiettes. C'est en sortant du feu qu'elles étaient les meilleures. A tour de rôle l'un de nous devait coucher par terre, car il n'y avait qu'un lit. Dans la journée, nous dessinions ou faisions de la peinture. Le soir, nous allions à la chasse. Il arrivait parfois que quelques lièvres se trouvaient sur la grande prairie du château. Comme elle était entourée d'un large fossé et que maître Poltron ne nage qu'à la dernière extrémité, ces bêtes agiles et rapides couraient tout le long de l'eau. Cela nous permettait de dresser notre plan. Chacun de nous était armé de quelques pierres. Dès qu'on apercevait un lièvre c'était une course désespérée. Une fois nous aurions pu en tuer un. La pauvre bête, voyant que nous lui avions coupé la route, avait sauté dans l'eau et s'était embarrassée dans les plantes aquatiques. Mais très généreusement, nous lui laissâmes la vie. Après la chasse, nous nous reposions presque toujours sous un poirier que j'avais loué à l'aubergiste. Il avait de bonnes poires précoces et nous devions en manger copieusement pour ne pas les laisser gâter.

Plusieurs semaines s'écoulèrent ainsi. Mon ami partit, moi je restai encore quinze jours. Je me serais ennuyé sans les enfants du village. Le soir nous bavardions ensemble ou bien je leur disais de s'asseoir sur la balançoire devant l'auberge et je les lançais très haut en l'air. Ah ! comme cela nous amusait !

Un jour je reçus d'Angleterre ce télégramme de mon frère : « *First prize, five pounds.* » — Il avait été reçu premier à son examen et avait obtenu une médaille d'or et un prix de cinq livres. Il marchait bien ; moi aussi. Je rapportai quelques bons dessins et des études à la maison. Lorsque je partis, les enfants voulurent m'accompagner à la gare, mais je refusai car c'était trop loin pour eux.

Chaque profession apporte avec soi sa part d'écueils et d'inconvénients. Le fonctionnaire ou le négociant est à l'abri de bien des choses par son travail régulier et par le souci de sa réputation de laquelle dépend son crédit ou son avancement. Mais il est presque toujours rivé au même endroit et s'il lui arrive de s'égarer dans une impasse morale, il ne voit pas d'issue, il est et reste prisonnier. Le peintre a moins d'appui par son travail, surtout s'il est encore jeune et peu habile à manier le pinceau. Souvent il aimerait à travailler mais ne sait comment s'y prendre ; il dépend encore trop de l'inspiration du moment. Cela le rend facilement instable, le pousse à la flânerie qui si souvent s'allie au mal. Le fait, aussi d'avoir recours aux modèles offre certains dangers. Le souci de sa réputation ne l'inquiète guère parce qu'il sait que l'on pardonne bien des choses aux artistes. Mais ordinairement il y a en lui une certaine noblesse naturelle. Il ne tient pas beaucoup aux biens de ce monde, sachant vivre dans l'abondance et le dénûment, être rassasié et avoir faim (*Phil. 4, 12*), il s'enthousiasme aisément pour le bien, le vrai, et aime ce qui est pur. En réalité, il est de nature presque aussi religieuse que la femme. Enfin il a un sens merveilleux de la conservation qui lui dit exactement quand il doit prendre la fuite ; et le plus souvent il peut la prendre, car son métier ne l'attache pas toujours au même endroit. Cela a sauvé déjà bien des artistes, et moi aussi.

V

HATTEM

Donc, après avoir passé deux ans et demi à l'Académie des Beaux-Arts d'Amsterdam, je me rendis en 1889 auprès de mon beau-frère, Jean Vœrman, à la campagne, dans un petit bourg au bord de l'Ysel, un des bras du delta du Rhin, non loin de la ville de Zwolle. Ce bourg s'appelait Hattem.

C'était une ancienne petite ville, autrefois fortifiée, s'élevant de cinq à dix mètres au-dessus du pays plat et protégée contre les inondations de l'Ysel par une haute digue. Entre la digue et l'Ysel, se trouve ce qu'on appelle les *Uitersvaarden*, terrain qui est submergé pendant l'hiver, mais qui donne en été les meilleurs pâturages. A un quart d'heure de la digue, vers l'intérieur du pays, le sol s'élève graduellement et devient de plus en plus sablonneux et infertile ; pourtant il s'y trouve de belles forêts de hêtres et de sapins. La plaine, très bien cultivée entre la digue et la forêt, avec ses fermes, ses groupes d'arbres et une quantité de maisonnettes d'ouvriers, offre un aspect des plus pittoresques. Sur la lisière de la forêt se trouve une belle propriété avec un grand étang et un beau parc bien entretenu. Le paysagiste n'a donc que l'embarras du choix. Puis, de mon temps, il n'était pas difficile de se procurer des modèles parmi la population ; des mères avec leurs nourrissons, des vieilles femmes et des enfants dans leur costume national s'y prêtaient volontiers. Comme je pouvais encore m'exercer à peindre des natures mortes, l'occasion de travailler m'était largement donnée.

Ce fut donc dans cette petite ville que je louai, dans une des trois rues principales, pour la somme de cent quatre-vingts florins par an, une maison contenant trois chambres spacieuses, avec cabinet, cuisine, cave et grenier. Je me procurai le mobilier nécessaire et m'arrangeai un intérieur d'artiste. Chaque matin une femme venait faire mon ménage pendant une heure ou deux ; le reste du temps j'étais seul. Je prenais mon repas de midi à l'auberge et faisais mon petit déjeuner et mon souper moi-même. Mon beau-frère venait tous les jours dans mon atelier et m'aidait de ses bons conseils.

J'avais donc quitté la maison paternelle et étais devenu citoyen d'une petite ville ; je payais des impôts, souscrivais aux œuvres de bienfaisance et faisais nettoyer chaque samedi la rue devant ma maison. Je ne tardai pas à avoir un surnom comme tout le monde dans la petite ville ; on m'appelait « Langejan [1] » — ceci sans y mettre de mauvaise intention.

L'été, on restait assis, le soir, après le coucher du soleil, devant sa maison ou sur le seuil de sa porte. Je me joignais souvent à quelque famille voisine, où j'étais toujours bien accueilli. Les femmes et les jeunes filles se demandaient

---

1. Jean le Long.

parfois quel aspect pouvait bien avoir mon intérieur. — Elles auraient beaucoup aimé pénétrer dans ma garçonnière mystérieuse. Un soir d'été leur curiosité devait être satisfaite.

C'était une coutume de l'endroit, lorsqu'il y avait une noce, de répandre du sable blanc sur le chemin de la mariée, depuis sa maison jusqu'à la mairie. Ce travail incombait aux jeunes gens et jeunes filles de l'endroit. Or il arriva que la fille d'un voisin se maria ; j'aidai donc à répandre le sable sur la voie d'honneur et, ce travail terminé, j'invitai tous ceux qui y avaient pris part (ils étaient dix environ) à venir prendre une tasse de chocolat chez moi. Leur curiosité était grande, et quel fut leur étonnement en entrant dans la grande pièce où tout se trouvait dans un ordre parfait! « Tu pourrais lécher le plancher, » disait l'une. Une autre regarda dans l'armoire. « Couteaux, cuillers, fourchettes, assiettes, tout y est, Langejan a déjà tout ce qui lui faut. Il ne lui manque plus qu'une femme ! » Naturellement mon nom ne tarda pas à être associé à celui de telle ou telle jeune fille. Mais je ne songeais pas à me marier, je ne gagnais pas un sou, et vivais de ce que mon père généreusement me donnait.

En face de ma demeure, de l'autre côté de la rue, se trouvait une pauvre petite maison. Elle appartenait à une veuve, la « vieille Tonia ». La maisonnette était toute délabrée ; le toit surtout était en très mauvais état. Mais la pauvre veuve n'avait pas l'argent nécessaire pour le faire réparer. D'ailleurs, on ne savait pas au juste de quoi elle pouvait vivre. Tonia et moi nous étions de bons amis. Souvent le soir, je l'invitais à prendre une tasse de thé et j'ébau-

chais son portrait. Elle restait alors assise, immobile,
regardant sans rien dire devant elle, les mains sur les
genoux, heureuse de se trouver dans une chambre chaude,
car dans sa petite maison il faisait atrocement froid, le
sol était de pierre et le toit tout percé. Un soir j'étais à la
fenêtre à regarder les nuages qui s'amoncelaient au-dessus
de la maisonnette de Tonia. C'était en hiver et il faisait
déjà presque nuit. La rue était déserte. On n'y voyait
même pas un chat. Dans ma chambre le feu pétillait, et la
vieille horloge frisonne faisait entendre son tic-tac régulier.
J'allais tirer les rideaux de la fenêtre et allumer la lampe
lorsque mon regard tomba sur la haute cheminée de la
maisonnette de Tonia. Une pensée me traversa l'esprit
comme un éclair. « C'est étrange, il y a bien longtemps
déjà que je n'ai pas vu de fumée sortir de la maison de
Tonia ; n'aurait-elle pas de charbon ? » Je ne fis qu'un
bond de l'autre côté de la rue, et entrai chez elle. Elle
était assise dans l'obscurité derrière la table, ses lunettes
sur le nez. La Bible était devant elle, elle venait certainement de la lire quelques instants auparavant. Sa chambre
était glacée. — « Tonia, plus de charbon, plus de
tourbe ? — Non. — Rien mangé de chaud ? — Non. — Et
depuis longtemps ? » — Elle ne répondit pas. Alors je lui
apportai du pain, une caisse pleine de charbon et quelques
mottes de tourbes. Ah, comme j'étais heureux d'avoir
découvert sa misère ! Tonia avait-elle adressé une prière
au Père des veuves et des orphelins ? J'aimerais à le
croire.

A côté de la maison de Tonia se trouvait la boucherie
d'un juif. C'était un excellent homme qui ne faisait pas

de bruit. Sa femme par contre était d'autant plus remuante. Ils avaient deux enfants : Salomon et Miete. On se disputait et criaillait toujours dans cette maison. Souvent on les entendait même du dehors. Mais à peine avaient-ils cessé de se quereller que tous les quatre revenaient tout souriants sur le seuil de leur porte, paraissant tout heureux d'être ensemble. Si le fils venait à s'absenter une demi-journée, la mère racontait alors partout ce que faisait le gosse. Salomon était allé chercher du bétail, ou bien il était à une noce ou encore ailleurs. Visiblement, elle ne cessait de penser à lui. Elle aimait aussi à parler de sa fille, de Miete. Sur son lit de mort, elle n'eût pas de repos avant d'avoir revu une fois encore ses poules. On les fit entrer dans la chambre et peu après elle mourut. Il se trouvait encore plusieurs familles juives dans la petite ville ; il y avait même une petite synagogue et un cimetière israélite.

J'ai toujours eu du respect pour les Juifs croyants, comme d'ailleurs pour toute conviction, lorsqu'elle est sincère et avouée.

Un de mes voisins était bedeau de ce qu'on appelait « la petite église » ; c'était un petit bonhomme très versé dans la sainte Ecriture, à la simple citation d'un texte il récitait aussitôt le chapitre entier. Il était aussi chargé d'annoncer les décès et prononçait à l'occasion des oraisons funèbres. Un jour, on sonna à ma porte, j'ouvris et me trouvai nez à nez avec mon voisin, mais dans quel accoutrement ! Coiffé d'un chapeau à larges bords d'où retombait un long voile en crêpe noir, il portait un habit noir rehaussé d'un rabat blanc, des culottes noires et des souliers à boucles noires. Il tenait un grand billet et après avoir porté la main au chapeau me dit : « Monsieur », et d'une voix onctueuse me fit part d'un décès inscrit sur sa liste, puis me saluant profondément, il disparut. Il était grand temps, car je fus pris d'un tel fou rire que je faillis étouffer. Un autre jour passant près du cimetière je l'entendis tenir un discours, je m'arrêtai pour l'écouter : tous les quatre ou cinq mots revenait le nom du Christ. Je n'en compris pas davantage.

Pendant quelques mois, deux membres de l'Armée du Salut séjournèrent à Hattem. Un soir je me rendis à leur Assemblée ; elle se tenait dans la pièce d'une simple demeure ouvrière. J'eus de la peine à trouver de la place, bien que tous les assistants fussent debout. Le soldat de l'Armée du Salut lut un chapitre de la Bible, puis avec une brillante éloquence et beaucoup de persuasion, se mit à exhorter les assistants à se convertir, leur disant que le Christ se tenait à la porte du cœur de chacun de nous, que nous ne devions pas le repousser, mais lui ouvrir nos cœurs, qu'il voulait être notre ami, et nous conduire au chemin du bonheur. J'avoue que je me sentis impressionné, mais je ne voyais alors dans le Christ qu'un homme idéal, et c'est pourquoi je ne compris pas le sens profond de ces paroles. Et malgré tout le respect que j'éprouvais pour le dévouement bien connu de l'Armée du Salut, j'avais nettement conscience qu'ils interprétaient la religion à leur façon. Je ne voulais rien savoir de cela, car je pouvais en faire autant.

Il y avait dans la ville deux églises : la *grande* et la *petite*. Dans la grande église se célébrait le culte des Réformés, dans la petite celui des Calvinistes. Les Calvinistes s'en tiennent encore aujourd'hui en Hollande au point de vue strictement dogmatique, tandis que les Réformés, pour la plupart, ne le font plus depuis longtemps. C'était souvent un *Dominee* étranger qui prêchait dans la grande église, et mes voisins se plaignaient parfois que le prédicateur avait trop librement interprété la Bible.

Je n'ai été qu'une fois dans la grande église. C'était le soir d'un Dimanche de l'Avent. Le bel édifice gothique qui autrefois avait été une église catholique, était éclairé par des lampes à pétrole. Les hommes et les femmes étaient assis séparément dans de hautes stalles autour de la chaire. On se sentait vraiment chez soi dans cette vaste nef peinte en blanc. On chanta quelques psaumes et le « Dominee » prononça un sermon sur les vertus de la Vierge Marie. Il parla spécialement de son humilité. L'ensemble était plein de piété et très simple, **mais ne** put m'émouvoir.

Dans le nord, la lampe est le soleil de l'hiver. Tandis qu'au cœur de l'été, le crépuscule ne tombe qu'après neuf heures et demie, en hiver le jour décline dès trois heures et souvent même c'est à peine s'il fait clair de toute la journée. On ne peut pas peindre alors, en tout cas pas avec des couleurs à huile. J'avais pris mes précautions et j'avais tendu en travers de mon atelier un fil de fer auquel étaient suspendues deux grandes lampes à pétrole dont une éclairait mon dessin et l'autre le modèle. Presque tous les soirs d'hiver je dessinais, soit une vieille femme, soit une jeune mère ou des enfants. Le modèle parti, j'avais pour mes lectures encore de belles heures devant moi. Il

régnait alors dans la petite ville un silence de mort inter-
rompu seulement de temps à autre par le bruit des sabots
d'une voisine se rendant à la pompe communale pour
chercher de l'eau. Après dix heures, le veilleur de nuit
faisant sa ronde passait d'un pas lent, grommelant d'une
voix monotone quelques mots devant soi. Cela m'effrayait
toujours, mais cela donnait en même temps un sentiment
de profonde sécurité : quelqu'un veillait tandis que tout
dormait. Quand parfois le silence de la chambre était
coupé par le bruit sec de la lampe qui vacillait, il semblait que quelqu'un soudain se réveillait. On n'entendait
que la vieille horloge frisonne lorsqu'elle changeait le
rythme de son tic-tac ou quand elle annonçait l'heure de
sa voix claire. Souvent on entendait trotter une souris
derrière la tenture, un meuble craquait ou quelque chose
éclatait dans le poêle...

Le silence a lui aussi ses bruits, ses chants et ses soupirs. Les choses inanimées vivent et se meuvent aussi,
elles se dilatent, se détendent, se rétrécissent et, de même
que l'œil ne cesse de voir et l'oreille de percevoir, ne fût-
ce que le silence, ainsi les autres sens ne cessent de ressentir et de jouir, eux aussi. Celui dont les sens sont sub-
tils n'a pas toujours besoin de nouveaux attraits. Il vit
comme un roi au milieu de la vie ordinaire. Si les objets
qu'il possède sont vieux et difformes, il admire alors les
effets de lumière qui les transfigurent. Si les mets sont
simples et grossiers, il en aime la vigueur saine, il com-
prend les mélodies des oiseaux et les harmonies du vent
et, mollement couché dans une prairie, il se délecte de
l'odeur forte qui s'exhale des herbes.

Dans la pénombre, mes toiles me regardaient ; sur le

chevalet, mes dernières études étaient éclairées par la
lumière douce de la lampe. Souvent, levant les yeux de
mon livre, je les contemplais, le plus souvent à travers
d'épais nuages de fumée que j'envoyais dans leur direction et qui se dissipaient dès qu'ils effleuraient les dessins. Puis je réfléchissais à l'avenir. Je me voyais toujours
comme un homme paisible travaillant et peignant tranquillement sans être un peintre de grand talent, mais
capable pourtant de faire une ou deux fois dans sa vie
une belle œuvre et qui, pour le reste, travaille et tâche
de créer quelque chose de beau par un besoin impérieux
de l'âme. Ah ! oui, faire une fois seulement une très belle
chose... ! Cette pensée m'arrachait à ma chaise et, pris
d'enthousiasme, je me promenais alors à grands pas dans
la vaste pièce, composant un allegro que je me mettais à
siffloter joyeusement.

Ah ! oui, ce sont vraiment de belles soirées que j'ai passées là dans ma demeure silencieuse, des soirées de folle
exubérance, d'espoir fou, et pourtant, bien que les choses
se soient passées le plus souvent autrement que je l'avais
pensé, la vie m'a apporté bien plus que je n'avais espéré.

Je n'ai pas encore parlé d'un genre de modèle peu
coûteux que l'on rencontrait aux alentours de la petite
ville, je veux dire la race bovine. Quel excellent sujet
d'étude, et quelles superbes bêtes je trouvais dans l'enclos
communal ! En Hollande, de mai à novembre, le bétail
reste jour et nuit dehors, libre et sans berger. Même
l'hiver, on voit de jeunes taureaux dans les champs. C'est
la présence de ces animaux qui, avec l'abondance de l'eau,
dans laquelle les nuages se réflètent avec tant de douceur,

donne à ces paysages tout leur caractère. Quel contraste avec d'autres pays où l'on a l'habitude de tenir les bêtes enfermées dans l'étable, et si parfois on en voit dans les champs elles se sentent dépaysées, elles ne font pas corps avec la nature.

Souvent je passais la journée entière à peindre ou à dessiner dans le pré communal. J'apprenais à connaître les habitudes des animaux et savais exactement quand ils allaient se coucher ou manger l'herbe. Les jours d'orage ou de fortes chaleurs, les pauvres bêtes n'arrivaient pas à trouver le repos, elles ne mangeaient pas et restaient ensemble, afin de mieux pouvoir chasser les mouches. Il n'était guère possible alors de travailler, mais, par contre, si le ciel était couvert elles se dispersaient, et si l'une se couchait on pouvait compter qu'elle resterait plus d'une heure dans la même position. J'en profitais pour finir mon étude, puis prenais à mon tour un repos bien gagné. Quel plaisir alors que de pouvoir s'étendre dans la prairie au milieu du troupeau, d'admirer les silhouettes de ces belles bêtes se détachant sur le ciel, de les entendre souffler puissamment, de se laisser flairer par elles, et si parfois l'une d'elles devenait trop hardie, d'un coup de canne je la chassais. Il me suffisait aussi d'ouvrir tout à coup mon parapluie de peintre pour les voir se sauver en bondissant.

Les chevaux avaient une prairie pour eux seuls. Il y en avait de très vieux. Pendant des heures entières ils restaient à la même place, la tête penchée et les jambes tremblantes rêvant probablement de leur jeunesse, se souvenant des bons soins et des abondantes mesures d'avoine. Ils restaient ainsi jusqu'à ce que des camarades

plus jeunes et pleins de vie les arrachassent à leur rêverie
en les tourmentant. Puis ils passaient à la gymnastique.
Ils se roulaient et se balançaient sur le dos les jambes en
l'air. Seulement les plus jeunes pouvaient se rouler d'un
côté à l'autre, les vieux s'y essayaient en vain ; il leur
manquait la souplesse nécessaire. Ensuite ils formaient
des groupes et se caressaient à leur manière, se mordil-
lant amicalement le dos. Soudain tout s'animait, les
chevaux partaient au galop et c'était alors une course folle
à travers la pelouse, les jeunes en avant puis les vieux
« clopin-clopant ». Et bientôt leurs silhouettes sombres
sur la digue étroite au bord de la prairie se détachaient
contre le ciel plein de grands nuages, l'une derrière
l'autre, la tête haute et les crinières au vent : un tableau
fantastique.

Les jeunes veaux aussi étaient mis à part. Joyeux petit
peuple, affectueux et gentil ! Ils ne se nourrissaient pas
uniquement d'herbe ; tous les soirs on apportait à chacun
d'eux un seau de petit lait et du son. Les enfants du bourg
se chargeaient de cette petite besogne et c'était charmant
que d'observer la jeunesse au milieu de ces jeunes bêtes
qui les attendaient toujours à l'heure voulue à l'entrée de
la prairie. Mais tout ne se passait pas si calmement, car
les veaux ne faisaient aucune différence entre « le mien et
le tien », et ils fourraient leur museau aussi dans le seau
du voisin. C'est pourquoi ils recevaient plus d'une bour-
rade, et souvent des coups de pieds accompagnés de petits
jurons.

Souvent le soleil se couchait tout rouge derrière ce
fouillis de gens et de bêtes, et jetait une lumière féérique
sur tout le paysage. Et je ne pouvais m'arracher à ce

spectacle que lorsque les enfants s'en retournaient et que le jeune bétail se dispersait dans la prairie vaporeuse.

Un jour que je m'étais rendu comme d'habitude dans la prairie pour y faire des études, je fus surpris à mon retour par un orage. Ne trouvant ni maison, ni arbre pour m'abriter, je piquai mon grand parapluie de peintre dans le sol, m'installant de mon mieux. Je roulai une cigarette et j'attendis patiemment que l'orage passât. J'étais profondément enfoncé dans la rêverie et je ne cessais d'admirer le beau paysage, le vert profond des prés, le blanc et le noir des vaches, le bleu de cobalt si fin de l'horizon, le jeu délicat des couleurs, du crème au gris foncé, des nuages qui ne cessaient de se former, quand tout à coup je vis devant moi un jeune homme d'une trentaine d'années. Caché derrière mon parapluie, je ne l'avais pas vu tout d'abord. Après avoir échangé un salut, je l'invitai à s'asseoir à côté de moi jusqu'à ce que la pluie eût cessé, ce qu'il fit. Je lui offris une cigarette et nous nous mîmes à bavarder. Il me raconta qu'il était valet de ferme et cherchait du travail, car malheureusement il avait perdu sa place. « Pourquoi ? » demandai-je. — « Ah ! c'est toute une histoire », répondit-il. « Voilà bientôt dix ans que j'étais dans la même place, je m'y plaisais et mon maître était content de moi. Ma vie s'écoulait tranquillement, mais de-ci, de-là, deux ou trois fois par an, c'est plus fort que moi, je vais au cabaret et en reviens ivre. » — Je lui demandai : « Combien buviez-vous de petits verres, alors, quatre ou cinq ? » — « Oh ! » me dit-il en souriant, « j'en bois une quinzaine, quatre ou cinq verres ne me soûlent pas. Je rentrai donc ivre mercredi dernier ; on se disputa et je me

mis à tout casser dans la pièce. Naturellement je dus
partir et peut-être même que la police est à mes trousses...
Dieu punit le mal déjà en ce monde ! » — Je haussai les
épaules. L'homme me regarda et dit : « Vous ne croyez
pas, vous ? » — Je répondis : « Y a-t-il même un Dieu ?». —
Alors il reprit : « Quand j'étais un gars de dix-sept à dix-
huit ans, je doutais aussi, mais maintenant, je suis certain
qu'il y a un Dieu ; vous pouvez être tout à fait persuadé,
Monsieur, qu'il y a un Dieu. Croyez-moi, c'est tout à fait
sûr, tout à fait sûr. » La pluie avait cessé, l'étranger se
leva et prit congé. Je restai encore un quart d'heure sous
le parapluie ; le paysage était si merveilleux ! Aujourd'hui
encore j'ai gravé au fond de mon cœur les paroles de cet
homme simple, et jamais je n'oublierai celui qui les prononça. Elles étaient dites avec tant de simplicité, tant de
candeur ! Et ce n'est pas seulement ce pécheur inconnu et
repentant, c'est toute la nature dont j'étais entouré qui me
criait : « Il y a un Dieu ! »

J'étais alors à l'âge où, chez les jeunes gens, l'exubérance, la présomption, la suffisance et, par suite, le
mépris des autres, est si général que l'on serait tenté de
croire que c'est là un « moindre mal », auquel Dieu ne
s'oppose pas. Aujourd'hui, je m'explique fort d'où cela
vient. De seize à vingt-et-un ans environ l'esprit fait de
tels progrès que l'on croit pouvoir en conclure avec certitude qu'à trente ans on sera un fameux gaillard, quelque
chose de tout autre que tel ou tel imbécile. On n'a pas
encore appris à ses dépens qu'en avançant en âge cette
faculté de progrès s'atténue, de même que le corps, à un
certain moment, s'il peut encore s'élargir, ne gagne plus

en hauteur. Une autre cause de la présomption des jeunes
gens est que l'on se juge d'après l'idéal que l'on cherche à
atteindre, tandis qu'on juge les autres d'après le résultat
de leurs efforts.

Mais que serait la jeunesse sans cette exubérance et
un peu de présomption ? Je craindrais qu'elle n'eût alors
moins de force et moins de charme aussi. Car un homme
déjà avancé en âge ne se sent-il pas rajeunir en regardant,
un bon sourire aux lèvres, un jeune homme s'avancer avec
une confiance absolue dans le chemin de sa conviction
peut-être peu mûre encore, et trop peu corrigée par l'expérience ? Et puis, la présomption et l'orgueil ne sont-ils
pas suivis le plus souvent de découragement, et d'abat-
tement, et de cette morsure que l'on ressent lorsqu'on est
mécontent de ce que l'on a fait ? Cette morsure est pour les
natures fortes comme un coup d'éperon qui les pousse à
se développer davantage.

Comme commentaire à ce que je viens de dire, voici une
lettre que j'ai écrite en automne 1890 :

« Si tu n'étais pas venu à Haltem avec moi et si tu
n'avais pas montré à Vœrman et à moi tes études qui nous
ont beaucoup plu, tu en serais resté sottement au jugement stupide de X. — J'éprouve une joie sans bornes
lorsque tu me dis que tu as été heureux auprès de moi.
Tu es le premier qui aies remarqué que bien des choses se
sont produites en moi cette année, bien que je ne fasse
encore que des croûtes. Tu es aussi le premier qui aies
ressenti la même chose que moi en lisant *Mes Haines* de
Zola, et qui se soit emballé comme moi. L'ami K. aurait
dit simplement qu'il l'avait lu avec intérêt et F. n'y entend

rien du tout. A propos, je pense qu'elle doit vouloir te chaperonner de temps à autre, ne te laisse pas faire ! — Ah ! la peinture, cette sale et merveilleuse peinture, quel embêtement avec toutes ces maudites couleurs qui ne veulent jamais être assez claires. Quelle malédiction que de faire des tableaux. Certes, peindre avec un pinceau, c'est chic, mais quel travail de chien ! On est rivé, entends-tu bien, enchaîné à cette demoiselle qu'on appelle « peinture »... Faire de l'art, c'est vouloir essayer de faire plus beau que ce que le monde offre. Mais il faut voir ce que j'ai barbouillé : je crois que je vais encore me mettre à pointiller ou à une technique analogue, car cela commence à m'ennuyer de peindre comme tout le monde. J'irai cet hiver à Paris pour étudier les nouveaux genres de peinture. — Aussitôt que tu m'auras rendu mon livre *Mes Haines*, je t'enverrai un autre bouquin car je ne veux pas me priver de tous mes livres, il me faut des consolations. A propos, dis donc à X... qu'il abandonne la peinture ; dis lui aussi que tu te fiches de son jugement. C'est stupide de se dérober à l'influence du nouvel art français en supposant que ces néo-impressionnistes ne sont que des ânes systématiques. N'éprouvent-ils pas un grand plaisir à combiner leurs couleurs, et n'ont-ils pas la même joie à employer leur procédé analytique que d'autres à manier fougueusement leur pinceau ? Si X... et consorts avaient vu un peu plus les *vingt*[1], ils ne se seraient pas servis vis-à-vis de toi de cette expression de *pompier*. Enfin, laisse le dire, jamais il ne saura peindre, jamais ! A-t-on jamais vu peinture plus stupide que la sienne ? »

1. Groupe de peintres à Bruxelles. Au printemps j'avais visité cette ville avec mon père et vu une exposition des « Vingt ».

Dans la deuxième année de mon séjour à Hattem, j'ai
lu quelques livres qui m'ont éclairé sur certaines questions religieuses. Le premier livre fut *Mes confessions*
de Tolstoï dans lequel il décrit et explique son retour à la
foi. Je me souviens encore avec quelle irritation j'ai lu
cette phrase : que rien au monde ne peut nous satisfaire à
la longue, pas même l'art. Jusqu'ici l'art m'avait pleinement suffi. Il m'était à la fois femme et enfant, richesse,
joie, contentement, en un mot, il était mon Dieu. Je comprends aujourd'hui ma folie, mais je dois dire cependant
que cet abandon absolu au beau a été pour moi, dans ma
jeunesse, une véritable bénédiction. L'amour de l'idéal
m'a toujours poussé à atteindre ce qu'il y avait de mieux
dans le domaine du beau, et ainsi j'eus de bonne heure
cette fermeté de l'âme, qui, sans hésitation, aspire à un
bien supérieur, dès qu'il lui apparaît. — Je devais donc
apprendre d'un aussi grand artiste que Tolstoï, qu'il y a
quelque chose de plus noble et de plus consolant que
l'art..... « Allons, » me dis-je, « ma parole, le bonhomme
se fait vieux ! S'il trouve la paix dans la religion, tant
mieux pour lui ! »

Le second livre qui m'a appris beaucoup de choses est
A Rebours de Huysmans. J'ai lu ce roman avec passion.
Rien d'étonnant à cela ! On rencontre fréquemment chez
les peintres et poètes, au début de la vingtième année, un
certain goût de décadence. Sans en venir vraiment à la
dépravation, on peut observer chez eux un besoin de sensations, un désir de situations anormales qui sont en
contradiction absolue avec ce qu'il y a de naturel et de
sain dans cet âge. Huysmans, comme on sait, raconte dans
son roman l'histoire d'un homme qui, épuisé par de gros-

siers-excès, se retire complètement du monde et mène
pendant un certain temps dans la solitude une vie pleine
de jouissances bizarres. Puis, après avoir tout tenté et
tout goûté, il éprouve du dégoût pour tout, et découvre
dans la foi de sa jeunesse l'ultime secours.

C'est dans ce livre que pour la première fois j'ai entendu quelqu'un au courant du monde et possédant sans
contredit une grande connaissance des hommes, parler
avec un respect sincère des Jésuites.

« Des Esseintes », le héros de *A Rebours*, l'auteur
lui-même, se rappelle le joug paternel des Jésuites..... qui
entouraient l'enfant d'une surveillance active mais douce,
cherchant à lui être agréable, consentant à des promenades, où bon lui semblait, le mercredi, saisissant l'occasion de toutes les petites fêtes non carillonnées de l'Eglise
pour ajouter à l'ordinaire des repas des gâteaux et du vin,
et pour le régaler de parties de campagne ; joug paternel
qui consistait à ne pas abrutir l'élève ; à discuter avec lui,
à le traiter déjà en homme, tout en continuant à le dor-
loter comme un bambin gâté... ces accents inimitables de
la conviction, ces voix ardentes d'hommes d'une intelligence supérieure lui revenaient...

Puis je lus encore le témoignage de son admiration pour
l'Eglise : « Il vit, en quelque sorte du haut de son esprit, le
panorama de l'Eglise, son influence héréditaire sur
l'humanité ; depuis des siècles il se la représenta, désolée
et grandiose, énonçant à l'homme l'horreur de la vie,
l'inclémence de la destinée, prêchant la patience, la con-
trition, l'esprit de sacrifice, tâchant de panser les plaies,
en montrant les blessures sanglantes du Christ, assurant
des privilèges divins, promettant la meilleure part du

paradis aux affligés, exhortant la créature humaine à souffrir, à présenter à Dieu, comme un holocauste, ses tribulations et ses offenses, ses vicissitudes et ses peines. Elle devenait véritablement éloquente, maternelle aux misérables, pitoyable aux opprimés, menaçante pour les oppresseurs et les despotes. »

Ce qui exerça encore sur moi un attrait tout particulier, ce fut l'aperçu qu'il donne des Pères de l'Eglise de la basse latinité, et son appréciation des œuvres de toute une série d'écrivains catholiques du siècle passé, tels que de Maistre, Veuillot, Lacordaire, Hello, et surtout Barbey d'Aurevilly. — Bien que n'ayant pas toujours confiance dans le jugement de Huysmans, j'étais sûr que son admiration ne pouvait aller à quelque chose de bête ou de sot. Maintenant on m'avait toujours dit que *catholique* et *bête* signifiaient la même chose. C'est pourquoi je me rapprochai d'un grand pas de l'Eglise catholique après avoir lu *A Rebours*.

La troisième chose que je connus alors en littérature fut les œuvres de Baudelaire et de Verlaine, à l'exception de *Sagesse* que je ne devais connaître que plus tard. Ces écrivains me rapprochèrent aussi de l'Eglise, car ce qu'il y a de bon et de beau dans leurs livres a sa racine dans la foi catholique.

Le fait qu'on n'arrive pas à produire quelque chose de grand sans une augmentation de l'énergie vitale pousse un grand nombre d'artistes, (et j'en parle par expérience), à produire artificiellement ce surcroît de vie nécessaire, non seulement au moyen d'alcool ou de stupéfiants, mais encore en stimulant l'imagination par un travail hâti f et fébrile, en se livrant à des passions comme la colère ou la fureur, en poussant jusqu'à la folie l'enthousiasme produit par des impressions fortes. « On travaille mieux alors », se disent-ils. Mais c'est tout simplement faire violence aux facultés les plus nobles que nous possédions. C'est un succédané de la véritable inspiration qui, elle, est un don du ciel. Et c'est souvent une pratique malsaine dont le but est d'échapper à la peine d'un effort constant et d'un travail pénible. Les conséquences en sont désastreuses, car celui qui fatigue trop son cerveau ne récolte que sécheresse d'esprit ; et les enfants d'un cœur surmené s'appellent Indifférence et Dureté.

Or, là où il y a indifférence, il n'y a pas de joie non plus, et lorsque la joie est absente, il n'y a pas de bonheur. La dureté du cœur éloigne et isole de plus en plus. L'isolement conduit à l'analyse stérile de soi-même et à la rêverie morne, et celle-ci à l'étiolement et au suicide... Mais aujourd'hui je sais : « Qui de vous pourrait, à force de soucis, ajouter une coudée à sa taille ! » (Luc, 12-25). Et cela est vrai aussi du talent.

La solitude est pour l'esprit ce que la diète est pour le corps, dit quelque part Vauvenargues. Cela est absolument juste et tout être pensant éprouve de temps à autre le besoin de la solitude. Mais aux jeunes peintres elle est nuisible à la longue. Ils n'ont pas assez de richesse intérieure pour peupler leur solitude et sont trop malhabiles pour s'occuper eux-mêmes de façon constante. Si l'ennui se présente, ils s'adonnent à la paresse ou cherchent une consolation auprès du premier venu, fût-il même sans aucune valeur morale. Ce fut mon cas. La solitude me pesant, je me joignis aux jeunes paysans, et pris part à leurs grossières plaisanteries.

J'allai bientôt vêtu comme eux, et pris peu à peu leurs manières rudes et leur parler grossier. Cela m'amusait d'être pris pour un garnement du village, et j'étais content quand des gens « comme il faut » trouvaient à redire à ma tenue. Mes parents ont dû se demander souvent comment parer le mieux possible à cet *empaysannement*, car lorsqu'un jour je demandai à mon père l'autorisation d'aller passer deux mois à Paris il me la donna aussitôt en disant à mon frère qu'il était fort heureux de me voir revenir à un autre milieu.

C'est ainsi qu'un jour de février 1891 je fis mon baluchon et me rendis à Paris viâ Bruxelles. Ce fut dans cette dernière ville que je visitai pour la seconde fois l'exposition des Vingt. J'allais enfin voir ce Paris que je connaissais déjà si bien par les biographies des peintres et par les romans de Zola, Goncourt et Daudet...

VI

Enfin, j'allais donc la voir, la grande ville où, je puis le dire, j'avais passé une partie de ma jeunesse avant même d'y mettre le pied. Je pressentais l'influence qu'elle allait exercer sur ma vie et sur ma peinture ; je savais qu'une existence nouvelle allait commencer pour moi. A huit heures du soir, j'entrai dans la gare du Nord. Un jeune négociant à qui j'avais été recommandé, vint me chercher. Ce fut tout de suite de l'enthousiasme. Ah ! tout ce bruit magnifique, cette foule, cette grande vie qui aussitôt s'empara de moi, « la vie moderne », l'objet même de l'art nouveau !

Le jeune négociant me conduisit à un hôtel où je louai une chambre pour un mois. C'était rue de Maubeuge, près des grands Boulevards. Nous dînâmes dans un Duval. Mais je trouvai cet établissement beaucoup trop « chic » et le jeune négociant et son frère qui était également avec nous, beaucoup trop « comme il faut » et trop « sages ». Je pris la résolution de voler, dès le lendemain, de mes propres ailes. Le jour suivant, à neuf heures tapant, j'étais devant le Louvre, et dès qu'il fut ouvert, je parcourus les vastes salles. L'impression que je ressentis fut extrêmement forte, comme un coup violent. Je voyais là, pour la première fois, tout l'art plastique dans son évolution à travers les siècles, depuis l'art égyptien et assyrien jusqu'à l'art moderne. L'après-midi, j'allai au Musée du Luxembourg voir l'Olympia de Manet. Je restai longtemps à admirer cette toile, tandis que je passai avec le plus profond dédain devant l'art officiel d'un Gérôme, d'un Cabanel et d'un Bouguereau.

Paris était superbe, mais j'étais seul et ne pouvais parler à personne alors que mon cœur débordait! Il est vrai que je demandais très souvent mon chemin, même lorsque je le savais, rien que pour parler français, et je bavardais avec tous mes voisins d'omnibus, mais je ne pouvais pas m'épancher.

Le lendemain, je visitai la galerie Goupil et, pour la première fois, je vis des originaux de Degas, de Monet, de Pissaro, de Renoir et d'autres Impressionnistes que je connaissais depuis longtemps. Je déjeunai dans un cabaret d'artistes très connu à Montmartre où j'espérais rencontrer un Hollandais de ma connaissance. Il ne se présenta pas. Je pris alors l'omnibus de Montparnasse pour aller voir un peintre hollandais appelé de Haan, pour lequel on m'avait donné une lettre de recommandation. Je trouvai ce petit homme bossu dans une chambre sommairement meublée, mais dans la cheminée brûlait un maigre feu de bois, ce qui, pour nous artistes, à Paris, était un luxe. Mon compatriote fut très aimable et se mit aussitôt à parler de son ami, le peintre Gauguin avec lequel il avait vécu et travaillé un certain temps en Bretagne. Il se trouvait à Paris en ce moment, et il m'était possible de le voir le soir

même à dîner. Après m'avoir longuement parlé de la
peinture moderne, il me conduisit dans un petit restaurant de la rue de la Grande Chaumière, en face de l'atelier
de Colarossi. Gauguin, que je reconnus immédiatement à
la description de de Haan, mangeait sa soupe. Il leva les
yeux quand nous entrâmes, avec un regard qui semblait
dire : « Quel imbécile m'amène encore de Haan. » L'artiste,
quoique plus jeune, faisait l'impression d'un homme de
cinquante ans, qui aurait connu de durs moments mais
aurait toujours bravé le sort. Il avait de longs cheveux
noirs qui lui poussaient très bas sur le front et portait
une barbe courte et rare qui laissait à découvert la bouche
aux lèvres sensuelles mais résolues, ainsi que la plus
grande partie de ses joues jaunâtres. Ce qui frappait
dans sa figure, c'étaient les lourdes paupières qui donnaient à son visage une expression de fatigue. Mais un fort
nez d'aigle atténuait un peu cette impression et révélait
l'énergie et la perspicacité. Je fus présenté au maître et aux
autres habitués, pour la plupart des peintres étrangers, et
je mangeai ma soupe. Gauguin était très silencieux, il se
leva bientôt et s'en alla. Lorsqu'il fut parti, de Haan parla
longuement encore de l'art de Gauguin, commentant ses
paroles par toutes sortes de compositions dont il couvrait
le marbre de la table. Je rentrai chez moi enthousiasmé.
— Je me demande encore comment j'ai pu trouver tout
seul le chemin de mon hôtel, éloigné au moins d'une
heure.

A partir de ce moment, je dînai tous les soirs dans le
petit restaurant de Madame Charlotte (c'était le nom de la
patronne). J'avais, il est vrai, un long chemin à faire, mais
après quatre heures, les musées étaient fermés, je ne savais

plus que faire. Que de fois me suis-je égaré en rentrant chez moi ! Il était toujours très tard quand je partais. A cette heure-là il n'y a plus d'omnibus, et, la nuit, les cochers demandaient double tarif. Une fois après avoir marché pendant une heure, je me retrouvai à mon point de départ. Arrivé chez moi, j'étais si fatigué, que je me jetai sur mon lit, et dormis quelques heures avant de me déshabiller.

J'ai toujours considéré comme un grand bonheur d'être arrivé à Paris à l'époque où une forte réaction commençait à se manifester contre le réalisme et le naturalisme, aussi bien en art qu'en littérature. Il est vrai que ce mouvement, dit symboliste, a été beaucoup trop faible pour arriver à dominer les esprits. En réalité, notre génération, dans la majorité de ses représentants, est toujours restée réaliste et naturaliste.

Pour frayer la voie à une nouvelle tendance d'art, il faut un but précis et une grande force plastique. Reconnaître ce qui manque à l'école actuelle ne suffit pas. Il a manqué au Symbolisme un objet précis et c'est pourquoi ce mouvement s'est perdu dans le vague. Ses représentants, les Symbolistes, n'ont pas opposé à la force vitale de la réalité, telle qu'elle est avec ses situations souvent si poignantes et si touchantes, la toute puissance d'une réalité supérieure. Ce qui faisait des peintres et des poètes de 1890, les adversaires du réalisme et du naturalisme, n'était souvent que le pressentiment d'une réalité supérieure, qu'une prédilection pour ce qui est mystérieux et étrange, qu'un penchant à la rêverie, un luxe de l'esprit suscité trop souvent par la sensualité. Ainsi l'idéal des symbolistes ne fut en somme pas supérieur à celui des réalistes et des naturalistes dont ils ont rarement pu revendiquer le grand talent plastique.

Pourtant le symbolisme fut pour plusieurs l'occasion d'un changement complet d'idées. Les expressions favorites de ses partisans : *l'au-delà, le mystère, le symbole,* quoique vagues et imprécises, correspondaient à des sentiments innés du cœur humain qui ne peut pas se contenter à la longue de ce qui est purement terrestre. Ces expressions ont jeté une faible lueur dans bien des « âmes sans Dieu » et leur ont servi de guide sur le chemin de la Lumière Eternelle.

Toutes les fois que mon compatriote de Haan parlait de son ami Gauguin, il parlait aussi de son disciple Paul Sérusier. Je fis bientôt la connaissance de ce jeune homme. Je tiens à m'étendre assez longuement sur son compte car il a exercé une grande influence sur mon évolution religieuse et artistique.

Fils de parents aisés, Sérusier s'était tout d'abord destiné au commerce, puis il fit de la peinture. Naturellement doué pour la philosophie, il aimait à méditer les problèmes métaphysiques et à les discuter. Il avait fait ses études dans un collège dirigé par des prêtres séculiers et c'est avec beaucoup d'estime et de respect qu'il a toujours parlé de ses anciens maîtres. Il est vrai qu'à l'époque où je le connus, il avait rompu avec l'Eglise catholique et s'était tourné vers la théosophie ; mais, au fond de son cœur, il lui restait très attaché et fréquentait souvent les prêtres et les religieux. Sérusier était le principal et le véritable apôtre du peintre Gauguin dont je reparlerai encore.

Personne n'avait aussi bien compris que lui les saines doctrines d'art de cet initiateur. Il avait réussi à intéresser à son maître tout un groupe de jeunes artistes de l'académie Julian. En peu de temps ils formèrent un cercle d'amis qui se réunissait toutes les semaines, le samedi après-midi dans l'atelier de l'un deux, Paul Ranson. Ces amis se nommaient les Nabis, c'est-à-dire les prophètes, moitié par plaisanterie, moitié sérieusement, car ils voulaient être en paroles et en actions les prophètes d'une nouvelle école d'art. Par Sérusier je devins également disciple de Gauguin et, comme tel, je fus admis dans le cercle des Nabis.

Par mon compatriote de Haan, je fis également la connaissance des littérateurs symbolistes. Ils se réunissaient tous les samedis soirs au café Voltaire, en face du Théâtre de l'Odéon.

Dans une grande ville comme Paris, il est impossible d'arriver à se faire connaître si l'on ne forme pas un groupe d'amis autour de quelque personnalité éminente. C'est dans la mesure où cette personnalité est poussée au premier plan que le groupe tout entier arrive à s'imposer. Bien que le poète Mallarmé mérite d'être nommé en premier parmi les symbolistes, c'en est pourtant un autre, le grec Jean Moréas, que l'on mit en avant pour initier le grand public à l'existence du Symbolisme. Jean Moréas s'était acquis déjà quelque notoriété dans le monde littéraire et avait publié au début de 1891 un nouveau volume de vers intitulé le *Pèlerin Passionné*. A cette occasion, un banquet fut offert en son honneur, que présida Mallarmé et qui fit grand bruit. A partir de ce jour-là, l'existence du

Symbolisme fut reconnue. Pendant un certain temps le nom de Moréas fut sur toutes les lèvres. Même les bourgeois d'ordinaire si calmes s'occupaient de ce personnage remarquable, et tentaient de voir Moréas au café Voltaire. Les réunions qui s'y tenaient étaient agréables. Plus d'un problème d'art y fut discuté et cela sans aigreur ni dissimulation.

Les champions du Symbolisme y trouvaient de bons moments de détente. Moréas se sentait le roi de tous, et, pendant quelque temps, il fut, à l'extérieur du moins, considéré comme tel. Mais en réalité, chacun des jeunes poètes se considérait comme un roi. Ceci apparut très nettement dans l'enquête littéraire menée par Jules Huret au printemps de 1891 et dont les résultats furent publiés par l'Echo de Paris. Mais le symbolisme acquérant de plus en plus le droit d'être reconnu et apprécié, Moréas ne tarda pas à être détrôné. Cependant, il était tout à fait homme à jouer ce rôle de roi. Il avait une admiration naïve pour lui-même et s'imposait avec une sûreté étonnante. « J'ai du talent » — « Je veux restituer la langue romane » — « Depuis Ronsard on n'a plus rien fait de bon » — « Ronsard et moi » — « Ne dites donc pas de bêtises ». — On l'entendait souvent dire de telles paroles. Un samedi soir, j'étais en train d'écrire une lettre au Café Voltaire, lorsque Moréas entra accompagné de deux disciples. Droit comme un I, la tête haute, sa forte moustache noire fièrement retroussée, il toisa à travers son monocle le cercle des amis, tendit avec un doux sourire deux doigts à l'un, deux doigts à l'autre, et s'assit en face de moi. « Pierre, dit le poète, apporte-moi la « France » et de l'encre ». Moréas jeta un regard sur le journal. Soudain, il s'écria : « Quoi ? des vers de Jules

Lemaître. Zut alors ! » et au grand scandale des bourgeois présents, il jeta loin de lui le journal. Pierre, le garçon, le ramassa sans rien dire. — « Pierre », dit Moréas, rends-le moi, et, s'adressant aux amis : « je veux vous lire les perversités de cet âne ». D'une voix terrible, il lit quelques strophes. Mais Charles Morice, fatigué du hurlement de Moréas, lui jeta à la figure des allumettes qui se trouvaient sur la table du café. Moréas était furieux ; mais il dit avec dignité : « Je vous défends de recommencer cette plaisanterie ». — Pierre, qui jouait aussi parfaitement son rôle, accourut en disant : « Monsieur Morice, je vous prie de ménager le matériel du café Voltaire ». « Tais-toi, Pierre, lui dit Moréas, ramasse plutôt les allumettes ». Puis il me demanda : « Monsieur fait des vers ? — Non, répondis-je, j'écris à mes parents. — Votre père vous a-t-il envoyé de l'argent, ou bien en avez-vous besoin ? — « Il m'a envoyé de l'argent, répondis-je ». Et Moréas de dire : « Le bon père... ils sont rares les bons pères ! » Moréas pouvait être ainsi fort aimable et très sociable. D'habitude, il partait de bonne heure, car, en sa qualité de roi, il devait se montrer encore ailleurs. De temps à autre, le poète Paul Verlaine faisait aussi son apparition. Il était de grande taille et d'extérieur négligé. Sa tête ressemblait à celle de Silène. Presque toujours il ne tardait pas à se disputer avec un des représentants du symbolisme. Il ne pouvait souffrir cette appellation ; elle était pour lui nébuleuse et trop obscure. « Qu'est-ce que cela veut dire, symbolisme, symbolisme ? lui entendait-on demander continuellement, rien, absolument rien ! Moi, je suis décadent ». On le laissait dire, le pauvre était alors déjà tombé très bas, même intellectuellement. D'autres symbolistes

éminents qui venaient régulièrement le samedi soir au café
Voltaire, étaient Albert Aurier, un homme magnifique,
avec une tête de sphinx extrêmement intéressante, le
critique Charles Morice dont j'ai déjà parlé, qui ressemblait alors à s'y méprendre au François Ier du Titien au
Louvre ; puis Julien Leclercq avec sa crinière crépue de
papou, ses bottes et son gilet court orné d'un jabot, enfin
le poète Adolphe Retté qui, plus tard, retrouva le chemin
de l'Eglise catholique et qui a décrit, comme on sait, sa
conversion dans un livre intéressant, *Du diable à Dieu*. —
J'ai passé bien des heures agréables parmi ces littérateurs
et, chaque fois que je pense à ces samedis soirs, je me
sens tout saisi par la vie pétillante qui en émanait.

J'ai déjà dit que par l'intermédiaire de Paul Sérusier,
le principal apôtre de Gauguin, je devins, moi aussi, le
disciple de ce dernier. Après avoir visité Paris pendant
une dizaine de jours, je priai Sérusier de me permettre
de peindre quelques natures mortes dans son atelier.
J'avais hâte d'exploiter de manière quelconque ce que
j'avais vu et entendu dire à Paris. Je peignis ces natures
mortes selon les théories et les conseils de Gauguin. On
fut assez surpris des résultats que j'obtins dès le premier
jour. Lorsque j'eus l'occasion de montrer mes travaux à
Gauguin, il m'exprima son contentement, mais me mit en
garde contre mon habileté qui pouvait facilement dégé-
nérer en truc. Gauguin haïssait en peinture la copie ser-
vile de la nature et, à l'époque où je l'ai connu, il se
trouvait déjà dans une certaine opposition avec l'impressionnisme. Il parlait, c'est vrai, lui aussi, de la perception
des sens, mais il enseignait que l'impression de la nature

doit s'allier au sentiment esthétique qui choisit, ordonne,
simplifie et synthétise. Le peintre ne devrait avoir de
repos qu'il n'ait mis au monde sous une forme plastique
et pour la délectation de tous ceux appelés à le voir, l'enfant de son imagination, né de l'union de son esprit avec
la réalité. Donc, toute œuvre d'art doit avoir une double
naissance, une naissance dans l'esprit et une dans la
matière, mais cette dernière ne peut se faire heureusement que par l'application des lois éternelles de l'art que
nous communique, soit l'expérience des autres, soit
notre expérience personnelle ou bien l'intuition. Et quand
Gauguin exigeait une construction logique de la composition, une distribution harmonieuse des taches claires et
des taches sombres, la simplification des formes et des
proportions afin de donner à la silhouette une expression forte et éloquente (en ménageant les contrastes de la
lumière et de l'ombre) quand il tenait, en véritable coloriste, aux couleurs lumineuses et franches, il montrait
ainsi qu'il connaissait les moyens d'expression les plus
importants de la peinture et qu'il avait étudié conscien-
cieusement auprès des artistes de tous les temps. On ne
l'entendait jamais parler du nombre, « le prototype le
plus parfait dans l'esprit du créateur » et en même temps
« la trace la plus pure qu'on en retrouve dans la création,
et dont la connaissance conduit à la sagesse », mais
inconsciemment Gauguin en employait la force spirituali-
satrice. Cet artiste, « qui a mis tant de désordre et d'in-
cohérence dans sa vie, n'en tolérait pas dans sa peinture ».
Il aimait avec passion la clarté et la simplicité. Très habile
lui-même, il mettait les autres en garde, comme je l'ai
déjà dit, contre trop de facilité, car cela rend superficiel

et corrompt toute loyauté, artistique, disait-il. Aussi reve-
nait-il sans cesse aux origines de l'art chez les différents
peuples, alors qu'une volonté encore juvénile et foncièrement honnête s'efforce à s'exprimer. Gauguin appre-
nait à ses élèves à réestimer les anciens maîtres, que la
génération des pleinairistes et pointillistes avait considérés comme ayant vécu leur temps. Il rendit tous ses
droits à la composition du tableau et enseigna avec
Gœthe que c'est dans la limitation des moyens que l'artiste peut le mieux montrer sa force. C'est ainsi qu'au
début il ne permettait à ses élèves que l'emploi de cinq à
six couleurs : bleu de prusse, laque de garance, vermil-
lon, jaune de chrome ou cadmium, ocre jaune, et blanc.
Mais avec tout cela, il restait un individualiste convaincu
qui, dans tous les moyens d'art, ne voyait en réalité que
des moyens.

Avant mon séjour à Paris, je m'étais abandonné, dans
ma peinture, presque uniquement à mon tempérament,
pour ne pas dire à mon caprice. Il s'agissait maintenant
de réfléchir et d'ordonner. Jusqu'alors j'avais poursuivi
les apparences des choses comme un enfant qui chasse
des papillons. Après avoir connu Gauguin, je fus ramené
à considérer mon esprit, comme le principe qui ordonne
tout ce qui s'offre à nous dans la nature. C'est ainsi que
l'exercice de mon art me rendit à moi-même. Ma peinture
fut pour moi un nouveau soutien. Elle me rendit plus
honnête et loyal parce que je devins plus recueilli, plus
circonspect et plus prudent.

De mon premier séjour à Paris date mon intérêt pour
les théories d'art: Elles m'ont été souvent funestes, car
bien des fois elles m'ont rendu stérile. Pourtant j'espère

qu'elles ont aussi servi à approfondir mon intelligence et
mon travail. D'ailleurs « la réflexion n'épargne-t-elle pas
les forces pour la vieillesse ? »

Un jour Sérusier me dit : « Nous allons voir le nabi
Denis à St-Germain ; vous ne le connaissez pas encore.
— Quelle peinture fait-il, demandai-je ? — « Vous le
verrez, dit Sérusier, Denis est un vrai symboliste. » Les
environs de Paris sont parmi les plus beaux paysages
que j'aie vus dans ma vie. La contrée où se trouve la ravissante petite ville de St-Germain-en-Laye rappelle tout à
fait l'Italie, particulièrement la Toscane, avec cette différence que la splendeur de la couleur y est plus riche
encore et plus lumineuse qu'en Etrurie.

L'après-midi, vers trois heures, nous frappâmes à l'atelier du nabi Denis. Un jeune homme d'à peine vingt ans
nous ouvrit. Il était de taille moyenne. Une jeune barbe
encadrait ses joues pleines et roses ; d'épais cheveux châ-
tain foncé retombaient sur son beau front au-dessous
duquel deux yeux purs comme ceux d'une vierge et aimables comme ceux d'un enfant brillaient d'un vif éclat. Il
ressemblait à une jeune fille qui n'aurait jamais quitté
sa mère, et ses œuvres donnaient cette même impression.
Il est vrai que ce n'étaient là que des œuvres de jeunesse,
mais elles étaient déjà d'une grande maturité. Elles portaient la marque d'une imagination riche, chaste et can-
dide et témoignaient d'un sens de la couleur déjà fort
développé. Il y avait parmi ses toiles plusieurs tableaux
religieux qui glorifiaient presque exclusivement cette
piété heureuse qui se manifeste de façon si bienfaisante
dans l'Église catholique lors d'une première communion.

A côté de ce jeune homme si remarquablement doué, je

me sentais tout petit. Rarement j'ai senti aussi profondément à quel point mon éducation était fragmentaire et superficielle. Je sentais instinctivement quel enrichissement la foi avait apporté à ce jeune artiste qui, comme le dit Sérusier, avait grandi en catholique fervent et qui, très jeune encore, avait passé son baccalauréat avec une note excellente en philosophie. Nous regardâmes longuement les tableaux du nabi Denis, puis nous fîmes une promenade dans les environs de la petite ville. C'était un merveilleux jour du début du printemps, époque où les bourgeons des arbres commencent à gonfler sans s'épanouir encore, où les troncs moussus sortent de la terre cuivrée, où les branches et les rameaux se détachent, rouge-sang, sur le ciel bleu. La nature est alors pleine de promesse et annonce sa prochaine floraison. Ah ! comme cette nature répondait à la peinture du noble jeune homme, du nabi Denis, dont les œuvres elles aussi annonçaient un printemps prochain, un printemps resplendissant de fleurs ! Durant notre promenade, nous reconnûmes souvent des motifs de paysage que le jeune artiste avait utilisés fort heureusement dans ses tableaux.

Le jour tombait, les couleurs des arbres et du sol se faisaient de plus en plus éclatantes. La Seine serpente comme un ruban bleu-émeraude entre les collines orange-sombre et dans l'ombre mystérieuse d'un petit bois flamboie sur quelques troncs élancés l'adieu glorieux du soleil déclinant. Le début de tout ce que nous avons reçu de grand dans la vie nous reste inoubliable. Il en est ainsi de ce jour qui me donna un de mes plus chers amis.

Comme je l'ai dit, tous les samedis après-midi, le cercle

des nabis (nebiim, serait en réalité le pluriel régulier) se réunissait dans l'atelier du peintre Paul Ranson. Il était marié depuis quelques années déjà lorsque je fis sa connaissance. Sa femme, une Française aimable et gaie, accueillait ses hôtes avec une charmante camaraderie, leur offrant de la bière et des sandwiches. A ces réunions, venait régulièrement le nabi Paul Sérusier que le lecteur connaît déjà, jeune homme trapu aux longs cheveux blonds et à la barbe rousse. D'un extérieur plus scandinave que français, toute sa personne rappelait le joyeux garçon du tableau bien connu de Manet, *Le bon bock*. Ranson qui avait donné à tous les nabis un surnom caractéristique le nommait : *le nabi à la barbe rutilante*. Moi, il me baptisa : *le nabi obéliscal.*

Un autre fidèle était Edouard Vuillard. Foncièrement français dans le genre d'un St-François de Sales, à qui il ressemblait beaucoup, Vuillard était une nature toute de délicatesse et de tact. Il ne s'exprimait jamais de façon absolue, par crainte de ne pas être vrai. Nous aimions tous ses propos spirituels et nous écoutions avec plaisir sa conversation qui faisait naître en nous toutes sortes d'idées nouvelles. L'ami de Vuillard, Pierre Bonnard, surnommé le *nabi japonard*, parce que ses peintures rappelaient alors beaucoup l'art des Japonais, venait régulièrement à ces réunions. Prodigieusement doué, mais trop sensé pour faire sentir sa supériorité, il savait cacher sous une attitude presque gamine ce qu'il y avait de génial en lui. Comme Vuillard, il aimait le travail intuitif : un jeu passionné de pinceau, surveillé seulement de loin par la réflexion et la volonté. Chez lui, nul tourment d'arrivisme. Il avait une profonde aversion pour tout ce qui en art n'est dû qu'au travail des mains et par conséquent ne peut émouvoir. Il est vrai que souvent ses peintures, comme celles des autres nabis, étaient plutôt d'heureuses improvisations que des œuvres achevées. Mais, malgré tout, elles sont au nombre des meilleures choses que l'art français ait données durant ces trente dernières années.

De pensée et de tendance proche de Vuillard et de Bonnard, il faut citer ensuite le nabi Xavier Roussel, fils d'un médecin connu de Paris. Roussel avait de grandes dispositions pour la forme classique et la composition. On pourrait l'appeler un Claude Lorrain impressionniste. Malheureusement, sa santé délicate l'empêchait souvent de suivre la fougue de son tempérament. Fréquemment il était obligé de déposer son pinceau, mais il prenait alors le fusain ou le pastel, les maniant l'un et l'autre de façon magistrale.

Maurice Denis, *le nabi aux belles icônes*, ne pouvait venir régulièrement aux réunions des Nabis, car, comme je l'ai dit, il habitait St-Germain. Mais c'était toujours pour nous un grand plaisir quand il venait. Denis était vraiment ce qu'on appelle en France un bon camarade, et c'est pourquoi nous étions tous très heureux de son succès précoce. Presque toujours, quand Denis était au milieu des amis, son esprit grave et religieux amenait la conversation sur des questions philosophiques. Je n'y prenais pas part, car « je ne voulais réfléchir à tout cela que plus tard ».

Ranson, notre hôte, était un méridional plein d'esprit. Son père, ancien député, était protestant, et lui-même théosophe. Sa peinture se rapprochait plus, au point de vue du dessin, de la tendance officielle et académique,

que du mouvement symboliste moderne, auquel elle s'y rattachait par le sujet. C'est pourquoi il ne put parvenir au succès qu'obtinrent les autres nabis, ce qui, très souvent, décourageait ce cher ami. Comme presque tous les Français, il écrivait fort bien. Je possède des lettres de lui d'une véritable valeur littéraire qui, toutes, expriment l'admiration profonde et l'affection qu'il portait à ses amis. Malheureusement il mourut jeune.

Ces six jeunes gens : Sérusier, Denis, Vuillard, Bonnard, Roussel et Ranson, formaient le noyau de ce petit cercle qui comptait quelques autres membres. Je tiens à mentionner particulièrement le nabi Pierre Hermant, un musicien dont il sera question plus tard, puis le nabi Cazalis que Ranson avait baptisé du joli nom de *Ben Kallyre Cazalis*, pour s'être occupé pendant quelques mois d'orientalisme. Le nabi Cazalis avait déjà embrassé plusieurs carrières mais les avait abandonnées l'une après l'autre. Il y a un point cependant pour lequel il se montrait inébranlable. C'est celui de l'amitié. Il s'était fait une tâche dans la vie de rendre service aux autres. Quiconque avait besoin de quelque chose allait voir Cazalis, qui s'en occupait immédiatement. Fils dévoué, il vivait avec sa mère d'une petite rente que son père lui avait laissée. Au fond le nabi n'était pas heureux, mais toujours aimable et gai quand on le rencontrait. Il me dit une fois : « Si un jour vous suivez mon cercueil, vous pourrez vous dire : « En voilà un qui est content ! »

Je ne puis mieux dire ce que représentaient pour nous, Nabis, ces réunions, qu'en citant les paroles mêmes dont se servit saint Augustin en parlant des amis qui l'entouraient à Carthage à l'époque de sa jeunesse.

« Ces liaisons s'emparaient de mon âme par des charmes
encore plus puissants ; échanges de doux propos, d'enjouement,
de bienveillants témoignages ; agréables lectures en commun,
badinages honnêtes, affectueuses civilités ; rares dissentiments,
sans aigreur, comme on en a avec soi-même ; léger assaisonne-
ment de contradiction pour relever l'unanimité trop constante ;
instruction réciproque ; impatients regrets des amis absents,
joyeux accueil à leur bienvenue ; enfin tous ces témoignages
que les cœurs aimants expriment des lèvres, de la langue, des
yeux, par mille mouvements pleins de caresses, et qui sont
comme autant de foyers où les esprits se fondent et se réduisent
à l'unité. » (Conf. IV, 8. Trad. Moreau).

Johannes Jöergensen a fort bien décrit le mouvement qui
a pris naissance au siècle dernier, vers 1890, et qui eut
à Paris ses représentants véritables. Voici ce qu'il écrit :

« Vers la fin du dix-neuvième siècle, un courant de mysticisme
traversa le monde. Le mot frappant de Brunetière, lancé alors,
de la faillite de la science doit être considéré comme une réaction contre la foi en la toute puissance de la science qui régnait
en Europe dans la seconde moitié du siècle. Il arriva que dans
les milieux qui avaient rompu avec la tradition chrétienne parce
qu'elle était trop miraculeuse, l'ancienne superstition se réveilla.
Les tables tournèrent, les esprits se révélèrent au moyen de
deux ardoises et d'un bout de crayon. Les esprits frappèrent
avec les pieds des chaises, se manifestèrent dans les craquements
de vieilles commodes ; tous les contes de nourrice furent de
nouveau admis sous un autre nom... Cela annonçait la réaction
contre le naturalisme. Elle s'exprimait par de la méfiance à
l'égard de la science, par un besoin, en littérature, de se libérer du réalisme et de l'objectivisme, par un penchant vers ce qui
est subjectif, romanesque, fantastique, vers ce qu'on appelait
« Le Rêve »...

« C'est cette tendance au rêve qui caractérise les œuvres lit-
téraires de cette époque. Cette disposition d'esprit permit le
succès de Mæterlinck, de Verlaine et de Mallarmé.

A Paris, tous ces courants et mouvements, toutes ces tendances vers ce qui est occulte et mystérieux, vers ce qui est interdit, miraculeux et terrifiant se croisaient comme dans un tourbillon spirituel. Tels des spectres sortant de leurs tombes, l'astrologie et la Cabale, la bonne aventure, les conjurations, la magie et l'alchimie sortirent soudain des coins les plus reculés et se mêlèrent à la danse générale. »

Etant donné l'esprit qui régnait en ce temps-là, on ne peut s'étonner que la Cabale et la magie dont parle Johannes Jöergensen, aient été assez en honneur chez les nabis, d'autant plus que Ranson et Sérusier étaient ésotéristes et théosophes. De même que Sérusier en peinture était l'apôtre de Gauguin, il était en philosophie l'apôtre d'Edouard Schuré, qui dans son livre *Les grands Initiés*, paru vers 1890, avait exprimé ses idées religieuses. Comme je fréquentais beaucoup Sérusier je fus initié, moi aussi, quoique superficiellement, aux doctrines de Schuré, ce qui ne fut pas sans influence sur ma vie spirituelle.

La doctrine que prêchait Sérusier répondait au courant anti-réaliste de l'époque. Voici quelques-unes de ses idées fondamentales : « Nous ne pouvons connaître la vérité sans avoir une connaissance sommaire du monde perceptible par les sens, mais la vérité a son siège avant tout dans la vie spirituelle de l'âme ; c'est l'âme qui est la clef de l'univers ; elle est une partie de la grande âme du Tout qui a évolué dans l'Univers. L'âme est une lumière voilée ; si on la néglige, elle s'obscurcit et finit par s'éteindre, mais si on verse en elle l'huile sainte de l'amour, elle devient une lampe à la flamme éternelle. Ce qu'on appelle progrès, c'est-à-dire l'histoire

du monde et de l'humanité, n'est autre chose que l'évolution de la cause première et de la fin dernière dans le
temps et dans l'espace. L'homme est un petit monde pour
soi ; il est l'instrument divin qui réunit en soi tous les
éléments et toutes les forces de la nature, il est l'image
vivante de l'âme universelle, de l'esprit actif. En réunis-
sant en son corps toutes les lois de l'évolution et la
nature entière, il s'élève au-dessus d'elle pour entrer par
la conscience de soi et par la liberté dans le domaine
infini de l'esprit. La vie divine en nous est une mort perpétuelle où l'esprit se dépouille de ses imperfections et
subit avec une force de plus en plus grande l'attraction
divine, soleil de l'esprit et de l'amour. On parvient à la
vie supérieure de l'âme de deux manières : par la révélation et par l'intuition ou divination. La révélation peut
venir directement de Dieu, où peut se faire par l'initiation aux mystères. Par une étude approfondie et un effort
constant, l'homme peut se frayer la voie du surnaturel et
se rendre capable de la suivre. Il peut même par le contact avec l'absolu trouver dans la contemplation la
suprême vérité. C'est pourquoi il faut se détourner de la
nature, comme la flamme se détourne du bois qu'elle
consume. La régénération, la refonte du moi physique,
moral et intellectuel n'est possible que par l'exercice
simultané de la volonté, de l'intuition et de la raison.
L'âme a des sens endormis que l'intuition doit éveiller.
Toutes les grandes religions ont une histoire exotérique
et ésotérique. La première est accessible à tous, la seconde
seulement aux initiés et à ceux qui ont le don de la divination. Les initiés parviennent à connaître et à utiliser

des forces secrètes de la nature et se donnent ainsi l'air de faire des miracles. »

Sérusier parlait souvent aussi du mystère des nombres : « Les nombres, disait-il, représentent la parole éternelle, le rythme et l'instrument de la divinité. » Il parlait souvent aussi du corps astral et de la lumière astrale et prêchait de même la doctrine de la réincarnation de l'âme et de son ascension vers l'Absolu à travers toute une suite d'existences. C'est pourquoi « se souvenir » était un mot qu'il employait souvent.

Si, au début, les idées de mon ami m'ont laissé assez froid (car ce n'est que plus tard que je m'en appropriai la plus grande partie), elles ne tardèrent pas cependant à provoquer un revirement en moi. Au bout d'un mois, j'acquis la conviction qu'il y avait une réalité supérieure à celle que nous percevions avec les sens et imperceptiblement j'en vins de nouveau à reconnaître l'existence de l'âme et à croire à son immortalité sous une forme quelconque. Sous quelle forme, je ne le savais encore. D'ailleurs pour l'instant, cela m'était assez indifférent, car si mes relations avec Sérusier avaient réveillé en moi l'aspiration religieuse, leur influence sur ma vie se fit encore attendre. Je partageai le dilettantisme religieux de l'époque, ce fut tout. A côté de cela, mille choses m'environnaient dans la grande ville qui excitaient ma sensualité. Ce qui eut pour résultat de me jeter dans une voie que je condamne sévèrement aujourd'hui, même au point de vue de la morale naturelle, mais que je considérais alors comme excusable, surtout à Paris et encore plus au Quartier Latin.

Il y a des hommes que l'on a connus peu de temps et que pourtant on aime toute la vie, des hommes vénérables dont le souvenir se dresse sans cesse devant nous tout auréolé d'admiration : tel était le *père Tanguy*. Le père Tanguy avait une petite boutique rue Clauzel, où il vendait des articles pour la peinture, surtout des couleurs. Il tenait en outre un petit commerce de tableaux. On ne trouvait pas dans sa boutique des peintures d'artistes arrivés, mais au contraire de ces peintures devant lesquelles, dans les expositions, le public s'arrêtait en éclatant de rire ou devant lesquelles il passait plein de raillerie et de sarcasme. C'étaient les œuvres des grands impressionnistes, Cézanne, Pissaro, Monet, van Gogh, dont le père Tanguy était l'humble ami. Avec quel amour et quelle vénération il parlait d'eux, d'un Pissaro, d'un Van Gogh « l'homme le plus charitable que j'aie jamais connu ». Comme il aimait les tableaux qu'il était obligé de vendre ! Souvent il était désespéré de voir une si belle toile quitter encore sa boutique, et presque toujours pour « une bouchée de pain ». Il eût de beaucoup préféré l'acheter lui-même pour en jouir constamment. Mais Tanguy était aussi pauvre que ces grands peintres dont il aimait les œuvres, et même, lorsque certains d'entre eux, plus tard célèbres, obtinrent de gros prix, Tanguy resta pauvre, car leurs tableaux allaient alors à de riches marchands. Tanguy était aussi notre ami, l'ami des Nabis, il leur procurait des couleurs et des cadres, exposait leurs premières œuvres. Je conserve une grande affection à cet homme si noble qui laissa à sa mort une collection de tableaux qu'on ne pourrait se procurer aujourd'hui pour une fortune lorsque lui-même, pressé par la nécessité, ne l'aurait jamais cédée à n'importe quel prix.

Déjà à l'époque où je l'ai connu, le peintre Paul Gauguin avait formé le projet de s'installer dans l'île de Tahiti. L'artiste avait besoin de l'argent nécessaire pour mettre son projet à exécution : c'est pourquoi il se décida à vendre aux enchères publiques environ trente tableaux et études qu'il avait faits à la Martinique et en Bretagne. Ces enchères furent pour Gauguin un succès relativement grand. Durant une semaine il fut le héros du jour, comme l'avait été peu auparavant le poète Jean Moréas. Gauguin ne s'était pas attendu à ce succès ; mais il persista dans son projet, non certainement sans lutte intérieure. Avant son départ un banquet fut donné en son honneur au café Voltaire, le 23 mars 1891 ; j'y assistai. Je ne peux m'étendre davantage sur ce sujet ; ce qui importe pour l'histoire que j'écris ici, c'est que je fis à cette occasion la connaissance d'un israélite de Copenhague, le peintre Mogens Ballin.

Comme je me plaisais toujours davantage en France, je pris la décision de ne pas retourner tout de suite en Hollande ; mais où aller ? Je ne pouvais rester à Paris, mes moyens ne me le permettaient pas ; d'autre part, j'aspirais à un travail régulier qui, pour bien des raisons, m'était impossible dans la capitale. Mais bientôt une solution se présenta. Mon ami Sérusier parlait souvent de la belle Bretagne et me disait qu'on y vivait pour rien. Il y retournait cet été et me conseillait de l'y accompagner. Il connaissait, disait-il, un endroit dans une région splendide nommée le Huelgoat, où on pouvait vivre

fort bien et à bon compte, et où aucun peintre encore
n'était venu se nicher. J'acceptai volontiers sa proposi-
tion, mais que faire de tous mes meubles à Hattem ?
Ayant vécu quelques semaines en pleine liberté à Paris je
trouvais bien encombrant de posséder des meubles et
autres objets de ménage. « Débarrassons-nous de tout ce
fatras » pensai-je ; pour l'instant, je ne veux être lié nulle
part. Je fis alors toute une série de dons et me débarrassai
de tout ce dont je n'avais pas absolument besoin. Ma sœur
s'installa avec son mari et ses enfants dans ma maison
qu'elle trouva fraîchement aménagée car la demeure de
mon voisin ayant été détruite par un incendie, et l'eau
ayant causé des dégâts chez moi, j'avais reçu de l'assurance la somme nécessaire pour remettre ma demeure en
état. J'étais donc libre de nouveau. Une petite malle con-
tenait toute ma richesse ; je n'avais plus de soucis et je
me sentais extrêmement heureux.

Durant mon séjour à Paris, je n'ai visité que rarement
des églises ; j'ai jeté une fois un regard dans la Madeleine, deux fois j'ai admiré à Saint-Sulpice la chapelle latérale décorée par Delacroix. J'ai été aussi quelquefois à
Notre-Dame. Un dimanche, attiré par les sons du bour-
don, j'y ai assisté à la dernière partie de la Messe. Une
voix de soprano chantait l'Agnus Dei. Jamais je n'ai
oublié cette voix et je l'entends toujours quand je pense à
Notre-Dame. Je prêtai peu d'attention à ce qui se passait
à l'autel ; j'en étais d'ailleurs assez éloigné et je n'avais
alors aucune idée de ce qu'était en réalité la Messe ni de ce
qu'elle signifiait. Un autre souvenir de Notre-Dame me
revient encore. C'était un Vendredi Saint, peu de temps

avant mon départ pour la Bretagne. Une foule de gens se rendaient à l'église bien qu'on ne sonnât pas les cloches. Un lourd silence semblait peser sur Paris. Le temps était frais et brumeux. J'avais à cette époque une petite amie ; c'était une de ces pauvres créatures comme il y en a tant à Paris, abandonnées à elles-mêmes, parfois faibles dans la lutte pour l'existence, sans pourtant s'avilir complètement, et gardant au fond du cœur le désir d'être meilleures. Je l'avais connue dans un atelier où elle était modèle, bien que son véritable métier fût d'être habilleuse de poupées. Elle ne posait d'ailleurs que lorsqu'elle n'avait pas d'ouvrage. Je l'invitais parfois à dîner et en retour elle m'écoutait avec beaucoup de patience, et corrigeait mes fautes de français. Or, ce Vendredi Saint, elle me dit qu'elle devait se rendre à Notre-Dame. Je lui demandai pourquoi, car à ma connaissance elle n'allait que très rarement à l'église. « Parce que c'est Vendredi-Saint, » me répondit-elle ; « même si on ne va pas à l'église toute l'année, il faut y aller ce jour-là. » — Je l'accompagnai à Notre-Dame. Une amie qui l'aidait dans son métier vint avec nous. Nous entrâmes dans la vieille cathédrale. Les deux jeunes filles s'avancèrent vers le bénitier et firent le signe de croix, puis elles disparurent derrière les gros piliers de la nef, tandis que je restais debout près de la sortie. Du chœur s'élevait un chant très bas et assourdi. Peut-être chantait-on justement les Ténèbres. Cinq minutes après environ, elles revinrent toutes deux ; j'étais resté là, en proie à une forte émotion. « Mais, Monsieur Jean : (c'est ainsi qu'on m'appelait généralement,) que vous êtes drôle, drôle... Qu'avez-vous donc tout d'un coup ? » me demanda mon amie, et plus tard, dans le petit restaurant de Madame Charlotte, elle demanda encore ce que j'avais bien pu avoir. L'hôtesse qui l'entendit me tira d'embarras en disant : « L'office divin impressionne toujours beaucoup les artistes. »

Un soir j'allai dans un bal public, le « bal Bullier » au Quartier Latin. Que le lecteur s'imagine lui-même cette arène de plaisir s'il le juge nécessaire ; aujourd'hui, je ne puis décrire de pareilles choses. A cette époque, cette folle gaieté m'amusait comme m'amuse aujourd'hui encore un poulain qui gambade et un enfant qui sautille, mais maintenant toute gaieté excessive m'attriste, car je sais qu'elle est suivie de tristesse et même presque toujours d'une mauvaise tristesse qui ne rend pas meilleur, mais endurcit le cœur. Je ne veux pas rendre attrayant ce que je réprouve aujourd'hui, mais je ne veux pas non plus condamner trop haut ce qui, à un certain moment m'a causé du plaisir. — Quand on n'est pas un saint Augustin, il vaut mieux faire le silence sur certains égarements. — Comme je passais à travers les couples de danseurs, mon regard s'arrêta sur un banc où un jeune homme était assis solitaire. J'allais m'asseoir à côté de lui, lorsqu'il se leva et me salua ; c'était le danois Mogens Ballin dont j'avais fait la connaissance au banquet Gauguin. Mogens Ballin était un fort bel homme ; bien bâti, de taille normale, avec sa barbe noire, ses yeux foncés, ses lèvres pleines, son nez un peu épais mais de lignes hardies, il ressemblait à un roi chaldéen tel qu'on les voit sur les reliefs assyriens. Après avoir échangé quelques paroles de politesse, je lui demandai : « Cette sauterie vous plaît-elle ? » — Mogens Ballin fit une mine désespérée et dit : « Oh ! comme je m'ennuie ! J'en ai tellement assez de Paris ; je suis ici depuis l'automne de 1889 et n'ai rien fait encore. On n'arrive jamais à travailler ici. » « Moi je ne suis à Paris que depuis deux mois, mais j'en ai également soupé », répondis-je, « comme vous le dites, on n'arrive pas à travailler au milieu de tout ce mouvement, mais je vais bientôt partir avec Sérusier (qu'il connaissait aussi) pour la Bretagne et espère faire là-bas de belles choses. — Ne voudriez vous pas m'emmener avec vous ? », demanda Ballin, « cela me ferait tellement plaisir ! » — A vrai dire, cela ne m'était pas très agréable de partir pour la Bretagne avec quelqu'un que je connaissais si peu, cependant je répondis que de ma part il n'y avait aucune objection mais que je devais parler à Sérusier et lui demander si lui aussi y consentait. Lorsque je fis part à Sérusier du désir du Danois, il répondit simplement : « Si Ballin partage nos idées en peinture, qu'il vienne avec nous ; peut-être sera-t-il un jour un bon nabi. » — Peu de temps après cette deuxième rencontre, je revis Ballin ; c'était le soir du 4 avril 1891, lorsque Gauguin s'embarqua pour Tahiti. Quelques amis seulement étaient venus à la gare de Lyon. En dehors de Ballin, je me souviens encore de Sérusier, de Charles Morice et d'un autre littérateur. L'adieu fut bref et émouvant. Après nous avoir embrassés, Gauguin disparut dans l'express. Il était visiblement ému. Le train ayant quitté la gare, nous suivîmes silencieusement notre chemin, puis Charles Morice éclata en reproches bruyants contre lui-même, disant: « Gauguin a raison, que pouvons-nous devenir ! Mais nous gaspillons notre temps ici, dans cet affreux Paris. Ah ! si moi aussi je pouvais partir ! » —

« Partez avec nous, dit Sérusier, avec Ballin, Verkade et
moi, pour la belle Bretagne. » Charles Morice se.tut. Il
n'en voyait sans doute pas la possibilité.

Un autre soir, je m'égarai de nouveau en rentrant chez
moi et me trouvai soudain sur la grande place du Pan-
théon. Il était près de minuit. Je savais bien me diriger à
peu près de là vers ma demeure, mais je cherchai pourtant quelqu'un qui pût me renseigner exactement. Personne. Je levai les yeux vers le puissant fronton du Pan-
théon et sa magnifique coupole surmontée de sa haute
croix. De grands nuages passaient devant. Je regardai
alors à droite et à gauche dans les ténèbres béantes de
chaque côté de la place, quand à droite, un homme sortit
d'une rue étroite, il avait un grand chapeau et un long
manteau flottant. C'était quelqu'un de haute taille qui
allait à tâtons le long des maisons, grommelant quelque
chose entre ses dents, et n'avançant que pas à pas. Je
connaissais cette silhouette : c'était le poète Paul Verlaine qui, lui aussi, cherchait à rentrer chez lui.

Si j'entrais rarement dans une église, j'en visitais d'autant plus souvent le Louvre ; le musée était alors mon
église. Dans mes longues promenades à travers les splendides galeries, je restais bouche bée devant l'art monumental des Egyptiens et Assyriens, j'admirais la beauté
parfaite des sculptures grecques et restais muet d'admiration devant la Joconde de Léonard : mais ce qui me
ravissait, c'étaient les peintures simples des primitifs
italiens. Je ne me lassais pas de les regarder, et je quittais rarement sans regret la petite salle attenante au salon

carré. Il y avait là le grand tableau d'autel de Fra Angelico, le Couronnement de la Vierge entourée de ces merveilleuses figures de saints. C'est là encore que trônait la
Madone de Mantegna avec saint Sébastien et les autres
saints, et que je trouvais le profil junévile et expressif de
saint Jean-Baptiste d'un maître inconnu, ainsi que le portrait de ce bon vieillard au gros nez ulcéré vers lequel un
bel enfant lève les yeux avec amour, chef-d'œuvre de
Ghirlandajo. C'étaient alors mes préférés avec les deux
fresques de Botticelli en haut de l'escalier ; c'est à eux
qu'allait tout mon cœur, bien que mon intelligence
reconnut la suprématie d'autres œuvres d'art.

Vers le début de 1890, un cri de guerre fut lancé d'un
atelier à l'autre : « Plus de tableaux de chevalet ! A bas
les meubles inutiles ! La peinture ne doit pas usurper
une liberté qui l'isole des autres arts. Le travail du peintre
commence là où l'architecte considère le sien comme terminé. Des murs, des murs à décorer ! A bas la perspec-
tive ! Le mur doit rester surface, ne doit pas être percé
par la représentation d'horizons infinis. Il n'y a pas de
tableaux, il n'y a que des décorations ! »
Ce programme un peu improvisé et qui profita plus à
l'art industriel qu'à la peinture, semblait avoir servi de
direction aux primitifs italiens. C'est pourquoi bien des
artistes les considéraient comme leurs véritables modèles.
Moi aussi, mais encore pour d'autres raisons. Ce que
j'admirais en eux, c'était non seulement le caractère
monumental de leurs compositions, malgré la dimension
souvent petite de leurs œuvres, mais c'était aussi la
manière spontanée et directe dont ils traduisaient leurs

sentiments. A cette époque déjà, je pressentais que leur art n'était pas seulement le produit de considérations esthétiques et d'essais techniques, comme l'a été en général la peinture moderne, mais l'expression naturelle et simple de leurs âmes profondément religieuses.

« Sans religion il n'y a pas d'art réellement grand ; tout grand art a été au service de la religion. » Telle était la pensée qui s'emparait de moi à chaque visite au Louvre et cette constatation me poussait à la recherche d'une religion.

Sérusier ne put encore nous accompagner, mais notre hâte de quitter Paris, où nous n'avions ni atelier, ni modèles, n'en fut pas moins grande. Du reste je n'avais plus l'argent nécessaire pour y rester plus longtemps.

Pour l'instant notre but était Pont-Aven, le Barbizon de la Bretagne. De même que c'est de Barbizon qu'est partie l'école de Fontainebleau, c'est de ce village proche de la côte méridionale de la Bretagne qu'est parti le mouvement artistique connu sous le nom d'école de Pont-Aven ou de Synthétistes dont Paul Gauguin et Emile Bernard furent les initiateurs. C'est là que Sérusier devait nous rejoindre plus tard pour nous emmener à Huelgoat.

Comme je l'ai déjà dit au début de ce chapitre, j'étais arrivé à Paris à une époque intéressante. Certes Paris a été bien des fois témoin de mouvements artistiques et intellectuels plus importants, mais à ce moment aussi il se préparait quelque chose ; on luttait pour des valeurs d'art qui, pendant des années, avaient été méprisées ou oubliées, mais que jamais encore une grande époque n'avait méprisées ou oubliées. Nous aussi, les Nabis, nous prenions part à la lutte, ce qui nous donnait un désir ardent de travailler et de créer, vraie bénédiction réservée à tous ceux qui sont de vrais champions de l'idéal. Et aujourd'hui encore je ressens cette bénédiction, car nous profitons durant la vie entière de l'impulsion que nous avons reçue dans la jeunesse. Pendant mon séjour à Paris, un jeune homme assez convenable avait remplacé en moi le paysan que j'étais devenu lors de mon séjour à Hattem. De sauvage j'étais redevenu plus sensible et délicat, et ce qui était plus important, je croyais de nouveau à l'existence d'une âme immortelle.

Après avoir dîné pour la dernière fois dans le petit restaurant de Madame Charlotte et avoir pris congé d'elle, des amis et des connaissances que j'y avais faits, je partis pour la gare Saint-Lazare où m'attendait Mogens Ballin.

VII

PREMIER SÉJOUR EN BRETAGNE

La discrétion et la tendresse délicate avec lesquelles un jeune homme cherche à gagner le cœur de son amie d'enfance ont quelque chose de touchant ; il y a également quelque chose d'émouvant et de touchant dans la discrétion et la tendresse avec lesquelles Dieu cherche à gagner l'amour d'une créature.

Ce jeune homme a toujours conservé de l'amour pour son amie d'enfance, même lorsqu'en pleine jeunesse la destinée l'a séparé d'elle. Rentré au pays, il a hâte de la revoir. Elle est devenue une belle jeune fille, un peu superficielle et égoïste peut-être... Mais, comme il l'aime, il ne cesse durant plusieurs mois de l'entourer de sa tendresse prévenante. De temps à autre il laisse tomber une bonne parole qui, sans qu'elle s'en rende compte, germe dans l'âme de son amie ; il lui met aussi quelques bons livres entre les mains, et peu à peu elle devient tout autre. Le jeune homme s'aperçoit du travail intérieur qui se fait en elle, puis, pendant quelque temps, ne se montre plus. La jeune fille alors devient inquiète ; elle ne sait pas ce qu'elle a au juste, elle ne trouve de plaisir à rien, s'ennuie et se sent triste. Elle se demande si l'absence de son ami en est la cause, mais sourit d'une telle sottise. Ah certes, c'est un bon garçon... très bien pour une jeune fille pauvre, mais pour elle... ce serait trop ridicule ! — Un jour le jeune homme réapparait. Elle rougit, lorsqu'elle lui tend la main et a de la peine à cacher son émotion. De nouveau il l'entoure d'une manière délicate et discrète de ses soins et de sa tendresse. Tout de même, comme il est bon et dévoué, ce garçon, et avec cela si respectueux... Et un beau jour il faut bien qu'elle se l'avoue ! Elle l'aime... Cela ne l'effraye pas peu cependant. Les devoirs de l'épouse et de la mère l'épouvantent. Elle se sent encore trop jeune pour se lier et veut encore profiter de la vie et de sa liberté. Elle retrouve ses anciennes amies, se montre très gaie en leur compagnie, mais à peine est-elle seule que la tristesse la gagne. A la fin, elle n'entrevoit le repos et le bonheur qu'auprès de celui qu'elle aime... Elle ne résiste plus, se rend enfin et est extrêmement heureuse dans son jeune et chaste amour.

Tous les sentiments que cette jeune fille a éprouvés, je les ai ressentis moi aussi en la « Sainte Bretagne » dans mes étapes vers Dieu.

Vers 9 heures du matin, nous arrivâmes à Quimperlé après un voyage fort inconfortable. Le wagon dans lequel nous avions à peine trouvé une place était resté complet jusqu'au bout du voyage ; il nous avait été presque impossible de dormir. Nous n'avions pas pu bavarder non plus, de peur de déranger nos compagnons dont quelques-uns dormaient. A Quimperlé nous devions attendre quelques heures le départ de la voiture de poste. Nous en profitâmes pour faire un tour de promenade dans les environs de la jolie petite ville. La première impression que me fit la Bretagne a été une impression de charme indicible. Le paysage ondulé dans lequel, enfants de la grande ville, nous nous trouvions après une nuit blanche subitement transplantés était si jubilant de bonheur en même temps que si serein, si silencieux, si plein de Dieu, qu'on eût dit une religieuse en robe de mariée, s'avançant vers l'autel pour se fiancer au Christ.

Les prairies vertes, les champs labourés, les arbres fruitiers en fleurs, les cours d'eau murmurants, le patois chantant et la vie joyeuse des gens du pays dans leur costume national si plein de style, le cri triomphant des coqs, l'air pur, le souffle léger du vent, l'impression charmante émanant de toute cette intimité et de toute cette innocence dont nous étions privés depuis longtemps, tout cela était si fort et pourtant si doux et si prenant que seul l'agenouillement dans une prière aurait pu rendre ce que mon âme en cette heure-là ressentait... Mais j'étais trop fier encore pour plier le genou, et mon besoin d'adorer ne savait encore où s'adresser. Mais j'étais venu dans le pays où je devais apprendre à m'agenouiller et à joindre de nouveau les mains.

L'après-midi, le courrier nous mena de Quimperlé à Pont-Aven où nous descendîmes dans l'auberge de Mme Gloanec. Pour soixante-quinze francs par mois, nous y trouvâmes la pension complète. Nous n'étions pas les seuls clients : quelques peintres et quelques fonctionnaires de l'endroit venaient y dîner. Un grand nombre de tableaux ornaient les murs de la salle à manger. Même les portes et les battants des placards étaient décorés, quelques-uns de la main de Gauguin. On était très gai à table ; la nourriture était abondante et bonne.

Le grand village avec ses vieilles maisons caractéristiques, recouvertes d'ardoises, est situé dans une échancrure de la vallée, le long de l'Aven dont les eaux rapides actionnent plusieurs moulins. Des collines escarpées entourent le village. Sur leurs flancs, de petits sentiers conduisent à un plateau fertile avec des chapelles, des fermes et des petits bois. D'une certaine hauteur on aperçoit vers le sud un golfe, hélas ensablé, s'enfonçant profondément dans le pays et dans lequel se jette l'Aven.

Ce beau paysage nous incita tout de suite au travail, auquel nous mettions une telle ardeur qu'en peu de temps un nombre respectable d'études couvrit les murs de ma chambre. L'ami Sérusier fut heureusement surpris lorsqu'il arriva trois semaines après nous. Nous restâmes pour le moment à Pont-Aven ; l'affluence des peintres n'était pas trop grande encore.

Dans la vision d'ensemble que, dans mon souvenir, je garde de Pont-Aven, les rues et les places m'apparaissent tout naturellement parcourues par les processions solennelles du mois de Mai, le mois de Marie. Tous les dimanches, après Vêpres, les enfants, les jeunes filles, les femmes et les hommes parés de leurs plus beaux atours, parcourent le village en récitant des prières et en chantant de joyeux cantiques, précédés de la croix et de la bannière de la Sainte Vierge. Les femmes et les jeunes filles avaient leurs grandes coiffes blanches, leurs casaques et leurs robes bleu-marine, ornées de bandes et de revers de velours noir, leurs fichus et leurs tabliers de couleur ; les

hommes vêtus de même, de costumes bleu-marine gar-
nis de velours, tenaient à la main leurs chapeaux aux
longs rubans. Tandis que la procession passait religieu-
sement, les cloches de l'église lançaient dans l'air leurs
notes joyeuses ; le ciel et la terre, les montagnes et les
arbres tressaillaient d'allégresse ; la nature entière applau-
dissait à cette dévotion, et moi aussi je le faisais, car toute
ma vie je n'ai cessé de louer ce qui est noble en soi, sans
me laisser égarer par les dires des critiques grincheux.

J'ai toujours eu conscience, semble-t-il, que ce qui est
vraiment grand ne perd rien de sa noblesse quand les
faibles d'esprit et de volonté ne lui rendent pas justice ou
quand les méchants cherchent à le traîner dans la boue.
— Quoi de plus grand, en effet, que de voir des hommes,
des femmes et des enfants communier dans la prière et la
louange de Dieu ? Et chaque procession ne révèle-t-elle
pas une belle solidarité des âmes, de la dignité et de la
grâce, de l'ordre et du rythme, toutes choses qui sont
pleines de noblesse ?

Un matin nous étions assis, Ballin, Chamaillard, Séguin
et moi, sur un banc devant notre auberge. Chamaillard
en réalité était avocat, mais en fréquentant les peintres et
particulièrement Gauguin, il était devenu peintre lui-
même. Séguin, lui aussi, était peintre. Il avait vu chez un
ami de Paris une nature morte de moi. Lorsque je lui fus
présenté, il demanda si ce joli tableau était de moi.
Comme je lui répondais oui, il me prit la main, et me dit
d'un ton pathétique : « Alors, Monsieur, vous êtes très
fort ! » Moi, imbécile que j'étais, je ne fus pas peu flatté
de ce compliment. Chamaillard nous lisait des poèmes de

Sagesse, de Paul Verlaine. En tant que Breton, il était attaché de toute son âme à la foi de ses ancêtres. Il nous lut le
merveilleux sonnet :

Mon Dieu m'a dit : Mon Fils, il faut m'aimer. Tu vois,
Mon flanc percé, mon cœur qui rayonne et qui saigne,
Et mes pieds offensés que Madeleine baigne
De larmes, et mes bras douloureux sous le poids

De tes péchés, et mes mains ! Et tu vois la croix,
Tu vois les clous, le fiel, l'éponge et tout t'enseigne
A n'aimer, en ce monde amer où la chair règne,
Que ma Chair et mon Sang, ma parole et ma voix.

Ne t'ai-je pas aimé jusqu'à la mort moi-même,
O mon frère en mon Père, ô mon fils en l'Esprit,
Et n'ai-je pas souffert comme c'était écrit ?

N'ai-je pas sangloté ton angoisse suprême
Et n'ai-je pas sué la sueur de tes nuits,
Lamentable ami qui me cherches où je suis ? »

Puis cet autre sonnet où il est dit :

. . . . , ...
..... Laisse aller l'ignorance indécise
De ton cœur vers les bras ouverts de mon Eglise
Comme la guêpe vole au lis épanoui.

Approche-toi de mon oreille. Epanches-y
L'humiliation d'une brave franchise.
Dis-moi tout sans un mot d'orgueil ou de reprise
Et m'offre le bouquet d'un repentir choisi.

Puis franchement et simplement viens à ma table
Et je t'y bénirai d'un repas délectable
Auquel l'ange n'aura lui-même qu'assisté,

Et tu boiras le Vin de la Vigne immuable
Dont la force, dont la douceur, dont la bonté
Feront germer ton sang à l'immortalité.

Tout en lisant, Chamaillard releva en quelques mots
l'inspiration catholique et le sens dogmatique des son-
nets. Il était émerveillé de la beauté de ces poèmes, où,
selon lui, rayonnaient en une éclatante lumière les plus
hautes vérités. Mais moi, je me sentais mal à l'aise comme
quelqu'un qui marche seul la nuit dans une forêt téné-
breuse. Ce que ce Breton lisait là restait encore très obs-
cur pour moi, malgré ses commentaires. Je fus même
pris de soupçon ; je le regardais sans cesse à la dérobée,
me disant : « Croit-il vraiment ce qu'il dit ? »

Tel un voyageur qui chemine à sa guise et qui, subitement, se trouvant devant une porte, demande qu'on lui
ouvre, Dieu frappe à la porte de notre cœur pour que nous
lui ouvrions.

Un soir, nous nous trouvions, Sérusier, Ballin et moi,
dans la pénombre de la salle à manger de la « mère Gloanec » envoyant silencieusement devant nous la fumée de
nos cigarettes. Soudain, Sérusier dit : « Souvent dans les
réunions des Nabis, à l'atelier de Ranson, nous nous
sommes entretenus de questions philosophiques et religieuses ; cela vous plaisait-il ? » Je ne sais plus aujourd'hui
ce que Ballin répondit, mais moi je dis : « Je me suis
proposé de m'occuper un jour sincèrement de la question
religieuse, mais jusqu'ici, je ne m'en suis guère soucié. Il
doit bien y avoir un Dieu, mais je ne peux me faire de lui
une idée claire ! » — Sérusier s'assit et dit : « As-tu remarqué que les créatures ne sont pas toutes également par-

faites, bien que chaque espèce le soit en son genre ? —
La plante a une vie supérieure à celle du rocher, et l'animal une vie supérieure à celle de la plante. L'homme,
comme être à la fois corporel et spirituel, est à son tour
bien au-dessus de l'animal. Ne peut-il rien y avoir de
supérieur à l'homme ou bien ne te semble-t-il pas logique
qu'il y ait d'autres créatures qui n'aient pas de corps mais
qui soient de purs esprits, des créatures que nous nom-
mons des anges ? » — « Certainement », répondis-je, « cela
me paraît très vraisemblable. » — « Eh ! bien », continua
Sérusier, « cela ne nous conduit-il pas à admettre l'existence d'un être qui soit plus parfait que la créature la
plus parfaite, d'un être qui soit pour ainsi dire au bout de
l'échelle que l'on peut dresser, étant donnée la perfection
graduelle des créatures, vers Lui, vers Dieu ? »

Il faut avouer que Sérusier, sciemment ou non, n'éta-
blissait pas une différence très précise entre : « être de
façon absolue » et « être en tant que créature ». Mais à
partir de ce moment j'ai cru en Dieu comme en ce qu'il y
a de meilleur et de plus parfait. Je croyais, car ma volonté
acceptait la révélation que Dieu m'avait envoyée avec tant
de bonté par l'intermédiaire de mon ami. Et mon cœur se
mit à frémir et à prendre son essor, timidement d'abord,
il est vrai, vers cet Être supérieur qui soudain venait de
m'être révélé, et dont la lumière ne devait plus s'éteindre
en moi...

J'ai toujours eu une grande prédilection pour les jardins clôturés et séparés des bruits du monde. Souvent
remonte dans mon esprit le souvenir du jardinet de notre
voisin que je vis étant enfant de quatre à cinq ans, le jar-

din de mon grand oncle à Zaandam et celui de mon grand
père à Wedde et bien d'autres encore. Je n'oublierai
jamais non plus un jardin de Pont-Aven.

Du haut d'un chemin, mes regards plongèrent un jour
dans un petit jardin clos. Il s'étendait derrière une maison inhabitée dont les volets détériorés par le temps et
d'un bleu pâli, étaient fermés. Le jardin semblait abandonné et, chose merveilleuse et féerique, un cheval tout
blanc y paissait. Je n'ai jamais rien vu qui se rapprochât
autant de l'idée que je me faisais dans ma jeunesse de la
belle au bois Dormant, que ce cheval tout blanc dans ce
jardin abandonné... Ce jardin, les processions, et une
belle chapelle rustique sont les plus chers souvenirs que
j'ai gardés de Pont-Aven, et aujourd'hui encore j'ai une
prédilection pour tout ce qui est clos et immaculé, pour
tout ce qui n'est pas profané !

Au début de Juin, Sérusier, Ballin et moi, quittâmes
le charmant village de Pont-Aven. Une voiture nous
emmena à Huelgoat, en plein cœur du Finistère. Notre
route qui par endroits traversait des régions accidentées,
nous conduisit devant plusieurs jolies petites églises. La
tradition gothique s'est maintenue en Bretagne ainsi qu'en
Angleterre jusqu'au xixᵉ siècle. Elle ne fut jamais complètement interrompue, ce dont témoignent de nombreux
édifices, ainsi que des sculptures sur pierre et des sculptures sur bois. Chaque fois que nous passions devant un
monument intéressant, nous descendions pour mieux le
voir. Le genre de piété d'un pays s'exprime dans le sujet
principal de ses œuvres d'art. L'Italie est le pays de la
Madone à l'Enfant Jésus, l'Allemagne celui de la Pietà et

du Christ au mont des Oliviers, mais la Bretagne est le pays des Calvaires.

Nous mangeâmes à Chateauneuf-du-Faou, où Sérusier, plus tard, vint se fixer, puis nous continuâmes notre route. Vers le coucher du soleil, nous atteignîmes Huelgoat. A notre grande surprise, nous rencontrâmes, à l'auberge où nous étions descendus, un ami de Paris, le peintre Rasetti avec sa famille.

Le lendemain nous visitâmes le pays. Huelgoat est une localité assez importante, c'est pour ainsi dire une longue rue dont un grand marché forme le centre. Elle est resserrée entre un ravin profond et un grand lac dont les eaux, non loin de la sortie du village, tombent en cascade d'une grande hauteur, puis ces eaux forment un ruisseau, poursuivent leur course, et disparaissent un certain temps sous des blocs de granit entassés de manière fantastique les uns sur les autres. Tandis que de ce côté du ravin se dressent de hautes montagnes couvertes de forêts, le lac n'est entouré que de collines moyennes et dénudées. Comme peintre, Huelgoat ne m'a jamais complètement satisfait : je me sentais oppressé dès que mes yeux s'arrêtaient sur la paroi des montagnes touffues, et j'éprouvais de l'ennui dès que mon regard se fixait sur le lac et les collines dénudées. Ce que tout le monde trouve beau est rarement digne d'être peint, et ce qui ravit le touriste n'émeut pas l'artiste, car le peintre voudrait être le prophète de la vision ; il voudrait révéler la beauté cachée, pas encore reconnue. D'ailleurs est-ce même possible de rendre sans le défigurer ce qui est reconnu comme beau par tout le monde ? Au début, cependant, Huelgoat me plut assez, surtout lorsque j'eus découvert une ferme toute proche où une foule d'enfants ne tardèrent pas à devenir mes modèles. Les traits purs et mystiques d'une jeune paysanne de quinze ans m'inspirèrent mon premier tableau de madone. Un jour elle me demanda pourquoi je n'allais pas le dimanche à la Messe. « Je prie à ma manière », répondis-je, ce à quoi elle répliqua fort justement « Vos lèvres n'ont pas l'air de prier ». Rarement une parole m'a fait tant d'impression que ce reproche venant des lèvres pieuses de cette jeune fille... Je n'habitais pas dans l'auberge où nous étions descendus, mais chez des particuliers ; j'eus tout d'abord une chambre d'où je pouvais apercevoir le marché dans toute son étendue. Souvent, l'après-midi, j'entendais un chant plaintif; c'était le psaume *De profundis* chanté dans le deuxième ton. On enterrait sans doute quelque garçonnet ou quelque fillette.

Deux dimanches de suite, le 31 Mai et le 7 Juin, je vis passer sous ma fenêtre devant les maisons parées et tendues dans le bas de draps blancs, la procession de la Fête-Dieu. Au tintement de petites-clochettes, tout le monde s'agenouillait deux fois. On eut dit que le vent soufflant sur un champ de blé faisait courber les épis. Seul le prêtre portant le Saint-Sacrement restait debout sous le dais et bénissait la foule avec l'ostensoir.

Vingt-trois ans plus tard, je devais moi-même, à une Fête-Dieu, porter le Saint Sacrement à travers un village de la Forêt Noire, et en plein air, du haut de quatre autels ornés de fleurs et de lumières, bénir la foule.

Mon ami Sérusier me parlait souvent d'un livre de Balzac, *Séraphita*, dans lequel l'auteur expose la théosophie du philosophe suédois/Swedenborg. Jusqu'à quel point le récit de Balzac rend-il les idées de Swedenborg, c'est ce que je ne puis juger. Ce qui est sûr, c'est qu'avec toute la force de son génie incomparable, il sait transporter le lecteur dans un monde surnaturel, dans une sphère qui vous gonfle le cœur de nostalgie. Les raisons qu'il donne de l'existence d'un tel monde peuvent, il me semble, convaincre tous ceux qui pensent et qui n'ont pas de parti pris. Il est vrai que, de notre point de vue, de grosses erreurs se rencontrent aussi dans ce livre. Les hommes, par exemple, deviennent de purs esprits, des anges, et autres choses plus impossibles encore. J'acceptai ces erreurs avec le même plaisir que je me pénétrai du fond véritable du livre. *Séraphita* a été de tous les livres que j'ai lus, le premier où l'on ait parlé avec enthousiasme de Dieu comme du Bien Suprême. Les paroles ardentes avec lesquelles est décrite la force de la prière me poussèrent à tenter de ce moyen essentiel pour parvenir à la piété. Ce que dit Balzac rappelle tout ce que les mystiques chrétiens ont dit de plus beau sur la prière. Nul doute qu'il ne se soit inspiré de leurs œuvres, et c'est ainsi qu'en lisant *Séraphita* je bus pour la première fois à la source de la mystique chrétienne.

« Il faut tout de même que j'aille une fois à la messe », me dis-je un jour. Ayant vite pris ma résolution, je la mis à exécution le dimanche suivant. Je me levai de bonne heure. Me joignant à un groupe de jeunes paysans, j'entrai par une petite porte dans le bas-côté de droite. Nous étions tous serrés les uns contre les autres, rien que des hommes. Il n'y avait là ni bancs ni chaises. Dans la nef, les femmes étaient agenouillées la plupart sur les prie-Dieu. Un prêtre courbé par l'âge s'avança vers l'autel. Je ne l'avais jamais vu auparavant, mais j'avais entendu parler de lui. Il vivait très retiré, et, comme prêtre, ne faisait plus que dire la messe, ne pouvant plus s'occuper des fidèles. Mais comme c'était beau et touchant de le voir dire la messe ! Il était là dans une auréole de couleurs : au-dessus de lui, les vitraux multicolores et resplendissants, devant lui, sur l'autel de chêne, les beaux bouquets de fleurs et les chandeliers étincelants aux cierges allumés. Il était là comme transfiguré dans son vêtement sacerdotal blanc brodé d'or, ses mains pâles levées dans la prière. Il officiait devant l'autel, calme et recueilli. A diverses reprises, il se tourna vers l'assemblée, les bras levés et étendus, disant une prière que je ne comprenais pas, et chaque fois son regard vague, glissant sur les fidèles, allait se perdre dans le lointain. Soudain, une clochette retentit ; tous les hommes s'agenouillèrent, la plupart sur un genou, après avoir étendu leur mouchoir sur le sol. Je réfléchis un instant ; un dur combat se livrait en moi. « Quoi, m'agenouiller ! » Mon orgueil protestait énergiquement contre une telle humiliation ; mais, debout, je dominais tellement les autres ! Je ne pus faire autrement que de m'agenouiller comme les autres, sur un genou. Combien de temps suis-je resté agenouillé ? Je ne le sais. Peut-être durant tout le canon. Cela me parut terriblement long, car cela me faisait horriblement mal. Enfin les hommes se relevèrent et moi aussi... Je n'étais plus le même qu'auparavant, j'étais déjà à moitié catholique ; mon orgueil était brisé : je m'étais agenouillé.

J'assistai une autre fois à la première messe à Huelgoat avec le frère de Paul Sérusier, et je me retrouvai au milieu de jeunes paysans. De nouveau je m'agenouillai au moment de l'élévation, et de nouveau cela me fit horriblement mal, bien que j'eusse mis mon mouchoir sous mon genou. Mais mon impression ne fut pas aussi forte que la première fois. Un autre prêtre disait la Messe, et non le vieux prêtre. Toute la journée et la matinée surtout, je fus en proie à une inquiétude horrible que je ne pouvais m'expliquer ; je ne pouvais pas non plus m'en défendre, bien que j'errasse longtemps dans les bois pour la chasser. — « Comme tu es pâle », me dit l'ami Sérusier, tout surpris, lorsqu'il me vit vers midi.

Après avoir habité un mois environ sur la place du marché, je louai une chambre dans un pavillon, d'où je voyais le ravin et les montagnes sombres. C'était au cœur de l'été et le paysage, de plus en plus monotone, perdait chaque jour de son charme. La chaleur, souvent, était écrasante et la lourde atmosphère de la vallée était presque angoissante. Sur le chemin de la foi, on a généralement besoin de beaucoup de temps et de calme. La folle activité moderne trouvera difficilement Dieu. De ce point de vue, une maladie qui arrache les hommes à leurs occupations et à leur activité et leur donne le temps de réfléchir est pour beaucoup un grand bienfait. Ce qui peut conduire d'autre part au salut, c'est la sécheresse de l'âme et l'abandon du cœur ; ils empêchent de jouir des choses passagères et jettent la détresse dans l'âme. Mais la détresse apprend à prier et rétablit souvent les rapports de l'homme avec Dieu. Or, c'est ce qui s'est passé avec moi ; je connus la maladie et la sécheresse de l'âme. La pre-

mière eut pour cause sans doute un excès d'alimentation
et de sommeil ; mais manger et dormir étaient les seuls
moyens de combattre l'inquiétude incompréhensible et
affolée de mon cœur, auquel il manquait quelque chose
que je ne connaissais pas. J'essayai de travailler, mais en
vain ; je lus, mais cela me fatiguait. J'essayai de me
distraire en causant avec mes amis ; je les trouvai occupés
ou l'esprit vide, comme moi. Ballin semblait passer par
la même crise que moi. Il restait tapi toute la journée
dans sa chambre, vivait comme des Esseintes dans A *Rebours* au milieu de nuages de parfums et de fumée de
tabac. M'arrivait-il de chercher mon salut dans un verre
d'absinthe, la nature alors, dans ma griserie, m'appa-
raissait fort belle, et je me sentais pendant une heure fort à
mon aise mais me retrouvais après d'autant plus misérable
et inutile. A table j'étais ordinairement très bavard. Mes
affirmations paradoxales choquaient les convives étrangers et les mettaient en colère, si bien que plus d'une
fois Rasetti dut me rappeler à l'ordre. Plusieurs croyaient
que ce que nous disions entre nous *nabis* les visait. Un
soir, furieux, deux marchands de vin se levèrent de table
en disant : « Ils ont voulu nous épater. » Les jours passaient et le séjour à Huelgoat me pesait de plus en plus.
Malgré la nourriture abondante, je maigrissais, mon
visage devenait de plus en plus jaune, une sorte de dysen-
terie attrapée durant un « voyage d'exploration » dans
les grottes traversées par le ruisseau, tout près du village,
m'avait complètement épuisé.

Un dimanche après midi que j'avais voulu lire devant
mon pavillon, dans le petit jardin, je fus chassé par deux
vipères qui se chauffaient sur le sable jaune de l'allée :

« Au diable le sale nid de vipères ! » m'écriai-je, et le même jour, j'annonçai mon départ. — « Où t'en vas-tu ? » demandèrent les amis. « Au Pouldu », répondis-je.

J'avais pris la résolution de quitter Huelgoat le vendredi suivant. Lorsque Madame T., chez qui je logeais, apprit cela, elle me pria de ne pas voyager un vendredi. Je me moquai d'elle, mais elle secoua la tête.

Le jeudi soir on fêta mon départ. Le résultat fut que le jour suivant je me trouvais trop malade et trop mal en point pour pouvoir partir. Alors Madame T., accompagnée de la patronne de mon auberge, s'approcha de mon lit et dit, le doigt levé et l'air grave : « Monsieur Jean ! Monsieur Jean ! » — Elle mit tout sur le compte de M. le Receveur qui avait assisté à la fête, et dit que je n'étais pas si mauvais que ça, mais que je m'étais laissé entraîner ; puis elle leva les yeux au ciel et dit pour terminer : « Monsieur Jean, le bon Dieu n'a tout de même pas voulu que vous voyagiez un vendredi. » Là-dessus elle s'éloigna pour me faire une petite soupe à l'oignon, qui me remit sur pieds.

L'après-midi du lendemain, c'est-à-dire le samedi, je pris congé de mes amis et pris la voiture pour Morlaix, jolie ville que je ne vis qu'en passant. De là, j'allai en chemin de fer à Quimperlé où je passai la nuit. Le dimanche matin, une voiture me menait au Pouldu. Le Pouldu se trouve près de Pont-Aven, sur le bord de la mer. Ce n'est pas un véritable village, il se compose de fermes disséminées dont quelques-unes cachées dans les dépressions de la plaine et d'autres derrière d'épais bouquets d'arbres, sont protégées contre le vent violent de

la mer. Le climat y est très doux, les figues et les amandes
y mûrissent. La côte de Bretagne est presque partout
rocheuse et inaccessible, mais le Pouldu a une petite
plage. Tout près de la plage se trouvait une auberge
isolée, l'auberge de *Marie Poupée*, comme on appelait
généralement la patronne. C'est là que séjournèrent
en 1890 Gauguin, Sérusier, Bernard, de Haan, et Filiger,
faisant la réputation du petit village du Pouldu. Ces peintres avaient couvert de peintures la petite salle à manger
de l'auberge. Cela m'intéressait beaucoup. D'ailleurs
j'espérais retrouver au bord de la mer ma bonne mine
d'autrefois.

Lorsque je descendis devant l'auberge une femme d'une
trentaine d'années vint à ma rencontre ; elle était grande
et forte, de tenue négligée. Ses cheveux noirs formaient
comme un casque sur sa tête ; deux yeux noirs éclairaient
un visage rude et énergique. Je me présentai comme un
ami de Gauguin, de de Haan et de Sérusier ; cela parut lui
faire plaisir, mais elle regretta de ne pas avoir une seule
chambre libre. Je lui dis que certainement il y avait bien
une petite place dans la maison où je pourrais passer la
nuit. Je n'avais pas besoin de grand chose. Sur quoi elle
disparut. Elle ne tarda pas à revenir, et me pria d'entrer
dans la salle à manger. Les peintres Drahtmann et Maufra
se présentèrent à moi. A la mode bretonne, ils m'offri-
rent aussitôt un petit verre de liqueur qu'après l'expérience que je venais de faire, j'aurais volontiers refusé,
puis je mangeai avec eux. Il fut convenu que, provisoirement, je dormirais dans la salle à manger, jusqu'au départ
d'un Anglais, de sa tante et de sa nièce, départ qui
ne tarda pas. Au bout de quelques jours, on me donna

une jolie petite chambre et je me sentis tout à fait chez
moi. La patronne n'avait pas une passion hollandaise pour
la propreté mais elle avait bon cœur et faisait une cuisine
excellente. L'air frais ne manqua pas son effet, je res-
pirai de nouveau et la vie de bohème recommença.

Le peintre Drathmann, homme court et gros, aux joues
pleines, aux cheveux et à la barbe coupés ras, aux petits
yeux bridés et à la grosse bouche sensuelle était une
nature très complexe. Il était originaire d'Alsace-Lorraine
et était de ces êtres malheureux qui, parfois, sous le poids
de l'hérédité, ne peuvent s'empêcher de faire ce qu'ensuite ils regrettent profondément et réprouvent. De plus
en plus mécontents et dépités de leurs faiblesses, ils se
vengent finalement sur eux-mêmes et sur la société, se
livrant aux pires excès, cherchant à entraîner avec eux
les autres à leur perte, et ceci pour leur propre tourment
qui va croissant. Ce sont des gens qui souffrent horriblement mais en pure perte, car leur amour-propre et leur
orgueil restent intacts et ce n'est souvent qu'à la dernière
heure que du fond de leur détresse ils lancent à Dieu cet
appel qui, contre toute attente, leur ouvre les portes du
Ciel. Des camarades de ce genre peuvent être très nuisi-
bles, mais ils peuvent aussi avoir une influence fort utile.
Ils possèdent le plus souvent de grandes qualités de cœur
et d'esprit, ont beaucoup d'expérience, ont éprouvé bien
des choses dans leur vie, et beaucoup réfléchi. Ils ont
souvent aussi beaucoup aimé et même gaspillé leur amour,
car ils sont en général des gaspilleurs. Ils donnent beaucoup mais ils ne donnent pas bien, car ils donnent souvent
ce qui ne leur appartient pas, et même se livrent
eux-mêmes par un amour mal compris. Si ces gens sont

des peintres, ils cherchent alors à compenser la déshar-
monie de leur âme par la création artistique, mais comme
ils n'ont pas un excédent de force vitale, toute œuvre
qui sort de leurs mains laisse son auteur plus pauvre
encore et plus vide qu'il n'était auparavant. Comme ils
sentent qu'ils manquent de forces ils ont recours alors
aux stupéfiants, à l'alcool, à la morphine ou à l'opium,
parce qu'il leur est insupportable, après l'exaltation où
les a mis la volonté de créer, de se sentir si dépourvus
de vie et si pauvres d'esprit. Ils veulent de nouveau sentir
la vie et pour cela ils boivent, crient, tempêtent, et dis-
cutent... Seule la religion qui leur apporte la grâce et
l'aide surnaturelle, qui les pousse à se reconnaître eux-
mêmes et à s'humilier, qui leur donne l'esprit de prière
et par là leur rend la force, peut guérir ces malheureux.
Elle seule peut les rendre modestes, en faire d'honnêtes
travailleurs, qui, par un sage usage de leurs forces et de
leurs dons limités, arrivent, eux aussi, à être utiles au
prochain et même à l'édifier.

Drathmann produisait très peu, mais je connais de lui
quelques petites gouaches très belles ; ce sont surtout des
peintures religieuses, rappelant beaucoup les œuvres des
byzantins et des primitifs italiens, mais de sentiment
cependant tout personnel et tout moderne. Il était, de
nature, foncièrement catholique, en ce sens qu'aucune
autre croyance ne lui eût convenu. Il avait le catholicisme
dans le sang comme tant de Français, même quand ils
affirment avoir leur propre conception des choses religieuses et ne vont rarement ou jamais à l'église. Il parlait souvent de l'Eglise catholique, tantôt avec amour,
tantôt avec mépris, mais jamais il n'a cherché à me con-

vertir. Lorsqu'il apprit que je m'étais fait catholique, il me gronda dans une lettre, disant que ma foi protestante valait la foi catholique. Il ne savait pas, certainement, que jamais je n'avais été protestant ; je n'appartenais en réalité à aucune secte religieuse.

Celui qui n'a pas une foi établie sur la révélation divine, se perd facilement dans la matière, désespère d'arriver à reconnaître la vérité, devient sceptique, ou, tel un roseau, se laisse emporter à tous les vents des opinions humaines. (Eph. 4. 14.) Ce fut mon cas. Les idées et les épanchements de Drathmann me jetaient de côté et d'autre, mais par bonheur, me poussaient plus du bon côté que du mauvais. Il m'a révélé bien des choses de la vie et de l'art qui jusqu'ici se sont confirmées. Il me considérait comme son disciple et me témoignait l'amour du maître. Je n'ai jamais pu apprendre s'il vivait encore.

A la mi-octobre, le Pouldu devint tout à fait désagréable ; la plage déserte et balayée par le vent, la côte sauvage et inhospitalière, le désordre de la maison de Marie Poupée me chassèrent. Un matin, je pris congé de Drathmann et de Maufra, de mon hôtesse, et de son enfant, et partis sur une charrette à deux roues pour Quimperlé et de là en chemin de fer pour Paris.

C'était une magnifique journée d'automne ensoleillée ; une fois encore, durant le trajet, la profonde beauté de la Bretagne se déroula à mes yeux. Ce que je voyais de nouveau, éveillait sans cesse en moi le souvenir de ce que j'avais vu et de ce que j'avais ressenti auparavant. Comme j'étais devenu riche pendant huit mois ! Riche de tant d'impressions nouvelles, de tant de pensées, de tant d'expérience ! Vraiment, la France m'avait beaucoup donné. Je me dis alors : « L'année prochaine j'y retournerai, d'abord à Paris, puis en Bretagne, mais où en Bretagne ? » Cela, je ne le savais pas encore, mais, en tout cas, à un endroit où je n'aurais pas encore été. La ville de Vannes était derrière moi. Le pays que nous traversions en chemin de fer me plaisait beaucoup. Soudain, je passai devant trois ou quatre petites maisons, tout près de la voie. Derrière elles j'aperçus l'une à côté de l'autre deux petites églises gothiques, puis sur le penchant d'une colline quelques maisons encore. Je ne vis cela qu'un instant, mais je me dis aussitôt : « C'est là que je viendrai l'année prochaine. » Je notai le nom de la prochaine gare : c'était Elven. Je demandai alors dans quel département nous étions. On me dit : « le Morbihan », mais je n'ai pu savoir le nom de la localité.

Vers quatre heures et demie du matin, j'arrivai à Paris; je mis mon bagage à la consigne, car je voulais voir le marché des Grandes Halles. Le livre d'Emile Zola, *Le ventre de Paris*, m'en avait donné l'idée. Paris dormait enveloppé de ténèbres. Seul un restaurant en face de la gare jetait sans compter sa lumière dans la nuit noire, éclairant deux filles vêtues de clair : leurs cris, leurs rires sonores et leur manque de décence me parurent un crime honteux envers la paix solennelle de la ville endormie. Les vitrines, ces yeux des boutiques, étaient fermées, leurs paupières étaient retombées, et il n'y avait plus une seule porte d'ouverte. De même qu'à l'intérieur des maisons, les hommes se sentaient en sécurité contre ceux du dehors, je me sentais, moi, en sûreté dans la solitude

des rues. Et puis, on se sent fier de veiller quand les
autres dorment! Au début, je ne vis que quelques hommes
qui, eux aussi, veillaient. Ça et là je rencontrai un agent ;
deux chiffonniers courbés sous leur pesant fardeau me
croisèrent. Je passai auprès d'une femme qui dans un
rythme lent jetait un long balai de bouleau d'un trottoir
à l'autre d'une rue étroite. Après avoir marché une demi-
heure, je vis alors, arrivé sur la place du marché, combien
il y avait là de gens qui veillaient pour assurer la subsis-
tance de la ville endormie. De grandes lampes à arcs
éclairaient des gars affairés, des chevaux et des voitures,
d'immenses tas de légumes de toutes sortes. Une femme
me cria : « Il n'y a pas de place ici pour les promeneurs,
tâchez de filer. » — Je me mis à rire et obéis. Dans les
rues que la grande place, trop petite encore, disperse dans
toutes les directions, je vis le même spectacle, mais là les
fleurs les plus belles, et surtout les chrysanthèmes, étalaient leur splendeur. J'errai quelque temps encore dans
les Halles de fer couvertes de vitres. De grosses Madames
arrivaient et ouvraient leurs boutiques où de magnifiques
poissons nageaient dans de grands bassins, et où des
fruits merveilleux attiraient le regard.

Ma curiosité satisfaite, j'allai à l'hôtel ; le portier de
nuit, tout d'abord, n'eut guère confiance dans un client
qui, sans bagages, demandait une chambre à une heure
insolite. Mais il fut bientôt satisfait.

Je restai environ dix jours à Paris. J'avais l'intention,
sur le chemin du retour, de m'arrêter un jour à Bruxelles.
C'était justement la Toussaint ; les cloches des églises
sonnaient sans arrêt et une foule de gens se rendaient en
pèlerinage aux cimetières, portant des couronnes mor-

tuaires. Cela m'attrista. J'avais un grand désir de voir ma
mère. L'après-midi je partis pour Amsterdam après avoir
expédié un télégramme ainsi conçu : « Le Fils prodigue
revient ce soir, prière de tuer le veau gras. » — Chez
moi, on était dans la joie ; on me trouva très changé
à mon avantage et ma mère me dit : « Mets-toi à table,
mon petit, le veau gras est tué ! »

VIII

RETOUR EN HOLLANDE

Les quatre mois passés dans la maison paternelle furent un véritable intermède. Je louai une chambre où je pus accrocher mes études et travailler tranquillement. Ayant montré à ma mère une toile faite en Bretagne, elle s'écria : « Dieu ! que c'est laid, Jean. — On dirait une tapisserie ! surtout ne va pas montrer çà à ton père ! » Mais mon père ne manifesta aucun mécontentement quand il vit mes études et mes dessins. Ce qu'il y avait là de neuf lui plut. « Il est vrai que je ne comprends pas tes peintures, » disait-il, « mais je vois bien qu'il y a là au fond quelque chose de bon. »

Je prenais mes repas et couchais à la maison. A table je parlais souvent de religion comme aussi des choses de l'âme, écho de ce que j'avais lu et entendu en France. Cela énerva mon père. « Sur ces points, je ne me laisse pas faire la leçon par mes enfants » me dit-il. Exposer des théories et discuter n'était pour lui qu'un agréable passe-temps, un genre de sport. Peu lui importait alors l'opinion qu'il soutenait. Le plus souvent, ce qu'il voulait, c'était écouter ce que disaient les autres. C'était un homme d'action qui se trompait rarement dans ce qu'il faisait, mais ses paroles ne témoignaient pas toujours de beaucoup de jugement et de logique. Il était comme un artiste qui, appuyé sur une bonne tradition, croit pouvoir, par cela même, s'en remettre à son talent et à son habileté.

Je relus à cette époque la *Séraphita* de Balzac, puis les œuvres de Edgar Allan Poe, mais je ne fis guère de peinture. Je n'avais plus les amis de Paris pour me stimuler. J'eusse de beaucoup préféré retourner immédiatement en France, mais mon frère jumeau s'était fiancé et comptait se marier en Février. J'avais à m'occuper des préparatifs du mariage. Je n'oubliais ni Dieu ni la foi, mais provisoirement, je les reléguais au second plan.

Les choses avec lesquelles nous avons vécu de longues années semblent projeter, quand nous les revoyons, les mêmes pensées et les mêmes sentiments qui s'emparaient de nous lorsque nous les avions chaque jour devant les yeux. J'ai eu l'impression, de retour en Hollande, que la maison paternelle, les rues, les canaux d'Amsterdam, ne parlaient que de matérialisme, de naturalisme, d'impressionnisme ; et plus tard encore, quand, moine bénédictin, je revis ces spectacles familiers de la ville, ils me semblaient tenir toujours le même langage. Les églises catholiques, elles-mêmes, étaient restées pour moi quelque chose d'étranger... Mais souvent, quand je me promenais la nuit, le long des *Grachts* solitaires, je me sentais envahi par la pensée de Dieu. Je songeais surtout à sa nature immuable et à sa fidélité, et cela m'était une grande consolation. Je me dis alors que, de retour en France, quand je serais seul quelque part en Bretagne, je n'aurais de répit que je ne sache au juste ce que je pensais au point de vue religion.

A cette époque, j'assistai dans la salle de concert d'Amsterdam à la répétition générale de la messe en si mineur de Bach. Je n'ai entendu en réalité que peu de concerts dans ma vie. L'impression que je ressentais toutes les fois que j'avais le bonheur d'entendre de la musique classique, en était d'autant plus profonde et persistante. Doué d'une bonne oreille, j'aurais aimé faire du violon. Cela ne fut pas... Souvent, j'entends chanter au fond de mon cœur le motif du *Kyrie Eleison* de cette messe en si mineur. C'était un ondoiement de prières suppliantes, une longue supplication, un pressant appel au secours et à la pitié. Ce soir-là, les accents suppliants déferlaient tels les vagues d'une marée montante qui toujours s'effondre et qui pourtant se rapproche toujours, jusqu'à ce que ses vagues, après un dernier et violent effort, viennent mourir épuisées le long des dunes.

Des programmes furent distribués à ce concert. Chacun donnait, en latin et en hollandais, le texte du *Kyrie*, du *Gloria*, du *Credo*, du *Sanctus* et de l'*Agnus Dei*. Et c'est ainsi que, durant une pause, je lus, pour la première fois dans ma vie, avec une grande curiosité et beaucoup d'attention, le *Credo*, la profession de foi catholique :

Credo in unum Deum, Patrem omnipotentem...
Je crois en un seul Dieu le Père tout-puissant, qui a fait le ciel et la terre, et toutes les choses visibles et invisibles. Et en un seul Jésus-Christ Fils unique de Dieu et né du Père avant tous les siècles : Dieu de Dieu, lumière de lumière, vrai Dieu de vrai Dieu, qui n'a pas été fait mais engendré, qui n'a qu'une même substance avec le Père ; par qui toutes les choses ont été faites ; qui est descendu des cieux pour nous autres hommes et

pour notre salut, qui s'est incarné en prenant un corps dans le
sein de la Vierge Marie par l'opération du Saint-Esprit et qui
s'est fait homme ; qui a été crucifié pour nous, a souffert sous
Ponce-Pilate, qui a été mis dans le tombeau ; qui est ressuscité
le troisième jour, selon les Ecritures ; qui est monté au ciel,
où il est assis à la droite du Père, qui viendra de nouveau, plein
de gloire, pour juger les vivants et les morts, et dont le règne
n'aura pas de fin. Je crois au Saint-Esprit, qui est aussi Seigneur, et qui donne la vie ; qui procède du Père et du Fils, qui
est adoré et glorifié conjointement avec le Père et le Fils ; qui
a parlé par les Prophètes. Je crois l'Eglise qui est une, sainte,
catholique et apostolique. Je confesse un baptême pour la rémis-
sion des péchés. Et j'attends la résurrection des morts et la vie
du siècle à venir.

Et, chose étrange, tous les mots du *Credo*, je les approu-
vais, et je me disais : « C'est là la foi véritable, il ne peut
en être qu'ainsi. » Mais je disais cela sans croire... Je ne
gardai pas le programme, je crois même l'avoir laissé
dans la salle.

Mais comment se fait-il que, comme beaucoup qui ne
croient pas, je ne me mis pas à sourire de pitié en lisant
pour la première fois la profession de foi catholique ?
Avais-je alors le pressentiment des choses merveilleuses
qu'annonçaient les paroles du *Credo*, des mystères
sublimes qu'il faisait pressentir ? Il se peut que l'artiste
en moi ait été attiré par tout ce qu'il y avait de force
primitive dans ce *credo*. Je laissais les mots agir sur moi
simplement, et ne leur prêtais pas aussitôt un sens étranger, comme le font tant d'intellectuels dans leur ignorance,
pour se moquer des absurdités qu'ils ont eux-mêmes
inventées et qu'ils prennent pour la doctrine catholique.

« Mon âme chrétienne de naissance » goûlait pour la première fois, sous une forme brève, tout le contenu de la
doctrine chrétienne. Je la trouvai douce et enivrante, et
c'est pourquoi je l'approuvai. Les doctrines des théosophes, il est vrai, m'avaient enlevé toute aversion pour
le surnaturel, et depuis mon séjour en France, je montrais plus de prudence dans mon jugement. L'identité
entre *catholique* et *bête* n'était plus pour moi qu'une calom-
nie que je méprisais. Cependant, ce soir là, la « vraie
lumière qui illumine tout homme qui vient en ce monde »,
ne m'était pas apparue dans toute sa clarté. Les mystères
de l'Homme-Dieu et de la Sainte Trinité me restaient
encore cachés, bien qu'ils fussent clairement définis dans
le *Credo*.

Il y a des heures de notre jeunesse qui nous font frémir dans notre âge mûr, même si les expériences faites
alors ont enrichi notre vie et sont restées pour nous inou-
bliables ; elles nous ont enrichi, il est vrai, mais non
sans nuire aux autres, et non sans causer la perte de
biens supérieurs. Si un ange gardien ne m'avait pas
détourné des dangers dans lesquels j'allais me précipiter,
que serais-je devenu ? Je voulais aller à gauche, courir à
ma perte, mais une main aimante me barra la route et
une lumière invisible me montra le danger. Si bien que
j'allai à droite, avec une certaine satisfaction, et que, plus
tard, je fus heureux de l'avoir échappée belle. — Et quand
je me demande aujourd'hui pourquoi Dieu m'a fait cette
grâce, je me dis que c'est uniquement pour avoir cru au
bien, au vrai, et au beau, ce qui, chez moi, se manifestait
de temps à autre par une noble action. Dieu avait trouvé

encore en moi quelque chose de bon. C'est à cela qu'il
attacha sa grâce, et il me conduisit peu à peu sur le chemin de la lumière que, malgré ma résistance, son amour
m'avait désignée. Car j'étais encore alors comme un chien
indocile qui flâne et s'arrête partout au lieu de suivre son
maître.

Après le mariage de mon frère, l'ami Sérusier passa
quelques semaines chez nous. A la fin de Février, nous
revînmes ensemble à Paris ; nous nous trouvâmes à Bruxelles le dernier jour du carnaval, le 1 mars 1892 ; j'aurais
dû, ce soir là, rencontrer une petite amie, mais elle ne
vint pas. En réalité, j'étais fort content ; peut-être, ce soir
là, mon avenir tout entier était-il en jeu.

SECOND SÉJOUR A PARIS

De retour à Paris, je louai une chambre dans un hôtel de la rue de Richelieu, près du Théâtre Français. Le plus grand évènement des premières semaines fut l'inauguration des Indépendants. A côté des néo-impressionnistes, le groupe des Nabis, Sérusier, Denis, Bonnard et Vuillard en tête, fut ce qu'il y avait de plus neuf et de plus intéressant. J'exposai également quelques peintures ; les critiques m'ont toujours nommé en même temps que mes amis. Ce fut alors le premier petit succès de ma vie. — Les semaines suivantes furent consacrées aux préparatifs d'une représentation de Mæterlink *Les sept princesses* qui devait avoir lieu le dimanche des Rameaux chez un conseiller d'Etat. Les acteurs étaient de petites marionnettes. Ce furent Sérusier, son frère et la fille du chef d'orchestre Lamoureux [1] qui lurent la pièce. Sérusier et Vuillard avaient fait les décors de la petite scène, et moi, j'avais peint le rideau. Le conseiller d'Etat habitant Passy, les

1. Madame Camille Chevillard.

préparatifs et les répétitions prirent beaucoup de temps. Mais la représentation eut un grand succès, et ce fut pour noûs, les *Nabis*, l'occasion de fréquenter d'autres milieux. Tout le monde fut étonné que par des moyens aussi limités on ait pu obtenir un effet dramatique aussi poignant.

Les traditionnelles réunions des *Nabis* dans l'atelier de Ranson, le samedi après-midi, étaient de nouveau fort gaies et fort stimulantes ainsi que les soirées chez un autre nabi, le musicien Hermant qui, sur un grand harmonium, jouait à ses amis du Bach et du Wagner. Il habitait à côté du peintre Meissonier pour qui nous n'avions que peu d'estime. Le soir, quand nous rentrions, nous ne manquions jamais de manifester notre mépris pour le *prince des pompiers*. Nous nous conduisions de telle façon qu'un soir nous eûmes maille à partir avec un sergent de ville qui voulut emmener l'un de nous au poste. Comme nous nous y rendions tous avec lui, il ne tarda pas à nous relâcher, disant avec autorité « Messieurs, soyez convenables la prochaine fois. » Il nous avait sans doute observés plusieurs fois déjà. — Ainsi chaque jour apportait quelque chose de nouveau, visites régulières et leçons de danse chez un négociant ami de mon père, introduction dans différents milieux, rendez-vous par-ci, soirée par-là, bref des occupations sans nombre qui, certes, contribuaient à mon éducation, mais qui avaient pour résultat de sacrifier mon véritable travail.

L'ami de mon père chez qui j'allais régulièrement et prenais des leçons de danse, était d'origine judéo-japonaise. Il avait trois filles : elles étaient toutes baptisées et élevées dans la religion catholique, mais lorsque je les connus, elles ne pratiquaient plus. La fille aînée, jeune fille intelligente et aimable, ayant remarqué l'intérêt que je portais aux choses religieuses, me prêta les *Pensées* de Pascal ; elle me recommanda en outre de lire *l'Imitation de Jésus-Christ* et en particulier le chapitre des effets de l'amour de Dieu (Livre III, chap. V). Je goûtais, je l'avoue, la beauté littéraire de ces livres, mais j'étais encore trop embarrassé dans mes idées théosophiques, mon esprit était trop peu recueilli encore pour en comprendre clairement le sens.

Décisive fut une rencontre avec un certain Paul P. Je l'avais vu plusieurs fois l'année précédente dans le cercle des symbolistes. C'était un jeune homme barbu, toujours pressé, qui gesticulait beaucoup, et qui portait presque toujours une grande serviette de maroquin. J'appris que ce *nabi*, durant une maladie qu'il avait attrapée au service militaire, s'était converti et qu'il songeait même à entrer dans un ordre. Je le rencontrai un soir sur le boulevard. Nous fixâmes un rendez-vous, et le lendemain, je me présentai chez lui. Nous ne tardâmes pas à parler de religion, de la Messe, et autres choses religieuses ; je lui dis que je ne savais pas ce que c'était que la Messe, ni ce qu'elle signifiait. Prenant une mine terriblement grave, comme frémissant devant le mystère, il se mit à expliquer la Messe d'une voix pathétique et pleine d'émotion. Mais il remonta si loin que je ne compris presque rien. Ce qu'il me dit me parut être de l'exaltation, et certainement je n'aurais pas avancé d'un pas, même malgré la

visite que nous fîmes ensemble à la nouvelle église du
Sacré-Cœur à Montmartre, s'il ne m'avait pas donné une
vie des saints et un petit catéchisme.

Je dus lui promettre de lire ces livres ainsi que le hui-
tième livre des *Confessions* de St Augustin, qu'à son grand
regret il ne pouvait me donner. Rentrant le soir, fatigué,
je me couchai et, à la lueur de ma bougie, je me mis à lire
le petit catéchisme. Alors tout l'édifice doctrinal de l'Eglise
catholique se dressa devant moi, dans sa forme la plus
simple et dans sa logique merveilleuse. Je lus là pour la
première fois ce que signifiaient les mots *Fils de Dieu* et
j'appris là soudain à comprendre un grand nombre de
passages de l'Evangile. Je lus d'un bout à l'autre le petit
livre, heureux comme quelqu'un qui a trouvé un grand
trésor. Certes, je ne croyais pas encore, mais j'étais extrêmement heureux de trouver la doctrine catholique beaucoup plus « raisonnable » que je ne me l'étais imaginé. —
En me levant le matin, je ne trouvai pas la bougie. Serait-
elle tombée de la table de nuit ? Je regardai en vain sous
le lit, je ne la trouvai pas, et alors je m'aperçus qu'elle
avait brûlé jusqu'au bout, cette bougie si chère qui était
toujours facturée un franc sur la note de l'hôtel ! Je
m'étais endormi en réfléchissant au catholicisme, la bougie avait brûlé jusqu'au bout, mais une lumière nouvelle
s'était levée pour moi.

Le dimanche des Rameaux était arrivé, la représentation des *Sept princesses* de Mæterlinck avait eu lieu. Je pris
alors la résolution de partir le lundi de Pâques pour la
Bretagne. Mogens Ballin était, lui aussi, revenu à Paris.
Je l'invitai à partir avec moi, mais il voulait rester
quelques semaines encore à Paris. — Avant mon départ,

j'achetai une Bible et *Les Grands Initiés* d'Edouard Schuré, le livre que Sérusier m'avait recommandé.

J'aurais aimé aussi me procurer les *Confessions* de saint Augustin, mais après les avoir demandées vainement chez un libraire, je ne m'en occupai plus.

X

SECOND SÉJOUR EN BRETAGNE

Lorsque le lendemain le train s'approcha de Vannes, je demandai à un jeune prêtre assis en face de moi, s'il pouvait me renseigner sur la localité située directement sur la ligne du chemin de fer entre Vannes et Elven. Il me dit que c'était Saint-Nolff, que c'était une grande commune mais que le village même ne se composait que de quelques maisons. Il doutait fort qu'un voyageur pût y trouver asile. Je descendis à la station d'Elven et me rendis en omnibus au village du même nom. J'y déjeunai, et là on me redit la même chose. Saint-Nolff n'était qu'un tout petit village et les étrangers n'y pouvaient loger... mais je ne me laissai pas démonter, et pris une voiture pour m'y rendre. Sur ces entrefaites, midi avait sonné. Lorsque la voiture entra dans le village, je vis une petite église gothique et tout à côté, mais isolée, une chapelle du même style, ainsi qu'une dizaine de maisons. C'était tout. Le cocher s'arrêta devant une auberge. Deux vieilles gens étaient assis dans la salle basse, un petit vieillard aux longs cheveux blancs, et une grosse femme âgée : véritable tableau d'intimité. Ils se montrèrent fort étonnés de voir un étranger et me demandèrent ce que je voulais. « Je viens habiter chez vous », répondis-je, « trois ou quatre mois. » — « Mais, Monsieur, nous ne pouvons presque rien vous offrir » : telle fut la réponse. Je n'abandonnai pas la partie. — « Je donnerai quatre-vingt-dix francs par mois, et je ne suis pas difficile », ajoutai-je. — « Mais Monsieur, nous n'avons même pas de fourneau, nous faisons la cuisine dans l'âtre. Nous aurions bien une chambre, mais pour les repas, nous ne savons vraiment pas », dit l'aubergiste en s'excusant. Je me fis servir une boisson. Les deux vieux tinrent conseil ; enfin, le vieillard dit : « Si vous vous contentez de ce que nous pouvons vous donner, alors, soit, restez. » Je payai le cocher et me fis conduire à ma chambre. Le vieillard monta avec moi un escalier extérieur qui semblait mener à un grenier. Je m'attendais aux pires choses, et fus heureusement surpris en entrant dans une chambre, basse il est vrai, mais très spacieuse. — « Voilà », dit le vieux. — « A merveille », répondis-je. Comme je n'avais presque pas dormi la nuit précédente, je commençai par me reposer quelques heures, puis je fis une promenade pour explorer la nouvelle région.

Le paysage des environs de Saint-Nolff a un caractère essentiellement breton et présente tous les motifs que l'on rencontre presque partout en Bretagne : des vallées assez larges dans lesquelles coulent de rapides petites rivières : de belles prairies bien arrosées, des plateaux ondulés avec des fermes ombragées, des vergers entourés de murs, d'étroits chemins creux et, le long de ces chemins, des croix de pierre, des arbres bizarrement taillés qui se dressent comme des spectres dans le ciel, et de nombreuses chapelles. Saint-Nolff aurait été, autrefois, prétend-on, un domaine de Templiers, mais le nom du patron de l'église : Majolus (le grand abbé de Cluny) semble plutôt indiquer que ceux qui le possédèrent étaient des bénédictins de Cluny. En tous cas, ce furent des moines, les fondateurs des deux petites églises, témoins de mon aspiration vers Dieu et de mes premières joies dans le chemin de la foi. Je ne devais pas tarder à me sentir comme chez moi dans cet endroit. Mes hôtes, le père Conan et sa femme, me considéraient presque comme un fils ; ils étaient l'un et l'autre courbés sous une grande douleur. Quelques mois avant mon arrivée un de leurs fils s'était tué par accident et la jeune femme du second fils était morte. Un jour, la mère me parla de la mort de son fils. « J'en ai été moi-même la cause... C'était un si bon garçon, vif, spirituel, affable, tout le village l'aimait. Son père rivalisait encore de travail avec lui, et tous les deux s'entendaient si bien. Un dimanche après-midi, mon fils jouait aux boules devant l'auberge, Monsieur le Curé regardait. Mais tout d'un coup je fus prise d'une envie folle de manger des cerises, et je lui dis : « Jean, va me cueillir sur l'arbre une assiette de cerises. » Tout d'abord il refusa disant qu'il était en train de jouer. Mais, bon comme il était toujours, il finit par y aller ; cinq minutes après il gisait sous l'arbre. Laisse-moi par terre, dit-il, va chercher Monsieur le Curé, je vais mourir. Lorsqu'il fut administré, on le releva prudemment. La colonne vertébrale était brisée, sa vie ne tenait plus qu'à un fil. Quelques jours après il mourut. Et c'est moi qui l'ai envoyé dans la mort. » Et la vieille mère se mit à pleurer. Le père Conan pleurait aussi. Mais il dit pour con-

soler sa femme : « Il a eu une belle mort ». La plus jeune
des trois filles, la seule qui fût encore à la maison, arriva.
Elle s'appelait Marie-Perrine ; c'était une âme pieuse,
silencieuse et aimante, toujours maladive et pourtant si
heureuse d'être au monde ! Elle s'effaçait volontiers.
N'était-elle pas là uniquement pour Dieu et pour ses
vieux parents ? Peu de temps après mon arrivée, je dis à
mes hôtes que je n'étais pas catholique et même pas
baptisé, mais que je respectais et aimais la religion. Sur
quoi le père Conan répondit : « Peut-être que Dieu vous a
envoyé ici pour que vous deveniez catholique. » Il dit
cela très simplement, sans vouloir faire un sermon, si
bien que je ne me sentis pas blessé du tout. Cette idée,
d'ailleurs, m'était déjà venue.

Après une longue interruption, ce m'était un plaisir de
me remettre à la peinture. J'ai toujours été heureux de
travailler quand, après une période d'excitation et de
stimulation dans une grande ville, je me retirais dans la
solitude. Une malencontreuse maladie me retint quelque
temps à la chambre et autour de la maison. J'avais fait
déjà de tels progrès dans la vie religieuse, que je l'acceptai comme une pénitence. Une paix bienheureuse m'en-
vahit. Je ne me sentais plus tiraillé comme l'année précédente à Huelgoat. Un soir, j'allai à l'église m'agenouiller
quelques minutes sur un prie-Dieu, contempler les vitraux
au-dessus de l'autel, et, seul visiteur, je me sentais heureux dans la présence de Dieu, Beauté, Pureté et Clarté
éternelles. Depuis, j'y suis revenu presque chaque soir.
Quand, le premier dimanche après mon arrivée à Saint-
Nolff, on sonna la messe, je pris sous mon bras les

« *Grands Initiés* » de Schuré, m'assis à l'ombre en dehors
du village et célébrai le dimanche en pleine nature.
Comme dans la « *Séraphita* » de Balzac, j'ai trouvé dans
ce livre bien des choses qui m'ont poussé vers la religion.
La plainte nostalgique de millénaires traverse ce livre ;
c'est comme si l'on entendait « l'appel des profondeurs
du vieux monde païen ». C'est le cri d'une âme haute et
noble qui souffre affreusement au milieu d'une époque pro-
saïque, superficielle et matérialiste. Mais ce livre a bien
des mauvais côtés. Un grand nombre de récits trahissent
une crédulité toute puérile. On est choqué de voir con-
fondre continuellement le créé et l'Incréé, le fini et l'Infini. Une construction hasardée de l'histoire et une interprétation trop forcée des Saintes Ecritures rendent ce
livre suspect. C'est pourquoi il ne put, à la longue, me
satisfaire. Il ne me parut pas assez simple pour pouvoir
être tout à fait vrai. Il m'élevait, certes, dans des régions
supérieures, mais m'y laissait sans aliment. La théosophie
à la longue ne donne pas le bonheur ; elle exagère la
portée du pouvoir humain, elle ne tient pas compte de la
nécessité de la grâce, il lui manque les sacrements de
l'Eglise. C'est une maison de passage pour des païens en
route vers Dieu, mais à qui la vérité n'est pas encore
apparue tout entière. C'est un *home* provisoire pour ceux
qui, spirituellement, sont sans asile, une salle d'escrime
enfin pour le dilettantisme religieux. Si les théosophes
employaient la moitié du temps et de la peine qu'ils mettent à s'initier aux doctrines de Brahma et de Bouddha, à
comprendre plus à fond les mystères chrétiens, l'Eglise
ne tarderait pas à constater un accroissement considéra-
ble de fidèles, aussi bien en nombre qu'en mérite. Car il

est hors de doute qu'il y ait des esprits d'élite parmi les théosophes.

Le second dimanche, j'étais assis devant la porte de l'auberge et lisais de nouveau le livre de Schuré. Tout le monde s'était rendu à l'église et sans cesse les chants parvenaient à mon oreille mêlés aux sons de l'orgue et d'un cornet à piston. C'était si séduisant et si attrayant ! On se sentait complètement pris. Là, dans l'église, se célébraient des mystères divins et les hommes s'acquittaient de leur devoir le plus noble ; ils priaient et louaient Dieu. Il régnait dans l'église une volonté unanime, et moi, j'étais seul, comme le passereau solitaire sur le toit (Ps. 101). Seul ? Pas tout à fait, car en esprit j'étais à l'église. Pourquoi n'y étais-je pas de corps aussi ? Le troisième dimanche, je pris en cachette un livre de messe dans la vitrine de l'auberge. Je portai aussi une chaise à l'église, et je m'assis auprès des hommes devant le banc de communion. J'accomplissais tous les rites, m'agenouillais et m'asseyais comme les autres. Je savais déjà faire le signe de la croix et n'en avais pas honte. Et pourquoi aurais-je eu honte ? Ne rappelait-il pas la passion du Christ ? Pendant le sermon breton, dont je ne compris pas un mot, je feuilletai mon livre de messe ; j'y trouvai tout ce que je voulais savoir, et en particulier une explication exacte du rite de la messe. A l'offertoire, le pain fut béni, puis, après la communion, chacun en reçut un morceau. Tous les fidèles chantèrent en latin le *Kyrie Eleison*, le *Gloria*, le *Sanctus* et l'*Agnus Dei*. Le vieux Curé célébrait et chantait avec beaucoup de dignité. Je priai à ma manière et les gens ne me regardèrent pas avec étonnement. En proie à une

douce émotion, je quittai l'église et, à partir de ce moment,
j'assistai tous les dimanches et tous les jours de fête à la
messe et allai même souvent aux vêpres. Bientôt je pus
tout chanter avec les autres, ce qui me fut une grande
joie.

Il y avait deux prêtres à Saint-Nolff, M. le Recteur (le
curé) et M. le Vicaire. Ils étaient l'un et l'autre des hommes cultivés et des prêtres exemplaires. Chacun avait son
presbytère et son propre ménage. Je ne tardai pas à
entrer en relations avec eux. Chaque fois que M. le
Vicaire me rencontrait en promenade, il venait à moi. Il
était grand et fort, mais plutôt maigre. Dans son visage
plein et hâlé, deux yeux bons et doux brillaient à travers
les lunettes. Il y avait de la mélancolie dans son regard.
Il était assez vieux déjà, et cependant toujours vicaire. Il
bégayait un peu et n'était pas bon chanteur. D'autres
avançaient et il restait oublié ! C'était bien dur.... Il me
disait toujours à quel point il était touché de me voir à
l'église, que Dieu avait sans doute de grands desseins à
mon sujet, et qu'il priait pour moi tous les jours. Parfois,
il me prenait la main sans rien dire, comme s'il voulait
chasser de moi toutes les mauvaises influences. Je ne
pouvais m'empêcher de rire et me disais : « Tu ne m'auras pas », et pourtant il finit par m'avoir. L'ardeur de sa
foi, sa nature toute cordiale et sans ruse, eurent sur moi
une action bienfaisante.

M. le Recteur était à mon égard toujours très poli et
aimable, mais il n'abordait presque jamais les questions
religieuses. On le rencontrait rarement en promenade,
mais on le voyait devant son église ou sur le chemin de la

gare, causant avec les rares passants, ou priant, son chapelet ou son bréviaire à la main.

Les habitants de Saint-Nolff étaient très affables. J'étais, paraît-il, le premier peintre qui se fût arrêté là ; c'est sans doute la raison pour laquelle ils m'accordèrent leur pleine confiance. Bientôt une série de portraits d'enfants et de jeunes filles ornèrent le mur d'une grande salle vide de l'auberge. Aussi, chaque dimanche, avant la grand'-messe, trois ou quatre des jeunes filles venaient s'asseoir sur un banc ; j'en dessinais alors l'une ou l'autre. Pendant ce temps les paysans faisaient le tour de la salle et riaient à se tenir les côtes, chaque fois qu'ils reconnaissaient un des sujets représentés là ! Ils s'écriaient : « Voilà Marie Perrine, voilà Marie Anne, voilà Marie Louise », car à Saint-Nolff toutes les jeunes filles se nomment Marie !

En récompense, chacune d'elles recevait une copie de son portrait. Je gardais évidemment pour moi l'original. Ainsi le temps s'écoula peu à peu et bientôt le jour vint où Ballin fit également son apparition à Saint-Nolff.

En réalité, l'arrivée de mon ami fut pour moi un dérangement. Je me trouvais si bien dans ma solitude, je me sentais si heureux sur le chemin de la foi catholique ! Le premier dimanche qui suivit l'arrivée de Ballin, je n'allai pas à l'église. Dans le courant de la semaine suivante, je ne cachai plus mon penchant pour le Catholicisme, et le second dimanche je retournai à la messe et aux vêpres. Le Danois en était mécontent et me servit tous les préjugés qui ont cours dans les pays protestants : le culte des saints n'était qu'idolâtrie, dans l'Eglise catholique les

images et les statues étaient adorées et Marie elle aussi
était adorée. Le pape était infaillible c'est-à-dire qu'il ne
pouvait commettre de péchés ; l'Eglise remettait les
péchés contre payement, etc., etc., infâmes déformations
de la vérité qui ont été mille fois réfutées mais qui sont
réstées monnaie courante même pour des gens sincères
et cultivés. Et pourtant tout homme intelligent ne
devrait-il pas se dire que l'Eglise n'a jamais pu enseigner
cela ? Sinon, elle n'aurait pu attirer des esprits comme
Pascal, de Maistre, Frédéric Schlegel, Brentano, Stolberg
et tant d'autres. En réalité, elle serait morte depuis longtemps, car ce qui est édifié sur de telles erreurs ne peut
durer des milliers d'années ; mais on ne pense pas, on
ne fait qu'affirmer. Toutes les fois que Ballin attaquait
l'Eglise, je la défendais de mon mieux. Je l'aimais déjà
avant même d'avoir compris à fond sa doctrine, avant de
trouver dans son sein la véritable vie. Du reste je remar-
quais chez mon ami la même inquiétude qui s'était empa-
rée de moi une année auparavant, à Huelgoat. Chaque
matin, quand il venait me trouver, il était en proie au
même malaise... Il ne savait pas ce qu'il avait... Le temps
était si bizarre aujourd'hui, pas du tout comme d'habitude ; il n'avait nulle envie de travailler, et pour finir,
c'était toujours la même chanson : « Allons faire une
petite promenade »... Mais comme je voulais travailler,
j'accédais rarement à son désir. Cela le mécontentait...
L'inquiétude le poussa à voyager. Il partit pour la presqu'île de Quiberon et revint réellement soulagé. Il se pro-
mettait beaucoup d'un séjour à Auray, merveilleuse petite
ville qui n'était éloignée que d'une demi-heure de che-

min de fer de Saint Nolff. Nous aurions ainsi l'occasion de nous voir souvent.

Un jour Ballin rapporta une nouvelle effroyable. Dans quinze jours, des Jésuites allaient venir en mission. Cela vraiment dépassait les bornes, même pour moi. « Seigneur », me dis-je, « si ces dragons du ciel arrivent, nous partirons et nous ne reviendrons que quand ils n'y seront plus ». Le jour de l'Ascension, le premier Jésuite vint annoncer la mission à la population. Ce jour-là, je n'allai pas à la messe parce que le Jésuite prêchait. Nous l'entendions tempêter du dehors. « Affreux », dis-je. — « Abominable », dit Ballin.

La mission devait avoir lieu dans la semaine de la Pentecôte. J'avais beaucoup entendu parler du pèlerinage de Sainte Anne d'Auray. On me raconta qu'à la Vigile de la Pentecôte des milliers de pèlerins y venaient de toutes les régions de la Bretagne. Belle occasion de voir les différents costumes nationaux... Depuis quelques jours, j'étais aux prises avec un petit travail dont je ne pouvais venir à bout. « Peut-être arriverai-je à le faire là-bas », me dis-je, « je vais aller à Sainte Anne d'Auray et y rester jusqu'à la fin de la mission ». Ainsi fut fait. A la vigile de la Pentecôte, je partis ; Ballin resta encore.

Les cinquante jours qui séparent Pâques de la Pentecôte m'avaient déjà beaucoup rapproché de l'Eglise catholique. Je connaissais maintenant le fond même de sa doctrine, et, comme c'est presque toujours le cas chez les convertis, je n'étais plus retenu que par des questions secondaires, comme par exemple celle de l'authenticité du récit de la création dans le premier livre de la Genèse, la doctrine du péché originel, et d'autres semblables. M'étant aperçu que le livre de Schuré *Les grands Initiés* formulait des hypothèses, je pris la résolution d'aller moi même aux sources, et lus avec beaucoup d'attention le Nouveau Testament. Je ne doutais pas un seul instant d'y retrouver intact le Christianisme. Une chose me semblait fort claire : les Evangélistes aimaient la vérité et voulaient dire la vérité. Cela se lisait clairement dans les textes. Point n'était besoin pour cela d'être grand psychologue. Et quand je comparais ce que je lisais avec ce qu'enseignait le Catholicisme, il me fallait bien reconnaître que les deux choses concordaient. Je me rebutais bien un peu en voyant que l'Eglise catholique prenait à la lettre les mots : « Ma chair est véritablement une nourriture et mon sang est véritablement un breuvage » (S. Jean 6-56) ainsi que « ceci est mon corps, ceci est mon sang » (Marc, 14-22-24) ; mais je finissais par me dire : « Pourquoi donner un sens figuré à ces paroles quand la plus ancienne tradition les a prises à la lettre ? Un tel miracle est-il donc impossible, quand Jésus est vraiment fils de Dieu, vrai Dieu et vrai homme, comme il le dit à diverses reprises de lui-même et comme l'ont cru les apôtres avant et après sa mort ? »... Peu à peu toute la doctrine de l'Eglise catholique me parut logique et raisonnable et, par suite, digne d'être crue. Et pourtant je ne pouvais pas croire encore, ou bien ne le voulais-je pas ? Souvent je me disais : « Quoi ! tu deviendrais catholique, tu veux cesser d'être ton propre maître ? Puis, vivre chastement, même éviter les pensées impures ? » Je ne considérais pas cela, il est vrai, comme une impossibilité,

mais être forcé à le faire, au nom de l'autorité de l'Eglise,
ça, et bien d'autres choses encore... confesser des erreurs
possibles...

Certains lecteurs me diront peut-être : N'avez-vous pas
songé à vous faire calviniste, ou mennonite comme votre
famille ? — Non, cela jamais. — J'avais trouvé en dehors
de l'Eglise catholique trop de divergences pour vouloir
chercher là mon salut. — Il est possible d'autre part que
la tiédeur religieuse de ma famille, et la froideur du
culte protestant m'aient déplu. Je me suis dit alors : Si
je me fais chrétien, je veux l'être complètement, et, pour
moi, c'était être catholique.

La question religieuse m'occupait depuis presque un
an et demi. Pendant ce temps, je n'avais cessé de changer
d'idées et d'être balancé çà et là, comme je l'ai déjà dit,
par tous les vents de la doctrine, d'où qu'ils vinssent. Je
n'avais donc pas encore trouvé la bonne voie. Cette idée
me vint alors : « Peut-on en réalité parvenir à la vérité
par ses seules forces, ou bien la Vérité éternelle doit-elle
nous venir en aide et nous initier à la vérité ? J'avais
déjà lu chose semblable quelque part. Je le croyais maintenant ; je pris la résolution de ne plus lire de nouveau
livre ; j'éprouvai même une défiance exagérée à l'égard
de toute lecture. Désormais, excessif, comme on l'est
dans la jeunesse, j'attendais tout de la révélation immé-
diate de Dieu.

J'arrivai dans la matinée à Sainte Anne d'Auray. C'est
un village insignifiant, sans aucun charme ; seul, le lieu
du pèlerinage a quelque attrait. Sur une vaste place
entourée d'arbres, se dressent à l'ouest une grande basilique, à l'est, un autel gigantesque auquel on accède par

de grands escaliers de chaque côté. C'est là qu'on dit la messe pour les pèlerins rassemblés dehors. Au Nord se trouve un autre sanctuaire ; au Sud, s'aligne toute une rangée de maisons. Naturellement, les petites boutiques d'objets de piété avec leurs articles de mauvais goût ne manquent pas autour de l'église.

Je descendis dans une des nombreuses auberges, déballai mon matériel de peintre et, après le déjeuner, me mis à travailler. Il faisait beau et chaud. Chaque fois que de ma fenêtre je jetais un regard dans la rue ensoleillée, je voyais s'approcher de petits groupes de pèlerins. Je dessinai toute l'après-midi, prenant plaisir à mon travail. Après un dîner maigre auquel, bien que ce fut jour de jeûne, on me servit la cuisse gauche d'un vieux coq coriace, (j'avais mangé celle de droite à midi) je sortis et me rendis sur la place de l'église. De nombreux pèlerins portant un cierge allumé s'étaient déjà mis en rangs. Bientôt la foule à mille têtes se mit en branle et tout en chantant fit en procession le tour de la grande place. C'était merveilleux de voir dans le crépuscule cette procession de lumière passer lentement sous les grands arbres. A côté de moi, se trouvait un individu laid et boursouflé, un de ces êtres remplis de la haine de Dieu et de la religion, tel qu'on en rencontre plus dans les pays romains qu'ailleurs. Il se mit à blasphémer tout haut : « Quelle stupidité, quelle superstition qu'une pareille procession, quelle bêtise.... et pas même belle » ! Qu'allait-on voir là en réalité ? Rien ! absolument rien ! « C'est absurde, stupide et déraisonnable », cria-t-il, à coup sûr contre son propre sentiment. « Imbécile, salaud », pensai-je, et je courus à une femme qui vendait des cierges, et me joi-

gnis à la procession surtout pour braver l'immonde blas-
phémateur.

Après avoir fait le tour de la place, elle passa derrière
l'église et entra dans la cour du séminaire, où l'évêque de
Vannes, qui était venu pour la fête, fut accueilli par des
chants et des acclamations ; puis, on entra dans l'église
où il y eut une bénédiction. Pour finir, on lut un programme du jour suivant : « A partir de quatre heures du
matin, confessions…. A neuf heures, service pontifical. »

J'étais dans un état d'âme bien singulier. J'étais très
grave et je devais être très pâle. Souvent j'étais pris de
frissons ; peut-être sentais-je que je me trouvais à un carrefour, que mon avenir allait bientôt se décider, même si
je n'avais aucune idée de l'évènement décisif et capital
que peut être pour toute la vie l'entrée dans l'Eglise
catholique. L'angoisse m'oppressa. « Mon Dieu, éclairez-
moi, attirez-moi à vous », ne cessai-je de demander…

Et, rentré chez moi, je dus de nouveau m'avouer :
« Quelle prodigeuse puissance l'Eglise catholique a sur
les âmes ! »

Le lendemain, je me levai assez tard, mais j'arrivai
encore à temps pour le service pontifical célébré par l'évêque de Vannes. Il n'y avait que peu de monde à l'église.
Un grand nombre de pèlerins avaient dû s'en aller après
s'être confessés et avoir communié. Pour la première fois,
je vis là un service pontifical, mais j'y reconnus à peine
la Messe. J'étais toujours en proie à une grande inquiétude, et je priai avec ferveur. J'implorais aussi sainte Anne
pour qu'elle fît un petit miracle, un signe quelconque,
afin que je ne doute plus de la vérité de l'Eglise catho-

lique. Tous les livres ne me servaient à rien ; ils ne faisaient que m'égarer davantage. Le service pontifical
terminé, je quittai l'église, soulagé comme si j'allais être
exaucé. Toute la journée, je continuai à peindre et à dessiner. Etant entré à l'heure des vêpres dans une pâtisserie en face de mon auberge, où j'achetai quelques frian-
dises, la marchande me dit que son fils malade et incu-
rable avait grand plaisir à me voir travailler de son lit ;
c'était pour lui une agréable distraction : elle espérait que
je resterais quelques jours encore... Cette espérance ne
devait pas se réaliser. Dans la nuit du lundi au mardi, je
fus à tel point tourmenté par de la vermine que je pris
la résolution de m'en aller. Mais où ? Je n'avais plus qu'à
retourner à Saint Nolff... Je me fiche après tout des
Jésuites, pensais-je, Ballin sera parti, mon travail est
en bonne voie, il n'y manque plus grand chose ; allons,
je rentre chez moi.

Si, précédemment, j'ai comparé la cour que Dieu fait
à l'âme humaine à celle que fait un jeune homme à son
amie d'enfance, cette comparaison se trouvait justifiée
du fait que les mêmes angoisses ridicules, mais terribles,
précèdent une conversion et des fiançailles : signe que
l'amour est un jeu ! Celui qui est sur le point de se convertir est assailli des doutes les plus ridicules, car son
âme est d'une sensibilité touchante. Comme il éprouve
le plus grand respect pour toutes les choses religieuses,
il craint toujours de scandaliser quelqu'un toutes les fois
qu'il se rend à l'église ; il croit avoir nettement remarqué
que « les braves gens » se sont choqués qu'il ait pris de
l'eau bénite et fait le signe de la croix, à juste titre, il est

vrai, car que Dieu peut-il bien avoir à faire avec Belzébuth ?
Cette humilité est une manifestation de la grâce de Dieu
que le diable cherche à exploiter. S'il ne peut inciter
l'homme au mal, il cherche à lui inspirer un faux désir
de vertu. C'est ce qu'il tenta avec moi. A peine étais-je à
Sainte Anne d'Auray, que je me sentis pris d'un effroyable
sentiment de honte pour avoir eu l'audace d'assister régulièrement à la Messe à Saint Nolff. « Canaille », me disais-
je, « qu'as-tu de commun avec les braves gens de là-bas !
N'as-tu pas honte d'être un tel intrus, pourquoi prendre
de l'eau bénite et faire le signe de croix, et déshonorer
ainsi des choses qui sont sacrées pour les autres ? » Pour
un peu j'aurais envoyé au curé de Saint Nolff une lettre
d'excuses ; mais, une fois au travail, je revenais à la
raison et, après la procession, la tentation s'était comme
envolée.

Toute ascension est pénible. Celle qu'on fait vers la
lumière de la révélation l'est aussi. Ah ! si seulement on
avait toujours un bon guide ! mais il semble qu'il soit
nécessaire qu'au début non seulement on soit sans guide,
et obligé de chercher soi-même sa voie, mais qu'on soit
induit en erreur par des idées fausses, et des infor-
mations inexactes. C'est comme si, après avoir longtemps
erré à l'aventure, un homme audacieux arrivait dans un
beau pays, où dans le lointain, tout ensoleillé et paraissant plus proche, le sommet paisible d'une haute montagne semblerait l'inviter. A l'âme avide de contemplation, ce sommet promet des horizons nouveaux, une vue
immense sur des pays inconnus. Un jour, prenant son
bâton et sa besace, il se met allègrement en route ; mais

que se passe-t-il ? La montagne s'éloigne ; le voyageur a
marché pendant des heures, et la montagne est toujours
aussi loin. Déçu, il s'en retourne et abandonne l'espoir
d'atteindre jamais ce paisible sommet. Et puis, qu'irait-il
faire là-haut ? N'est-ce pas assez beau en bas ? Mais, par
les jours ensoleillés, la montagne, ce signe caractéristique
du pays, se dresse, encore toute claire, devant les yeux de
l'étranger, et l'attire par de douces promesses. Et pour la
deuxième fois, il se met en route, mieux équipé cette
fois. Mais en vain ! Tard le soir il s'en revient après avoir
marché tout le jour. La montagne tout d'abord avait
semblé reculer devant lui, puis il avait perdu de vue son
beau sommet ; d'autres montagnes s'étaient placées devant
elle, et puis, par quelle effroyable solitude passait sa route !
Il n'avait rencontré que quelques bergers qui visiblement
n'avaient pas confiance en l'étranger, car il n'avait reçu
que des réponses évasives à ses questions. L'un d'eux,
même, l'avait traité brutalement, lui disant de s'en aller.
Seul un mystérieux vieillard avait répondu à ses questions et compris sa nostalgie, mais il l'avait exhorté à
chercher un guide. Il n'y avait qu'un chemin pour conduire au sommet paisible de la montagne. Beaucoup déjà
l'avaient pris, après qu'un élu de Dieu l'eut indiqué. Il
lui avait conseillé de se confier à son guide, du moins si
celui-ci lui paraissait honnête homme. Il lui avait ensuite
montré le chemin du retour, puis avait disparu. Mais
l'étranger ne veut pas entendre parler de guide : « Ce qu'un
autre peut faire, je le peux moi aussi », pense-t-il.

Lorsque vers midi j'arrivai à Saint Nolff, à ma grande
surprise Ballin y était encore. « Je suis resté ici en dépit

de la mission, » dit-il, » on peut très bien y tenir, c'est même fort gai. Les gens qui habitent très loin passent toute la journée au village ; c'est si solitaire d'habitude ici, maintenant, au moins, on y voit des gens. » — « As-tu déjà entendu un sermon ? » demandai-je. — « Y penses-tu, ? » répondit Ballin. « Mais il ne serait pas mauvais que tu ailles écouter un peu ce que disent les Jésuites. » — Je le promis et tins parole le jour même. On prêchait en breton à l'église principale, et en français à la chapelle Sainte Anne. Ceux qui comprenaient le breton n'avaient pas la permission d'assister au sermon français. C'est ainsi qu'il n'y avait qu'une trentaine de personnes au sermon du soir auquel je me rendis. Le père Jésuite, petit homme trapu d'une quarantaine d'années, entonna un chant, puis passa au sermon. C'était un sermon très sec sur l'enfer, auquel on ne peut échapper que par une confession sincère et repentante, lorsqu'on a eu le malheur de commettre un péché mortel. Pour la première fois, vraiment, je tombais bien ! Je ne fus pas édifié du tout, mais au contraire mécontent et déçu. La crainte n'a jamais pu exercer sur moi d'action particulière. Jamais je n'aurais renoncé à faire une chose pour échapper à la punition. Ne pas faire une chose par grandeur d'âme ou par reconnaissance, oui, mais par crainte du châtiment, jamais, mon âme ignorait encore la sainte crainte. « Eh bien, comment était-ce ? » demanda Ballin railleur, lorsque je rentrai. Je ne voulus pas avouer toute ma déception, et répondis : « Le Jésuite a prêché sur l'enfer ; il a voulu inspirer aux pauvres gens une terreur effroyable afin qu'ils aillent se confesser. Je ne retourne plus à un sermon, j'en ai assez ! » — « Si seulement ces damnés

Jésuites s'en allaient aujourd'hui »... dit Ballin tout haut...

C'est ce que le Diable lui aussi eût préféré de beaucoup.

Le jeudi soir, un peu après le coucher du soleil, nous nous trouvions, Ballin et moi, devant la maison de M. le Vicaire. Nous étions l'un et l'autre profondément émus par la beauté religieuse répandue sur tout le paysage. C'était une de ces merveilleuses soirées d'été où la nature, toute ardente d'un rayonnement divin, semble tombée en extase. Pas une feuille ne bougeait ; même les peupliers si mobiles se taisaient. L'heure sonna au clocher et longtemps le son de la cloche se prolongea avant de mourir. — Infatigablement, les hirondelles aux cris perçants traversaient l'air doré, et le vol des chauves-souris annonçait l'approche de la nuit. D'innombrables moucherons tournoyaient, formant un réseau fin et léger. « Mon Dieu ! » dit Ballin, « comme c'est beau ce soir ! » Puis soudain : Tiens regarde : un Jésuite vient vers nous. » — « Que veut-il ? » dis-je. Mais au même moment il était déjà près de nous ; c'était le prédicateur de l'enfer. Il salua aimablement et se mit à nous parler. Ballin parla de cette soirée merveilleuse. Le Jésuite alors regarda le paysage et dit : « Très beau ». Après avoir échangé quelques phrases, je demandai : « Faites-vous parfois une promenade ? » Le père répondit : « Certainement ! » — « Me permettez-vous de vous accompagner la prochaine fois ? » continuai-je. — « Très volontiers », répondit le Jésuite, « cela me fera plaisir de parler de peinture ». — « Je désirerais parler d'autre chose », dis-je — Le Jésuite sourit. Nous nous entendîmes pour le lendemain après-midi, sur quoi il prit congé, car il avait encore son bréviaire à lire et le lendemain la journée pour lui commençait de bonne heure. Dès quatre heures il devait être à l'église. Cette heure matinale m'effraya. Le lever à trois heures et demie, quelle chose horrible... Que de fois plus tard ne devais-je pas en faire autant ! Comment se fit-il que le père Jésuite nous aborda ? Je l'ai appris plus tard. C'est avec frayeur qu'il nous avait vus dans le village et il avait demandé à M. le Curé qui nous étions. Ayant appris que nous étions des peintres, il s'était montré très inquiet et il avait dit : « Monsieur le Curé, tenez-vous sur vos gardes ; il y a quelque temps nous avions une mission à X ; il y avait là deux peintres qui ont mis la paroisse sens dessus dessous ». M. le Curé lui aurait fait la réponse suivante : « Je ne peux nullement me plaindre de ces deux jeunes gens. L'un va tous les dimanches à la messe et va prier aussi le soir à l'église, bien qu'il ne soit pas catholique, et l'autre me paraît être quelqu'un de très comme il faut. » Le Jésuite alors aurait répondu : « S'il en est ainsi, il faut que je leur parle à tous les deux. »

Le lendemain, me promenant avec le père Jésuite dans la belle campagne, je lui dis combien je luttais pour parvenir à la foi, et je priai de m'éclairer sur quelques points. Je n'agis pas, il est vrai, avec l'humilité et la simplicité qui conviennent à celui qui cherche la vérité, je voulais mettre le père à l'épreuve. Je ne lui parlai pas seulement de mes difficultés, mais je fis aussi toutes sortes d'objections qui au fond m'inquiétaient peu. Je pris plaisir à lui faire croire que j'étais un jeune homme très cultivé. Le père Jésuite n'était pas un savant. C'était

un missionnaire qui, profondément religieux lui-même,
s'adressait ordinairement à des croyants, et qui, prêchant
mission sur mission, retraite sur retraite, n'avait pas le
temps de s'occuper du chaos des idées modernes. Il le
disait très franchement lui-même, et m'invita à venir
bientôt à Vannes. Il y avait là un collège de Jésuites, et
il désirait me faire connaître des prêtres qui, mieux
que lui, pouvaient dissiper mes doutes. Ayant fait ses
études depuis fort longtemps, il avait oublié bien des
choses. Pour le moment, il remit donc seulement au
point certaines erreurs, me disant qu'il voulait m'écrire,
me procurer des livres, et aussi prier et faire prier beaucoup pour moi.

Il me dit encore que le fait d'aspirer sérieusement à la
vérité témoignait en faveur du caractère d'un jeune
homme et que cela supposait une pureté d'âme qui malheureusement était rare, remarque dont je fus fort flatté.
En somme, j'étais très satisfait de ma promenade, je me
sentais le cœur plus léger; j'avais pu dire enfin ce que
j'éprouvais. Encouragé par le père, je retournai le soir au
sermon. Cette fois, ce n'était pas le père Le Texier (tel
était le nom de mon nouvel ami) qui prêchait, mais un
autre père. Il parla de la prière ; il en parla d'une façon
si belle que cette fois je pus dire à mon ami Ballin : « Le
sermon a été parfait, profond et bien à la portée du
peuple. »

Dieu peut, par l'effet seul de sa grâce, et sans l'intervention de personne, nous faire trouver le chemin de la
vérité. Mais le plus souvent ce n'est que conduit par un
guide que nous atteignons le sommet lumineux. Ce guide

doit être un homme tout animé de cet ardent amour de la
vérité qui rend clairvoyant et qui ne craint pas de se
montrer à l'occasion quelque peu importun et sévère, car
les conversions peuvent facilement traîner en longueur.
Il s'agit, là aussi, de battre le fer pendant qu'il est chaud ;
sinon le converti risque de devenir un de ceux dont
l'Apôtre dit : « qu'ils apprennent toujours sans jamais
parvenir à connaître la vérité » (2 Tim. 3-7). — Le Père
Le Texier devait être pour moi un tel guide. En directeur expérimenté, il m'encouragea dans ce qu'il trouvait
de bon en moi, et s'efforça de laisser ma vie spirituelle
suivre librement son évolution naturelle. Il voulut, au
début, me faire lire certains livres, mais ayant remarqué
la répulsion que j'éprouvais momentanément pour la
lecture, il se borna à m'exhorter à prier beaucoup, me
répétant sans cesse : « Dès que vous prierez et prierez avec
plaisir, la vérité de plus en plus se révèlera en vous. »
Intellectuellement je me rapprochais toujours plus de
l'Eglise catholique. Je craignais seulement, comme je l'ai
déjà dit, les engagements qu'il me faudrait prendre, et je
ne pouvais vraiment croire encore. Je racontai cela au
Père Le Texier, lors d'une visite que je lui fis à Vannes.
Il n'en fut pas étonné et me dit simplement : « Tant que
vous ne serez pas baptisé, vous ne pourrez pas croire
comme nous, car la vertu surnaturelle de la foi est une
grâce que nous ne recevons que dans le baptême. Une
fois baptisé, il en sera probablement de vous tel que de
cet Américain, à la conversion duquel un de mes
confrères contribua beaucoup, et qui se trouvait à peu
près dans la même disposition d'esprit que vous. Cet
homme, avant son baptême, faisait toutes sortes d'objec-

tions ; après le baptême, il n'y avait personne de plus heureux que lui : tous ses scrupules avaient disparu, et rien ne fut plus facile que de le préparer à sa première communion. » Ces paroles m'allèrent au cœur, car au fond de mon âme j'aspirais au baptême, j'espérais par ce sacrement entrer en communion avec le Christ et ses apôtres, et je le considérais comme une initiation aux mystères chrétiens, ce qu'il est d'ailleurs, en un certain sens. A ce sujet, je pensais à ce que j'avais lu dans *Les Grands Initiés* de Schuré, sur l'initiation aux mystères grecs. Là encore la théosophie me servit d'intermédiaire. Cependant si j'aspirais au baptême, cela ne voulait pas dire encore que je tenais à devenir catholique ; mais je voulais encore moins être protestant. Mon désir ainsi restait inassouvi. Cela me mettait en colère et souvent je pestais contre ce damné penchant au Catholicisme qui ne vous laisse aucun repos et empêche de travailler tranquillement. Ballin était parti et s'était installé à Auray. Il y trouva Rasetti, sa femme et son fils. Tout d'abord, j'étais content d'être débarrassé de lui ; je pus me remettre à peindre et il n'y eut plus de discussions religieuses. Bientôt pourtant, je ne pus plus supporter la solitude. Le mois de juillet était venu, ce mois où le paysage est le plus monotone, où les oiseaux cessent de chanter, où la poussière vous entre dans le nez, où la chaleur rend de plus en plus indolent. Une forte réaction contre tout ce qui est religion s'empara de moi. Je fus pris d'inquiétude, je me montrai mécontent, capricieux et paresseux. « Il faut en finir avec ces subtilités », m'écriai-je un jour ; « fais-toi catholique oui ou non, ta piété n'est-elle pas en somme une sorte de fièvre, une maladie qui

passera si tu te remets à mener la vie joyeuse comme
autrefois ? Allons, on dit toujours que les peintres doivent vivre gaiement, boire beaucoup et ne pas trembler.
Il est vrai que Le Texier m'a annoncé sa visite. Certes,
cet homme a de bonnes intentions, mais je ne resterai
pas ici exprès pour lui. » Et sans avertir le père, sans
même dire où j'allais, je pris le train pour Quimperlé, et
de là me rendis à pied au Pouldu pour passer de nouveau
huit jours avec Drathmann dans cette auberge de Marie
Poupée où l'on menait toujours si joyeuse vie. « Le désir
de me faire catholique finira bien par me passer », me
disais-je.

Il sembla en effet les premiers jours que j'allais ne pas
écouter les avertissements pleins d'amour de la grâce
divine. L'ami Drathmann, toujours heureux d'avoir un
auditeur patient, ouvrit les écluses de son éloquence et
déversa sur moi les eaux abondantes de ses aphorismes
philosophiques. Il se complaisait dans les idées paradoxales. Il fallait, disait-il, aller jusqu'au bout en toutes
choses, alors seulement on était un véritable artiste. Pour
lui, les barrières bourgeoises et morales n'existaient pas.
Il n'avait qu'un souci : créer quelque chose de beau. Les
idées de Drathmann tendaient peut-être à son insu, à célé-
brer la peinture comme une déesse à qui on pense nuit
et jour, pour qui, du moins de temps à autre, on travaille
jusqu'à épuisement, pour qui on accepte de mourir de
faim, de veiller et de s'éreinter, et qui, en retour, donne
le privilège de se livrer à toutes sortes de désordres, de
débauches réelles et de vilenies dissimulées sous l'appa-
rence de la vertu, telles que de traiter de *suicide* toute

répression des passions, de faire des largesses avec l'argent des autres sans jamais le rendre, de combler de présents et d'attentions les canailles et les filles, d'excuser le manque de caractère et de se perdre au lieu de se donner.

Mon ami mettait trop uniquement toute la valeur morale d'une action dans l'intention qui la dictait. Il oubliait que le « bien » doit être bien fait, et tendre à un objet digne. Pour un novice en matière morale, comme j'étais, il n'était guère facile d'établir une différence entre ces vertus apparentes et les vertus réelles. Heureusement que par instinct je choisissais généralement un objet digne de mes sentiments, et alors les propos absolus de mon ami m'étaient d'un grand secours : beaucoup du bien que j'ai fait est dû à son influence.

Ainsi, la cigarette ou la pipe à la bouche, la bouteille à la portée de la main, l'estomac satisfait, et la plupart du temps mollement étendu de tout mon long, les journées se passaient fort gaiement pour moi. Quelque chose de grave faillit arriver. Un jour que nous étions plongés dans une conversation profonde, la tentation vint à nous, mais elle était trop balourde, notre sentiment esthétique en fut blessé, ce qui nous sauva. — L'heure vint enfin où je pris congé de Drathmann et de Marie Poupée, pour retourner à Saint Nolff.

On m'accueillit fort gentiment à Saint Nolff et on me raconta que le père Le Texier était venu le 27 juillet et avait demandé à me voir. Je fis la bête et parus n'en rien savoir. Mais en me promenant l'après-midi (c'était un dimanche) je fus pris de remords et de honte. Je savais que le père n'avait que peu de temps à lui et me dis :

« Tandis qu'il s'occupait de toi, tu restais auprès de la bouteille à faire ce que bon te semblait... Mais n'était-ce pas Dieu plutôt qui se souciait de toi, alors que tu le fuyais ? » Et peu à peu j'aspirai de nouveau au Bien suprême. Je fus pris d'un réel besoin de certitude, comme du besoin de marcher enfin vers un but déterminé.

Le père Le Texier m'avait très exactement indiqué dans sa dernière lettre ce que doit croire et savoir tout adulte qui veut recevoir le baptême. Il me disait d'aller trouver M. le Curé au cas où je serais embarrassé et que nous pourrions régler bientôt d'une façon définitive ce qui se rapportait à mon baptême. Mais je n'allai pas chez M. le Curé. J'ouvris un livre que le père m'avait envoyé. C'était un *Exposé de la foi catholique* par Girodon. L'avantage de ce livre est qu'il indique clairement ce qui est « de fide » c'est-à-dire strictement « dogme de l'Eglise » et ce qui admet la controverse.

Je fus fort surpris de voir combien l'Eglise laissait de jeu au sujet de bien des questions, surtout de celles qui m'embarrassaient. Je fis plus ample connaissance avec quelques docteurs de l'Eglise, particulièrement saint Augustin. Je me dis en déposant le livre : « Après tout, ce que je peux le mieux croire encore, c'est ce qu'enseigne l'Eglise catholique. Tout ce que j'ai pu apprendre ou lire en matière de religion exige une foi bien plus grande que la doctrine incontestablement logique du Catholicisme. Est-il donc plus difficile de croire que le Fils de Dieu s'est fait homme que de croire à la préexistence, à l'incarnation et à la réincarnation de l'âme dans le sens bouddhiste et platonicien, que tu as admises pourtant durant un certain temps ? »

Mais le fait de me rendre très nettement compte de cela ne mit pas fin à mes incertitudes. Quand on veut se faire catholique, il entre en jeu bien d'autres questions encore que celle de la vérité de la doctrine catholique. On se dit avant tout : « Que dira ta famille ? Que diront tes supérieurs et tes amis d'une chose pareille ? Ne va-t-on pas te déshériter ? » Cependant j'étais persuadé que je n'avais pas à redouter cela de mes parents, quoique certainement, je dusse leur causer beaucoup de peine en me convertissant à leur insu au Catholicisme. Cela je le savais ! — Que de conversions se sont écrasées contre les écueils de la crainte, que de conversions se sont affaiblies dans la peur de la détresse sociale dont on était menacé au cas où l'on se serait fait catholique. Mais moi, heureusement, je ne connaissais guère ce sentiment de peur ; malheureusement aussi, parce que j'étais très fier et méprisais les jugements des autres ; et mon juvénile optimisme ne tarda pas à chasser les sombres nuages qu'amoncelait le souci du pain quotidien. Il ne restait plus que la crainte de savoir mes parents mécontents. Mais je me consolais en pensant que le baptême après tout n'était qu'un essai, que mon père et ma mère n'avaient pas besoin de le savoir, pour l'instant... Et je me demandais d'ailleurs, si j'en viendrais là.

J'écrivis une lettre d'excuses au Père Le Texier et lui dis entre autres choses, que j'avais dû lui faire l'effet d'une brebis qui aurait voulu échapper à la garde du Bon Pasteur. Voici ce qu'il me répondit : « Vous vous trompez en pensant que je vois en vous une brebis qui cherche à fuir la houlette du Bon Pasteur. Je vous considère plutôt

comme une brebis à qui il tarde de trouver les bons pâturages de la vérité destinée à la nourrir. Vous approchez
de plus en plus de cette vérité. Quelques nuages encore à
dissiper, et vous serez en pleine lumière ». Puis, en peu
de mots et avec beaucoup de clarté, il remit au point différentes choses que, plus par mauvaise humeur que par
conviction, et poussé par l'esprit de contradiction, j'avais
affirmées dans ma dernière lettre comme ultime argu-
ment contre la doctrine catholique. Il terminait ainsi :
« On pourrait fixer le baptême vers le 25 ou 26 août ». Etais-
je déjà décidé quand je reçus cette lettre, ou bien avais-je
besoin encore de ce dernier coup d'éperon ? Presque
sans combats, avec un simple « Nom d'un tonnerre, je
veux en finir avec toute cette histoire », je résolus d'aller
à Vannes et de dire au père Le Texier que j'étais prêt à
recevoir le baptême. La tentative que j'avais faite au
Pouldu pour chasser toutes ces idées de conversion avait
lamentablement échoué, je ne trouvais plus d'issues et me
déclarais pris.

Cela se passait dans une période où l'hypothèse que
l'Eglise catholique fût vraiment la gardienne de la Révélation divine était pour moi soutenue par tant de raisons que mon esprit pouvait prendre une résolution.

La foi, pourtant, restera toujours un pas dans les
ténèbres, mais un pas qui conduit à la lumière !

Je me promis pourtant une chose : c'est que, si je ne
trouvais pas mon bonheur dans l'Eglise catholique je lui
tournerais à tout jamais le dos : et cela, aussi résolument
que je suis prêt aujourd'hui à la confesser.

Quelques heures plus tard je me trouvais dans la chambre vide et peu riante du Père Le Texier. Il était assis à

sa table de travail, j'étais debout à côté de lui, quand, levant les yeux vers moi, il demanda : « Eh bien, êtes-vous déjà décidé ? »

« Ce sera pour le 26 » répondis-je, sans plus !

Tout joyeux le père sauta de son siège. A coup sûr, il ne s'attendait pas à cette réponse. Il me félicita et me dit que je n'avais à m'occuper de rien et qu'il ferait toutes les démarches nécessaires. Je n'avais qu'à bien me préparer intérieurement. Il me dit que maintenant, plus que jamais, il ferait prier pour moi, afin que le baptême m'apportât la pleine lumière. Content et heureux, je retournai à Saint Nolff. Je fus pris d'une grande ardeur et, durant les trois semaines qui suivirent, je lus avidement les livres que le père Texier m'avait recommandés.

Il s'agissait maintenant de trouver un parrain. Je choisis un jeune meunier du nom de Jean Gachet, homme aimable et beau, pieux et gai. Un soir j'allai le trouver. Il m'accueillit comme d'habitude de la manière la plus cordiale. Nous nous étions déjà souvent rencontrés et étions devenus de bons amis. Nous nous assîmes l'un à côté de l'autre dans le potager. C'était un joli petit endroit bien calme. Après avoir parlé quelques minutes de choses indifférentes, je lui dis : « Jean, n'avez-vous pas déjà entendu dire aux gens du village que j'allais certainement me faire catholique ; n'en parle-t-on pas partout ? »

— « Ah ! » répondit-il, « si on écoutait tout ce que disent les gens ! Des bêtises, des bêtises ; ne vous en occupez pas ! »

— « Mais, Jean », répondis-je, « si cependant c'était vrai ce que disent les gens, voudriez-vous alors être parrain à mon baptême ? » — « Sapristi, sapristi », dit le brave garçon se levant et sautant de joie, « mais naturellement, comme je suis content ! Ah oui, la religion catholique est une religion merveilleuse. Monsieur Jean, comme je suis content, venez, rentrons chez moi, il faut que nous trinquions, après cela. Hé ! mère, vite la liqueur et des petits verres !... A la vôtre, Monsieur Jean, à la vôtre... » Et le lendemain, le jeune meunier se rendit à la ville pour acheter un beau livre de messe relié, qu'il voulait m'offrir le jour de mon baptême.

Quand j'avais demandé à mon futur parrain s'il n'avait pas entendu dire aux gens du village que j'allais me faire catholique, cela n'avait été qu'une simple supposition de ma part. Je ne peux assez louer la délicate discrétion des gens de Saint Nolff. Le moindre de mes pas était observé et ma conversion était le thème ordinaire des conversations. On attendait avec impatience le jour de mon baptême. A plusieurs reprises, des femmes restèrent à l'église, le dimanche après vêpres, pensant qu'on allait me baptiser.

Une bonne et riche « vieille fille » brûlait d'envie d'être ma marraine, mais je ne sus rien de tout cela et n'en aurais rien su, si plus tard Jean Gachet ne me l'avait raconté. Même après mon baptême on observa vis-à-vis de moi la même discrétion, bien que tous en fussent très contents. On me saluait plus aimablement encore que d'habitude et j'étais invité à toutes les noces et à toutes les fêtes. Pourtant un dimanche après-midi, un ivrogne vint à moi, me tendit la main, et me dit en bégayant : « Monsieur, ne croyez-vous pas à la Très Sainte Vierge ? » — Naturellement, je ne répondis pas et l'envoyai prome-

ner. Pourtant j'étais contrarié que cet homme eût touché
à ce point délicat.

Selon mon désir, je ne fus pas baptisé à Saint Nolff,
mais dans la chapelle du collège des Jésuites à Vannes.
Je m'y étais retiré deux jours auparavant afin de me préparer au baptême. Les élèves étaient en vacances ; la
grande maison semblait déserte. J'habitais la chambre
vide d'un professeur, chambre dont les murs pauvres et
sales, et l'ameublement sans goût me déplurent. Je trouvais d'autant plus de plaisir à la belle chapelle du collège et au grand jardin avec son allure de parc. C'est
dans ce parc surtout que je vécus des heures merveilleuses. J'étais si heureux d'avoir enfin pris une résolution,
et j'attendais, joyeux et plein d'espoir, l'heure mystérieuse
de mon baptême.

Le matin du grand jour arriva. C'était un vendredi, le
26 août 1892.... Il me fallait rester à jeun, car après le
baptême, je devais recevoir la première communion.
Monsieur le Recteur et mon parrain, Jean Gachet, étaient
arrivés à Vannes par le premier train, car c'était le curé
de Saint Nolff et non le P. Le Texier qui devait me baptiser. Comme le baptême ouvre la voie aux autres sacrements, et efface non seulement le péché originel mais
aussi tous les péchés de la vie passée, je n'eus pas à me
confesser d'abord, ce qui facilita beaucoup mon entrée
dans l'Eglise catholique. De toute cette longue cérémonie
du baptême, je n'ai gardé le souvenir que de quelques
menus détails. Le prêtre me traça une croix sur le front
et sur la poitrine et me mit du sel dans la bouche. Je dus
à plusieurs reprises réciter le *Pater* à genoux. Le prêtre

me toucha les oreilles en disant : « *Ephpheta*, c'est-à-dire :
ouvre-toi », puis il effleura ensuite mes narines en disant :
« comme un parfum suave ». Après le baptême proprement dit, on me mit un voile blanc, puis on me donna un
cierge allumé à la main. A ce moment des écoliers curieux
pénétrèrent dans la chapelle... Pour le reste tout se passa
comme dans un rêve. Après le baptême je me sentais
brisé, mais j'étais parfaitement heureux : *je croyais*. Mes
scrupules et mes doutes étaient comme envolés. La Sainte
Eucharistie avait pris soudain pour moi un grand attrait,
et j'étais heureux à la pensée de ma première communion que je reçus immédiatement après le baptême. Le
Père Le Texier mit ses vêtements sacerdotaux et se diri-
gea vers l'autel. C'est avec un sentiment profond que,
visiblement ému, il récita le psaume de préparation :
« *Introïbo*.... Je m'approcherai de l'autel du Dieu... du
Dieu qui remplit de joie ma jeunesse... O Dieu, mon Dieu
je vous louerai sur la harpe ! » (Ps 42).

Pendant la messe et après la communion, j'adressai à
Dieu d'ardentes actions de grâces. Il me semblait que je
venais de passer par une grave maladie qui m'aurait
éclairé et mûri l'esprit. Je me sentais rassasié, meilleur
aussi, plein de bonté et de charité. Mais j'avais aussi
conscience de la responsabilité que j'avais prise, et une
brève semonce du père au sujet d'une parole de complai-
sance à mon égard, qui m'était échappée peu de temps
après la cérémonie, m'avertit que j'avais cessé d'être
l'élève gâté que l'on initiait à la foi.

Jean Gachet devait être encore parrain à ma confirmation fixée au lendemain, mais comme par suite d'un

malentendu il n'était pas arrivé à temps, nous allâmes le chercher sur la place du marché, qui justement avait lieu ce jour-là. Après une demi-heure nous finîmes par le trouver, et nous courûmes à l'église indiquée. L'heure fixée était déjà passée. L'évêque se trouvait devant le banc de communion et prononçait un discours. Mes compagnons eurent peur. « Monseigneur n'aime pas attendre », dit l'un. Tout repentants, le Père Le Texier [1], le Recteur de Saint-Nolff, son vicaire, mon parrain et moi, nous nous jetâmes à genoux dans le fond de l'église. Ce n'est que lorsque l'évêque eût fini son allocution que nous nous relevâmes. J'en fus fort aise car mes genoux me faisaient bien mal. Je reçus la sainte confirmation ; en même temps qu'une dizaine d'enfants de vagabonds, que des dames pieuses avaient préparés à la première communion et à la confirmation. Quelques hommes au front hâlé furent également confirmés, c'étaient bien là

1. Le R. P. Mathurin Le Texier est décédé le 12 août 1918 à Rastatt dans le grand-duché de Bade, non loin de son disciple dans la foi. Il était parti à soixante-six ans comme aumônier de guerre du 35e d'artillerie. Le 29 septembre 1915, il fut gravement blessé en allant d'une batterie de tir à une autre sous le feu. Il fut nommé chevalier de la Légion d'honneur. La guérison fut longue, pourtant en 1916 il retournait au front. Quoique gêné par son emphysème il prit part en novembre 1916 à la gigantesque bataille de Verdun. Là il fut atteint d'une bronchite grave qui l'obligea à se faire évacuer au commencement de 1917. En juillet il revint juste à temps pour l'attaque. Dans le courant d'octobre il fut intoxiqué. Sa santé robuste résistait pourtant cette fois encore. Après bien des soins, il se sentit assez fort pour regagner le front. Il fit sa dernière retraite en février 1918 et partit. Le 27 mai il fut blessé d'une balle qui lui brisa la cuisse gauche lors de l'attaque du Chemin des Dames. Il voulut aller consommer les saintes Espèces voyant les Allemands devant lui. La balle à la cuisse l'arrêta. Fait prisonnier il fut soigné d'abord à Liesse, puis transféré à Rastatt, où il mourut à la suite de sa blessure. Malheureusement je sus trop tard que mon grand ami se mourait si près de moi. J'aurai au moins l'occasion de prier sur sa tombe.

les compagnons qu'il me fallait, car étais-je autre chose
qu'un peintre vagabond ? Après la cérémonie, on nous
conduisit tous au palais de l'évêque, Mgr Jean-Marie
Bécel. Une fille de vagabond récita avec beaucoup de
grâce une petite poésie et reçut de l'évêque un baiser sur
le front. Le prélat me donna un livre, c'étaient des ser-
mons qu'il avait prononcés en différentes fêtes à Sainte
Anne d'Auray. — Maintenant, j'étais un chrétien muni
des armes de la foi, orné des dons de l'Esprit. Ce n'est
pas sans fierté que le lendemain à Saint Nolff j'assistai à
la grand'messe, non plus comme un étranger, mais comme
enfant de la maison.

Je ne dis rien de ma conversion, même à mes meilleurs amis. Aucun nabi n'en fut informé. Dans mes lettres il était souvent question de religion. Cela frappa mes
parents, mais l'idée ne leur vint pas que je pouvais me
faire catholique. Dans les premiers jours de septembre,
c'est-à-dire très peu de temps après ma conversion, Ballin
m'écrivit qu'il lisait avec un intérêt croissant le livre de
Girodon sur la doctrine de l'Eglise catholique que je lui
avais prêté.

Loin d'être toujours d'accord avec l'auteur, il trouvait,
en tous cas, ses thèses dignes d'étude. Les preuves de
l'existence de Dieu lui étaient infiniment antipathiques et
le poussaient à la contradiction, mais il trouvait la doctrine de l'infaillibilité de l'Eglise et du Pape parfaitement
logique. Pourtant il se disait : « Pour posséder cette qualité ne faudrait-il pas être des anges ? » Puis il voulait
absolument connaître saint Augustin. Les citations du
docteur de l'Eglise étaient à son avis les plus beaux pas-

sages du livre de Girodon. La prochaine lettre de Ballin m'annonça qu'il s'était procuré les *Soliloques* et les *Confessions* de ce grand Saint. Il me disait qu'il vivait dans une solitude profonde sans en être attristé, et que pour le moment il laissait de côté la peinture sans pourtant se le reprocher. Il était persuadé que les études qui l'occupaient en ce moment ne seraient pas sans profit pour son art. Je fus très frappé surtout de ces quelques pensées exprimées dans sa lettre. « Continuons, continuons tous les deux nos efforts vers l'acquisition de cette religion sublime ! A force de chercher, Dieu nous donnera la grâce de croire, sans quoi la religion n'a qu'un intérêt limité (si elle n'est pas une affaire de mode), et n'a pas d'importance vraie. Seulement lorsque nous sentons que tout ce qui est bon dans nos actes découle de ce fond (c'est-à-dire de la foi de l'âme croyante) et que tout ce qui est mauvais est en contradiction absolue avec lui, c'est seulement alors que les fruits de la religion deviennent abondants et suaves. Cette simplicité dans la foi, ce dévouement complet qui se manifeste dans le sacrifice, est, je crois, la seule chose capable de nous apporter cette renaissance dans l'art à laquelle nous aspirons si ardemment. Pourquoi un tableau de Redon à côté d'une peinture de Raphaël fait-il l'impression d'une chose triste, maladive et sans équilibre, celui d'un Gauguin, d'une chose grimaçante et outrée ? Ces deux peintres connaissent pourtant les œuvres des grands maîtres, leur recherche est sincère, et ils sont très forts. Ce qui leur manque, à n'en pas douter, c'est cette base inébranlable de la religion. Comme nous, tous ces artistes s'intéressent à la religion ; mais, hélas ! il faut peut-être plusieurs générations avant que ce sentiment devienne le plus puissant de notre âme ».

Les paroles de mon ami me surprirent, mais je ne leur accordai pas d'importance particulière. Quelques jours après (c'était un dimanche) Ballin vint me voir et me raconta qu'il allait très souvent à Auray dans l'église des Augustines, qui chantaient de façon merveilleuse. Les voix des religieuses étaient faibles, il est vrai, sans doute par suite des nombreuses pénitences qu'elles s'imposaient, mais très expressives. Lorsqu'on sonna les vêpres, Ballin me dit : « Moi aussi, j'y vais aujourd'hui ». A vrai dire cela ne me plaisait pas beaucoup, car Ballin était un original qui avait ses habitudes à lui. Je craignais qu'il ne causât du scandale. Mais quel fut mon étonnement de le voir à genoux sur un prie-Dieu, la tête dans les mains, assister avec grande dévotion aux vêpres ? Je lui dis : « Mais qu'as-tu donc ? on dirait qu'il faut prier pour toi ». Les vêpres terminées, mon ami quitta l'église avec beaucoup de calme et de naturel et me dit : « C'était gentil, mais tu devrais aller entendre les religieuses à Auray ». Je promis de lui rendre bientôt sa visite. Lorsque, quelques jours plus tard, je me trouvai dans la chambre de Ballin, il me dit soudain : « Jean, sais-tu ce que je me suis dit souvent ces temps derniers ? Nous finirons tous les deux par nous faire catholiques ». — Je le regardai étonné et je répondis : « Le sais-tu donc déjà ? » — « Quoi ? » reprit Ballin. — « Que je suis déjà catholique » ; répondis-je en souriant, « j'ai été baptisé le 26 août à Vannes ». Ballin resta quelques instants bouche bée, mais, m'attrapant, il me dit : « Cochon, pourquoi ne m'en as-tu rien dit ? Moi aussi, je veux me faire baptiser, et cela tout prochainement ». Je lui demandai s'il avait déjà fait son instruction, et, m'ayant répondu que non, je lui dis avec supériorité : « Crois-tu donc que cela se fasse si simplement ? Non, mon ami, il faut d'abord étudier sincèrement, puis apprendre le catéchisme, sinon, tu ne seras pas admis dans l'Eglise ». — « Sottises ! » répondit Ballin, « je sais déjà tout ce qu'il faut savoir ; si je vais demain trouver le curé d'ici, il me baptisera bien après-demain ». — « Nous verrons bien », répondis-je en bougonnant. Puis nous parlâmes du grand projet que nous avions formé, car le soir du dimanche où nous avions été ensemble aux vêpres, nous étions restés assis l'un auprès de l'autre à nous entretenir des grands peintres et de leurs œuvres. « J'aimerais tant, si l'occasion s'en présentait, aller à Bâle », avais-je dit, « on y voit au musée les plus beaux portraits d'Holbein le jeune. J'ai le sentiment que ma présence ici n'a en réalité plus aucun sens, et ce que je préfèrerais encore, ce serait de traverser la France à pieds. Seigneur, que ce serait beau ! M'accompagnes-tu ? » — « A Bâle ? » répondit Ballin, « j'aimerais mieux aller en Italie ». — « Naturellement, moi aussi », m'écriai-je, « mais ma bourse ne me conduit pas jusque-là ». — « Allons en Italie », dit Ballin résolument. « Procure-toi encore un peu d'argent, et je me charge du reste ». Le soir même j'écrivis à un ami de Hollande de me prêter deux cents francs, et demandai à mon père l'autorisation de faire ce voyage. Il fit quelques difficultés au début : le choléra sévissait en Italie, il y avait ceci, cela... mais il finit par donner son consentement, et sans que je l'en eusse prié, m'envoya, outre l'argent du mois, encore deux cents francs qui furent les bien venus, car mon ami s'excusa de ne pouvoir m'aider cette fois.

Vers le soir, nous assistâmes au salut à la chapelle des Augustines. C'était une pauvre petite église. En haut, à droite, se trouvait le chœur des religieuses. Ballin était là comme l'enfant de la maison. Plus tard j'ai entendu dire que très souvent on l'avait vu agenouillé sur le sol près de la porte, sans se soucier des regards importuns. C'était un homme d'une piété innée et ardente, un véritable disciple de saint Augustin.

Un mouvement se produisit en haut, dans le chœur. On exposa le Saint-Sacrement et les religieuses chantèrent le *O Salutaris Hostia*. On croyait entendre des voix d'un autre monde, d'un monde isolé dans sa pureté. Ce qu'elles chantaient était vraiment un salut, un salut d'amour à leur divin Epoux, et en même temps un appel au monde qu'elles avaient quitté, pour lequel elles se sacrifiaient et priaient. Le lendemain, Ballin se rendit chez le Curé d'Auray, et déclara qu'il voulait se faire chrétien et recevoir le Baptême aussitôt que possible, mais le Curé ne semblait nullement disposé à lui accorder aussi simplement ce qu'il demandait. « Pourquoi êtes vous si pressé ? » demanda-t-il. — Ballin répondit qu'il voulait partir dans quelques jours avec moi pour l'Italie, ce à quoi le prêtre répondit : « Si vous deviez retourner dans le Danemark protestant, je vous aurais admis dans l'Eglise en quelques jours, mais comme vous allez dans un pays catholique, il vaut mieux que vous vous fassiez instruire quelque temps encore dans la foi. Restez quelques mois encore catéchumène, comme saint Augustin le fut longtemps. » Ballin

se déclara satisfait. Il me raconta ce qui s'était passé et
dit pour terminer : « Maintenant, plus rien ne s'oppose à
notre voyage ; partons le plus tôt possible pour la belle
Italie ».

Lorsque ma conversion fut connue de tout le monde,
ce qui d'ailleurs n'eut pas lieu tout de suite, comme on
va le **voir**, bien des gens en cherchèrent la cause psycho-
logique. Souvent l'interprétation qu'on en donna ne fut
pas flatteuse pour moi. Certains pensèrent alors (je ne
peux leur en vouloir, car bien des raisons pouvaient le
faire croire) que ma conversion n'était qu'un caprice
d'artiste. D'autres l'attribuaient, à tort, je l'espère, à un
léger accès de folie religieuse ; d'autres à leur tour furent
convaincus que je m'étais laissé prendre par les curés.
L'un d'eux, plus intelligent, dit que le besoin d'opposer à
la nature un système absolu d'idées avec des lois propres,
quelque chose d'extérieur pouvant servir de règle à mon
tempérament, trop excité et trop inquiet à cette époque
pour embrasser l'abstrait, que ce besoin m'avait poussé
dans l'Eglise. Plus tard, avec la forme, le fond serait
venu aussi. A son tour, un autre se dit qu'après être parvenu après bien des efforts à trouver Dieu, je n'avais pu
dans ma joie attendre un développement lent de mon
sentiment religieux, mais que, craignant de perdre mon
trésor, je l'avais déposé dans le sein de l'Eglise catholique. Enfin, un grand nombre furent d'avis que je m'étais
fait catholique tout simplement par besoin esthétique. La
beauté du culte catholique en aurait été cause.

Quelle valeur accorder à de pareilles explications ?

Quelques-unes, particulièrement les trois dernières, touchaient, à n'en pas douter, à des causes qui ont contribué à ma conversion, mais il ne faut pas leur accorder une trop grande importance : car il s'y opposait des raisons capitales qui auraient pu m'empêcher d'entrer dans l'Eglise catholique. Peut-être ne l'ai-je pas assez fait remarquer dans mon livre, m'étant surtout efforcé de mettre en lumière cette aspiration au Catholicisme qui, comme un fil conducteur, traversa toute ma vie. Je tiens donc à réparer cette omission. Par atavisme, j'avais une aversion innée pour l'Eglise catholique. Quand, enfants, nous traitions un catholique de *pape romain*, nous y mettions une véritable haine. Joug espagnol, atrocités de l'inquisition et Catholicisme étaient devenus pour nous, grâce à des livres d'histoire très partiaux, de véritables synonymes. J'avais une aversion presque diabolique pour la Sainte Vierge. Et rien au monde n'était regardé chez nous comme aussi détestable que ce qu'on appelait « la domination cléricale ». L'âme hollandaise, éprise avec passion de la liberté, rejette tout ce qui peut ou pourrait lui porter atteinte.

Rien d'étonnant à ce qu'un grand nombre de ceux qui me connaissaient depuis ma tendre enfance n'aient pu s'expliquer ma conversion et se soient dit simplement : « C'est à n'y rien comprendre ». Mais ils ne pouvaient comprendre parce qu'ils ne croyaient pas à une intervention directe ou indirecte de Dieu dans notre destinée, ou qu'ils ne connaissaient pas suffisamment la période de ma vie qui avait précédé ma conversion pour reconnaître que ce fut la main de Dieu qui me guida. Ma conversion a été un appel de Dieu. Si le changement complet et l'amélioration lente, mais constante, de ma vie ne leur ont pas démontré cela, j'espère que mon récit convaincra après coup plus d'un d'entre eux. Il faut en croire les paroles du Christ : « Personne ne peut venir à moi si mon Père qui m'a envoyé ne l'attire » (Jean 6-44). Si les évènements qui, dès mon enfance, me mirent en rapport avec le Catholicisme purent avoir une telle influence sur ma destinée, c'est uniquement parce que Dieu m'a attiré par sa grâce [1], a éclairé mon esprit et a fortifié ma volonté d'une façon surnaturelle. Je suis entré librement dans l'Eglise catholique, mais c'est la grâce de Dieu qui me poussa à cette résolution.

C'est ainsi qu'il faut comprendre ma conversion, si l'on veut tenir compte de la vérité. Dans la première partie de mon livre j'ai cherché à découvrir et à mettre en lumière les routes secrètes de la grâce divine, en relatant les différents faits qui devaient servir de pont entre l'Eglise catholique et moi. Dans cette dernière partie, je veux raconter comment la jeune plante de foi que j'étais après mon baptême, devint un arbrisseau que Dieu

---

1. Ce que j'appelle *grâce*, ici, est ce don et cette aide imméritée et surnaturelle qui prépare, accompagne et fait réussir en nous chaque œuvre méritant le salut éternel. La grâce a une force qui élève et transforme. Si Dieu le veut, son action est d'une puissance irrésistible, mais elle ne nous fait pas violence. Elle parvient au but par les moyens les plus cachés, attire tout à elle, sait exploiter toutes nos facultés et nos talents en faveur de son dessein. Elle ne supprime pas les forces naturelles dans l'homme, mais les développe plutôt. « La grâce, » dit saint Thomas d'Aquin, « développe la nature, non seulement l'intelligence et la volonté, mais aussi les forces inférieures de l'âme soumises à la raison ». Si bien que la nature faible est ramenée à l'ordre et qu'elle se trouve encouragée dans son action morale.

enleva au monde pour le transplanter dans le paradis du cloître.

Grands sont les dons que Dieu fait au pécheur sur le chemin de la conversion ; mais plus grands sont les biens que l'homme touché par la grâce reçoit dans le baptême. Dieu lui-même descend dans l'âme du baptisé, établit sa demeure en lui selon les paroles de l'Apôtre : « L'amour de Dieu a été répandu dans nos cœurs par le Saint Esprit qui nous a été donné. » (Rom. 5, 5). Cet amour de Dieu ne reste pas stérile ; il élève et enrichit l'âme justifiée. Elle ne reçoit pas seulement ce qu'on appelle des grâces actuelles (dont nous parlions jusqu'ici), mais la source d'une vie surnaturelle s'ouvre en elle, un nouveau principe de vie lui est accordé, la grâce habituelle ou sanctifiante, qualité que Dieu confère à l'âme d'une façon durable et qui la rend directement ou indirectement capable de toucher à la plus haute activité vitale. Par la grâce habituelle l'âme participe à la nature divine, c'est-à-dire à cette connaissance et à cet amour par lesquels les trois Personnes divines se reconnaissent et s'aiment et par lesquels elles sont infiniment heureuses. Ici-bas cette participation à la vie divine est possible grâce aux vertus infuses et, en premier lieu, à la foi, l'espérance et la charité, principes d'activité intérieure qui ont leur source dans la grâce habituelle. Celle-ci maintenant l'âme dans une constante élévation, permet au nouveau converti de transformer sa vie d'une façon durable, ce à quoi des impulsions purement antérieures et passagères ne suffisent pas. Cependant une telle conversion demande un combat continuel, et il est rare que le néophyte ne retombe pas, passagèrement au moins, dans le péché. En général la force de la grâce ne permet que graduellement au pécheur la victoire sur les passions déréglées. Purifié pourtant, l'œil intérieur pénètre de plus en plus dans le domaine de la Révélation. La foi grandit, le désir de la vertu s'accroît et finalement la vie avec le Christ et son Eglise devient un besoin impérieux.

Mais une conversion ne suit· pas toujours ce cours et l'entrée dans l'Eglise catholique ne transforme et n'améliore pas toujours l'âme. Le Christ parle de conversions où le dernier état est pire que le premier, et l'apôtre Pierre emploie l'image du chien qui retourne à son vomissement et du porc qui, après s'être lavé, retourne se vautrer dans la fange. Comment expliquer cela ?

J'ai déjà dit que la grâce ne supprime pas la nature, mais la suppose au contraire. « Sous la domination du surnaturel les lois de la vie naturelle ne cessent pas d'exister... Si Dieu cachait toutes nos fautes et nos folies, s'il écartait·tous les obstacles qui naturellement et socialement s'offrent au bien, il n'y aurait plus besoin de discipline morale et intellectuelle ; il règnerait un quiétisme moral qui serait le contraire de la véritable perfection... »

Si, chez les convertis comme aussi chez la plupart des catholiques en général, les vertus surnaturelles données au baptême ne parviennent pas à leur complet développement et même ne se développent pas du tout, cela vient de la constitution défectueuse de l'intelligence, de la volonté et des puissances psychologiques inférieures de l'individu. L'homme doit collaborer avec la grâce, qui doit le conduire à la liberté de l'esprit. Sans l'effort énergique de la volonté libre, et sans l'intervention des vertus naturelles telles que la sagesse, la justice, l'énergie, la modération, les forces surnaturelles ne peuvent d'habitude développer toute leur bienfaisante activité[1]. — Chez beaucoup, la conversion se fait trop tard. Le penchant au péché est devenu si fort par suite d'une longue habitude qu'il reprend toujours le dessus. L'imagination est complètement gâtée, la volonté très affaiblie, et si alors le néophyte, au début du moins, n'est pas protégé de la tentation, ni placé sous la direction d'un confesseur expérimenté, il reste le même pauvre hère qu'il était auparavant. Seul un miracle de la grâce, au sens véritable du mot, pourrait produire un changement, et cela parce que Dieu complète dans ces cas-là les forces naturelles par des grâces particulières, ou les rend actives par extraordinaire. C'est pourquoi l'on se demande toujours lorsqu'on apprend une conversion : persévèrera-t-il ? Je crois que l'on peut répondre par l'affirmative 1° ; quand le converti avant son entrée dans l'Eglise ou sa conversion a mené déjà une vie vertueuse, et s'est fait catholique par conviction et non pas seulement pour des raisons extérieures, ou par contrainte ; 2° : s'il a éprouvé un grand besoin de pénétrer plus avant dans les mystères de la foi, et, 3° : quand, dès l'instant de sa conversion, le néophyte com-

1. Le Christ a lui-même exprimé cette vérité dans la parabole du Semeur (Luc. 8-4-15). Partout est répandue la semence de la foi et de la grâce, mais, suivant le sol où elle tombe, cette semence lève ou meurt.

bat énergiquement certains vices et fait preuve d'un
grand repentir si, de temps à autres, il lui arrive de
retomber dans le péché. Dans le premier cas, il retrouvera
dans l'Eglise catholique tout ce qu'il a aimé auparavant et
bien d'autres choses encore qui seront pour lui une source
de surprise et de joie constante. Dans le 2ᵉ et le 3ᵉ cas, le
converti sera entré en contact avec les forces du monde
surnaturel. La vérité lui donnera la liberté (Jean 8-32). Le
bien peu à peu repoussera le mal, et l'amour de la pureté
ouvrira la voie aux plus hautes vérités.

Après avoir montré d'une façon générale la part que
les facultés et les vertus *naturelles* ont dans le développement des vertus *surnaturelles*, et cela tout en tenant
compte de l'action bienfaisante de ces dernières, on est
en droit de se demander quelles ont été les facultés et les
vertus naturelles que la grâce du baptême a trouvées en
moi. Si j'ose les indiquer brièvement, c'est uniquement
parce que j'ai foi en ces paroles de l'Apôtre : « Qu'avez-
vous que vous n'ayez reçu ? » (1 Cor. 4-7) et que, d'autre
part, je remercie Dieu de m'avoir donné de bons parents.

Avant tout, j'avais un esprit lucide, du sens pratique,
et j'étais très adroit ; j'avais en outre l'amour de la vérité,
de la simplicité, de la douceur ; de l'enthousiasme pour
tout ce qui est beau, de la joie à mon travail pour lequel
je montrais parfois beaucoup de patience et de volonté.
En général, j'étais aimable, gai, sans être un blagueur.
J'étais tout à la fois naïf et rusé, prompt à me décider et
à agir. J'oubliais facilement les désillusions, étant plutôt
optimiste. Je n'étais ni ambitieux, ni dominateur ; par

contre, j'aimais bien *organiser*. J'avais un cœur sensible sans être pour cela susceptible. — Ce serait pourtant une erreur de croire d'après cette esquisse que j'étais un tempérament purement sanguin, bien qu'on pût le penser, mais il se mêlait en moi une tendance à la mélancolie, ainsi qu'une bonne dose de flegme et parfois de colère. Maintenant revenons à nos moutons, et reprenons notre récit.

XI

ITALIE. — FLORENCE ET ROME

Voulant terminer dignement mon séjour à St-Nolff, j'allai communier le matin même de mon départ pour l'Italie. Cette troisième communion fut pour moi d'une efficacité toute particulière. J'étais pressé et ne fis qu'une courte action de grâces. Mais, rentré dans ma chambre, je me sentis de nouveau attiré par le Saint-Sacrement, et ne pus faire autrement que de m'agenouiller. Les novices de la vie spirituelle sont souvent visités de grâces sensibles ; Dieu veut s'attacher les âmes encore chancelantes. Après avoir pris congé de Monsieur le Curé, de son vicaire, et de mes chers hôtes, je me rendis à la gare. Du train, je revis encore une fois l'endroit béni où ma foi s'était éveillée. Aux fenêtres, des amis m'adressaient un cordial adieu. Je saluai pour la dernière fois d'un regard reconnaissant les deux petites églises de granite couvertes de mousse qui, un an auparavant, m'avaient si puissamment attiré. A Auray, je retrouvai Ballin et ce fut le début de notre voyage en commun à travers la France. Il faisait assez brumeux dans la matinée. Le paysage des environs de Nantes, sillonné de rivières, avec ses beaux bouquets

d'arbres et ses jolis châteaux, avait un caractère bien
français, riche, luxuriant et plein de style. Plus à l'est et
au sud, la région devenait accidentée, mais elle était un
peu uniforme et sèche. Le temps s'éclaircissait de plus en
plus. Le soir, le ciel devint tout clair ; l'énorme disque du
soleil se coucha tout rouge. La nuit vint ; nous essayâmes
de dormir, mais en vain, tant on était secoué dans ces
misérables wagons français. Un couple, rond comme une
boule, assis en face de nous, y parvint plus facilement.
Ils pouvaient s'appuyer l'un contre l'autre. Le lendemain,
nous arrivâmes à Lyon. Nous étions d'excellente humeur
bien qu'ayant peu dormi. Voyager est un des plaisirs de
l'homme : voyager, quel mot délicieux, évocateur d'entre-
prises hasardeuses ou d'évènements extraordinaires ! On
est si heureux d'échapper pendant quelque temps aux
obligations de son état ; on se sent libre parce qu'on est
étranger dans le pays que l'on traverse. Autrefois les
artisans faisaient leur tour de France, leur tour d'Europe,
après avoir été en apprentissage chez un maître qu'ils
avaient servi avec une obéissance affectueuse. C'était
encore le bon vieux temps où tout se faisait sans hâte et
sans bousculade, heureux temps où la pesanteur de la
vieillesse était allégée par la mémoire des années errantes
de la jeunesse, et où le souvenir de tous les pays qu'on
avait traversés autrefois, de leurs villes et villages, faisait
l'arrière plan lumineux sur lequel se déroulait la vie ulté-
rieure.

A Lyon, nous visitâmes le musée et plusieurs belles
églises, et jusqu'au soir nous nous promenâmes dans la
ville. Puis nous nous rendîmes à la gare et prîmes le train
qui devait nous conduire à Florence. Au petit jour Ballin

m'éveilla : « Jan, regarde donc par la fenêtre ; mon Dieu, quel beau paysage ! »

Le train traversait une région montagneuse et sauvage. Je n'avais encore jamais vu de si hautes montagnes ; les nuages étaient suspendus aux sommets ; des gouttes d'eau tombaient des arbres et ruisselaient le long des rochers. J'étais saisi d'admiration, mais cette nature alpestre n'évoquait pas encore pour moi l'Italie, elle me rappelait trop le Nord par son humidité et sa brume. Nous avions été seuls dans le compartiment depuis Chambéry, mais, peu après, un Italien monta. Il parlait très bien le français et nous renseigna sur la région que nous traversions. Vers les huit heures du matin nous entrâmes en gare de Turin.

De Turin à Florence, nous eûmes une agréable compaguie, deux Florentines et une petite Sœur des Pauvres. Cette dernière essayait de nous édifier, mais elle s'y prit mal et n'y parvint guère ; ces choses-là, il ne faut pas les *vouloir*. Sa conversation trahissait une éducation ascétique peu éclairée, ce qui me fit une désagréable impression ; mais qu'on n'aille pas mal juger par là cette religieuse qui, à n'en pas douter, était une bonne petite Sœur. Sorties du cloître, les religieuses sont souvent comme des canards hors de l'eau : elles ne sont pas dans leur élément. Pour bien les juger, il faut les voir dans leur milieu. — Les deux Italiennes, après un voyage d'affaires en France, rentraient chez elles. Elles étaient aimables, gaies, cordiales et naturelles bien que très féminines ; je ne me souviens pas d'une société plus agréable que celle de ces Italiennes.

Dans le Nord, la joie de vivre est cachée dans l'intimité de la maison ; en Italie, elle tombe en riant du haut d'un ciel sans nuages sur des hommes joyeux. Elle circule librement sous le soleil éclatant, séjourne dans les jardins fertiles où le blé mûrit sous les arbres chargés de fruits et où la vigne jette sa guirlande d'un arbre à l'autre. Elle s'étale sur la mer d'un bleu profond où des bateaux rapides glissent avec leurs voiles multicolores ; elle éclate dans la chanson et se manifeste dans la danse de ses enfants aux costumes bigarrés, et cette joie de vivre se communique aussi aux filles et aux fils du Nord qui foulent sa terre ensoleillée. Nous la bûmes à grands traits quand le train longea tour à tour des bois d'oliviers, ou le bord de la Méditerranée, quand, des collines toutes proches, les maisonnettes colorées au milieu de jardins fertiles nous saluaient, tandis que leurs habitants semblaient nous crier, à nous, les voyageurs : « Vous qui vivez dans la hâte et dans le tourbillon, venez, reposez-vous auprès de nous et jouissez du bonheur de cette terre bénie de Dieu. Là aussi le travail fleurit, regardez les champs bien cultivés, les jardins bien entretenus, mais remarquez aussi ce calme que tant d'entre vous ne connaissent pas. C'est ici que Marie et Marthe vivent en bonne intelligence l'une auprès de l'autre... » Ah oui ! Béthanie où Jésus si souvent a passé la nuit, le jardin des oliviers à Gethsémani où il pleura de tristesse, la montagne de la Judée que Marie traversa à la hâte en se rendant chez Elisabeth, le figuier qui, à la parole du Christ, se dessécha, et bien d'autres choses encore de la Sainte Bible, tout cela surgit devant nous, et s'expliqua durant notre voyage.

Le troisième soir après notre départ, nous approchâmes de Florence. Il faisait nuit noire quand nous entrâmes dans la gare de *Santa Maria Novella* ; nous prîmes une voiture qui nous mena à la *Casa Bardini*, pension que l'on avait recommandée à Ballin. Nous ne nous doutions pas, dans l'obscurité, devant quels trésors d'arts nous passions. Florence semblait une ville comme une autre. Mais soudain, inondée par la lumière d'une lampe à arc, la façade de marbre blanc du dôme se dressa devant nous. .

Le lendemain matin à cinq heures, une voix grave, très grave, nous tira de notre sommeil ; c'était la grosse cloche du campanile qui nous disait : « Frères, c'est l'heure de vous réveiller du sommeil ; veillez et priez ! » — Nous écoutâmes la cloche avec ravissement ; elle nous annonçait notre premier jour de Florence... Peut-être qu'elle consola aussi plus d'un malade, lui annonçant la délivrance d'une solitude nocturne pleine de douleur.

Que c'est beau d'entendre dans la nuit le son des cloches ! Quelle audace admirable d'ailleurs que de réveiller ceux qui dorment ! L'Eglise seule peut se le permettre. Elle en a le droit, car elle doit sans cesse nous exhorter à la vigilance. En bien des endroits, ce pieux réveil a dû cesser. A la place nous avons maintenant l'affreux roulement et la sonnette des trains et l'horrible hurlement des automobiles. Ce qu'on entend de nos jours, ce n'est plus « veillez et priez », mais « hâtez-vous, car le temps est de l'argent ; l'argent, c'est de la puissance, et la puissance autorise le plaisir ». — Et le plaisir ? Ah ! on n'a qu'à continuer ainsi, et on voit alors la valeur des choses dont est si fier ! — Et le plaisir engendre le dégoût, n'est-ce pas ? Oui, Dieu soit loué, car cela a rendu la raison à plus d'un et lui a donné ou rendu du goût pour le « Veillez et priez » !

Presque tous ceux qui vont pour la première fois en Italie rapportent de leur voyage les impressions les plus vives, non de Venise, de Rome ou de Naples, mais de Florence. La ville aux bords de l'Arno le doit à l'unité de style de ses monuments, qui ne datent pas, comme à Rome, d'époques trop différentes. Ils ne sont pas non plus, comme à la ville des Césars et des Papes, dispersés à tous les vents, mais se suivent presque sans interruption. Dans son art, Florence est une ville éternellement jeune. C'est dans ses murs que les grands hommes d'Italie passèrent leur jeunesse, c'est là qu'ils firent leurs premières œuvres si pleines de promesses, et qu'ils créèrent un art juvénile, capable encore de se développer. C'est ce qui la rendit de tous temps si chère aux jeunes artistes qui ne peuvent tirer d'enseignement que d'un tel art. Enfin Florence est la ville de Béatrice et de ses compagnes, la ville d'art où la Vierge et la virginité ont été le plus en honneur. Tout ce que cette ville offre de beau est jeune, printanier, et en constante éclosion. Florence est la ville de la jeunesse.

Lorsque nous parcourions Florence et ses environs, c'est à peine si nous nous rendions compte de la distance de nos pays natals ; nous n'avions pas le sentiment d'être à l'étranger ; nous étions comme des oiseaux dans l'air. Tout nous souriait ; nous avions plaisir à nous mouvoir parmi toutes les beautés qui nous entouraient. Notre joie rayonnait sur tout ce qui s'offrait à notre vue ; nous trouvions tout admirable. Et puis sans aucune fatigue ! Etait-ce l'effet de l'air doux ou celui du vin généreux qui nous rendait si légers, si gais et d'un enthousiasme si débordant? Cependant, devant certaines œuvres d'art, nous devenions subitement graves et silencieux, et ce n'est qu'à voix basse que nous osions nous en signaler toutes les beautés, avec le secret désir de créer un jour quelque chose de semblable.

Bien que je ne fusse pas bon marcheur, je ne pouvais assez me promener la première semaine de notre séjour à Florence. Ballin en était tout étonné et dut renoncer à me suivre. Alors, seul, mais fou de joie, j'errais dans les environs. Bientôt c'était des randonnées sans fin, presque toujours entre des jardins entourés de hauts murs, d'où retombaient des roses et d'autres plantes, et par-dessus lesquels émergeaient les oliviers et les figuiers. Puis soudain, par une ouverture, j'apercevais dans le fond de la vallée Florence la belle. La coupole et le campanile du dôme se dressaient majestueusement au-dessus des maisons, l'hôtel de ville avec sa haute tour, et les Pallazi Vecchio, Pitti et Strozzi se détachaient de l'ensemble de la ville. Je ne pouvais me lasser de ce spectacle toujours le même et toujours varié et, continuant ma route, je ne pensais qu'au bonheur que je goûtais, car tout raisonnement cesse dans la contemplation.

Après avoir passé une semaine à la *Casa Nardini,* nous nous mîmes à la recherche d'une pension plus modeste. Cela nous procura l'occasion de jeter un coup d'œil amusant dans l'intérieur de plus d'un ménage. La pluie diluvienne qui tombait ce jour là ne parvint pas à nous arrêter. Ballin s'était chargé de prendre la parole ; il avait étudié le latin, savait compter en italien et se croyait très fort dans cette langue, mais malheureusement pour nous, personne ne le comprenait. Cela ne l'empêchait pas d'accepter toutes les conditions et d'assurer d'un ton grave que nous reviendrions le soir si jusque là nous n'avions pas trouvé quelque chose de plus avantageux ; mais à peine la porte fermée nous nous prenions le bras et riions aux éclats. « Encore une déception ! » disait alors Ballin, et nous poursuivions notre course sous la pluie battante. Nos pas nous conduisirent ainsi chez une cantatrice qui d'après ses dires revenait avec son mari d'une tournée en Argentine. Dans le salon où elle nous reçut se trouvaient, outre le piano à queue, de nombreuses photographies. De grandes couronnes avec de larges rubans, souvenirs de ses succès, étaient suspendues aux murs. Nous nous regardions à la dérobée. Ces deux personnes ne nous étaient pas étrangères, nous les avions vues quelque part, mais où ? Soudain nous nous rappelâmes que c'était sur un dessin du fameux Oberlander dans une feuille humoristique. Nous allâmes aussi chez une famille noble, mais ruinée, puis chez une sémillante Italienne qui ne demandait que quatre vingts lire par mois. Nous aurions volontiers accepté mais sa nombreuse famille et, une série de petits ustensiles de nuit déposés dans un corridor nous effrayèrent. Nous trouvâmes enfin une pension dans la *Via Fesulana* où, pour cent lire par mois, nous avions une chambre à coucher, un *salon* en commun et une bonne table. La vie n'était pas chère à cette époque à Florence, de plus le change italien était fort bas ; nous faisions ainsi un gentil profit avec notre argent étranger, ce qui nous permettait d'aller tous les jours au café et de fumer. Malgré cela notre bourse était presque toujours à sec vers la fin du mois. Une fois il ne nous restait plus que trois sous ; ne valait-il pas mieux les fumer ? N'était-ce pas beaucoup plus convenable de ne plus rien avoir que seulement trois sous ? Nous achetâmes donc un cigare dit *Virginia*, le coupâmes en deux et, sans regrets, nous vîmes notre dernier argent s'en aller en fumée. La situation était romantique ; mais c'était long tout de même de rester encore toute une semaine sans tabac, et nous ne devions pas tarder à regretter amèrement d'avoir fumé nos derniers sous. Le premier du mois je reçus de mon père un chèque de quatre cents francs. Tout fiers nous courûmes à la banque, mais, oh malheur ! il manquait au chèque un timbre de quinze centimes. Nous partîmes tête basse et confiâmes notre situation désespérée à la patronne qui nous remit en riant les trois sous... Elle s'était trouvée souvent en pareil cas. Quant à nous, une fois notre argent empoché, on ne nous revit plus jusqu'à la nuit.

Des semaines passèrent, et Ballin n'était toujours pas baptisé ; mais à la pension, nous passions tous deux pour des catholiques convaincus. Tous les dimanches et tous les jours de fête, nous assistions à la grand'messe dans l'église des Servites, la SS. Annunziata. La messe y était toujours très solennelle. Régulièrement, après que les Pères Servites avaient chanté Tierce, on chantait une messe avec accompagnement d'instruments, coutume qui doit bien dater de l'époque des Habsbourg. Les soli étaient souvent d'une grande beauté, bien que les chanteurs, suivant la mode italienne, forçassent trop leurs voix.

Les rapports quotidiens avec l'ami Ballin nuisirent au

début à mon développement religieux. Il n'avait pas
encore toute la grâce du chrétien, et son tempérament
ardent l'exposait trop à la tentation. Il ne fut pas
pour moi un soutien quand une grande tentation se présenta. Au contraire, il accéléra ma chute : je succombai
après avoir résisté longtemps. Ce jour-là, je m'endormis
sans avoir fait ma prière. L'enfant évite son père quand
il a commis une faute... Le lendemain matin, Ballin et
moi nous étions à l'Eglise Santa Croce dans une des chapelles latérales que Giotto a décorées, à droite du maître-
autel. Je regardais en silence la scène tirée de la vie de
St Jean Baptiste où la fille d'Hérodiade danse devant
Hérode qui, le regard sombre, festoie avec ses hôtes. A
gauche, un beau jeune homme joue du violon. Devant
cette scène, je fus pris d'un profond repentir. Il me semblait que le Christ lui-même me reprochait doucement
mon erreur, mais si doucement que je ne pouvais que
l'aimer pour sa douceur. Je retrouvai des paroles de
repentir, des paroles d'amour. J'étais sauvé ; mais je voulus me confesser le jour même. Après le déjeuner, je disparus, courus à San Domenico et entrai dans l'église du
couvent pour laquelle Fra Angelico a peint le grand
retable que j'avais si souvent admiré au Louvre. Après
une courte prière, je montai le sentier abrupt qui conduit
à Fiesole et sonnai à la porte du couvent des Jésuites
où résidait alors le général de l'ordre. Le Père du
Lac, dont j'avais fait la connaissance lors de mon séjour à
Vannes, au collège où je reçus le baptême, m'avait donné
une lettre de recommandation pour un Père dont j'ai
oublié le nom ; j'eus la chance de le rencontrer. Mais il
est toujours pénible de se confesser. Je n'arrivais pas à

dire au Père pourquoi, en réalité, j'étais venu. Ce n'est qu'en partant que je lui dis que je reviendrais pour me confesser. Le Père ne me laissa pas partir. « Venez, mon jeune ami, » dit-il, « commençons dès aujourd'hui ». — Avec quel plaisir je lui obéis ! Il me conduisit dans sa petite chambre pauvrement meublée où je me confessai. Et c'est en haut, dans le dôme de Fiesole, que je fis mes actions de grâces et achevai ma pénitence. Lorsque, soulagé, je quittai la cathédrale, je me dis que c'était vraiment bon d'être catholique ; mais j'étais un peu honteux que le Père ne m'ait donné qu'une aussi petite pénitence.

Ma faute fut pour nous deux une leçon salutaire. Nous devînmes plus prudents. Nous connûmes peu à peu qui voulait s'emparer de nous et de nouveau nous rendre esclaves, après que nous avions été libres dans la foi. Mais nous n'avions pas encore trouvé la voie qui conduit à l'amour de Dieu, cet amour qui, mieux que tout, protège du péché, et même le rend impossible. Il devait être donné à un saint de nous le montrer. Ce saint était François d'Assise. C'est Ballin qui le découvrit. Il n'avait jamais renoncé au projet de se faire instruire et baptiser, mais ne savait à qui s'adresser. Stimulé par ce qu'il avait lu de Lacordaire, c'est à un Dominicain qu'il eût préféré se confier. Les Dominicains étaient les meilleurs théologiens, disait-il toujours, et il prétendait qu'il lui en fallait bien un excellent ; mais en trouverait-il un en Italie parlant le français ? Aujourd'hui je me reproche d'avoir trop peu aidé mon ami dans sa conversion. J'étais beaucoup trop occupé de moi-même ; je tenais absolument à devenir quelqu'un. Pendant que Ballin copiait quelques

détails des fresques de la *Capella Spagnola*, je dessinais et
peignais dans la galerie des Offices. Mais un jour, après
le déjeûner, Ballin voulut faire mon portrait : « Reste
tranquille, la tête un peu à droite, » me dit-il. J'obéis.
Quelques minutes après, il me répéta : « Mais reste donc
tranquille ! » Je perdis patience et l'invectivai. Ballin se
leva, jeta son dessin dans un coin, prit son chapeau et
dit « bonjour ». Je ne m'étais pas attendu à cela. La nuit
vint et Ballin ne rentrait pas. J'étais inquiet, mais il
arriva pendant le dîner. Il était de fort bonne humeur,
me tendit la main et dit : « Pardon, j'étais un peu nerveux
cet après-midi. » Puis immédiatement après : « Tu ne
devineras jamais où j'ai été. » — « Où donc ? » demandai-
[e. — « Dans un couvent » répondit-il avec mystère, « et
même dans deux couvents. » — « Nom d'un chien ! »
m'écriai-je enthousiasmé, « dans un couvent, dans deux
couvents ! » Déjà dans mon enfance le mot de couvent
me causait une certaine émotion chaque fois que je l'entendais prononcer ou que je le lisais quelque part. « Oui, »
continua Ballin, « et même il faut que tu en voies un
demain ; j'ai promis de revenir demain après-midi avec
toi. » Tout le monde se leva de table ; je restai assis
auprès de mon ami, et il me raconta alors la promenade
qu'il avait faite au hasard. Le chemin l'avait conduit à
San Domenico. Soudain, l'idée lui était venue de demander dans ce couvent l'instruction nécessaire en vue du
baptême. Mais on ne s'était pas montré disposé à le faire.
On l'avait écouté, il est vrai, mais on s'était excusé, disant
qu'il n'y avait personne pour l'instant au couvent pour
se charger de lui. — « Adressez-vous aux Franciscains
de Fiesole », lui avait-on conseillé en partant, « il y a là

plusieurs pères qui parlent français. » Et, sans perdre de
temps, il s'était mis à gravir la colline de Fiesole. Au
couvent des Franciscains, on l'avait accueilli de la façon
la plus charmante ; on s'était immédiatement déclaré
prêt à l'assister et on lui avait témoigné beaucoup d'intérêt. Il avait parlé tout d'abord avec un certain père
Norberto, célèbre prédicateur, puis avec un vieux père
qui avait été missionnaire en Egypte, puis enfin avec un
plus jeune, originaire de Naples. Les pères, me dit-il,
avaient des têtes très caractéristiques, et c'était bien joli
là-haut, un véritable paradis. Il me raconta que leurs
cellules étaient toutes petites ; que l'on pouvait à peine
s'y retourner, que chacun avait un petit bureau, une caisse
à habits, un lit avec une paillasse, une lampe à huile,
une étagère pour ses livres. C'était un vrai tableau, ce
moine assis derrière son petit bureau, écrivant. De la
petite fenêtre de la cellule, le regard plongeait dans la
vallée de l'Arno jusqu'à Pistoïa. Il me dit encore que
derrière le cloître se trouvait un petit bois de cyprès
très romantique. « D'ailleurs tu pourras t'en rendre
compte toi-même demain, » ajouta-t-il. Puis il alluma
une cigarette et, perdu dans ses pensées, lança la fumée
devant lui avec le même plaisir que quelqu'un qui vient
de faire un très bon dîner.

Le lendemain, le tramway électrique, partant alors de
la Piazza San Marco, nous mena à Fiesole. Celui qui,
par un temps splendide, a fait ce voyage de Florence
ę l'ancienne ville des étrusques et qui, à partir de San
Domenico, situé à mi-chemin, monte par des collines de
plus en plus riantes jusqu'au plateau et s'assied sur le

banc qu'un Anglais a fait poser pour ses frères, les voyageurs et les pèlerins, n'oubliera jamais le superbe panorama qui s'est déroulé à ses yeux. Je me souviens encore d'un ouvrier italien qui faisait la route avec nous et qui, plein d'admiration, ne cessa de s'écrier : « *Che bellezza, che bellezza !* »

Arrivés à Fiesole, nous visitâmes d'abord la vieille basilique, [à cette époque je ne comprenais pas encore sa beauté primitive,] puis nous allâmes jusqu'au sommet de la colline là où se trouve le couvent des Franciscains. A la porte, protégés par une vitre contre les intempéries étaient apposés les vers suivants :

Un Dio solo ! Se mi e nemico, chi mi salverà ?
Un anima sola ! Si la perdo che sarà di me ?
Il primo peccato ? Può esser l'ultimo. Si lo fosse, sono già dannato !
E poi ? E poi bisogna finalmente morire.

Un seul Dieu ! S'il m'est hostile, d'où viendra mon salut ?
Une seule âme ! Si je la perds, qu'adviendra-t-il de moi ?
Le premier péché ? Ce pourrait être le dernier ; s'il en est ainsi,
je suis déjà damné.
Et après ? Après il faut finalement, mourir.

L'Italien est souvent peu instruit dans sa religion, mais généralement il connait quelques bonnes sentences et quelques invocations qui résument toute la foi. C'est ainsi qu'il aime à parler de *Christo il Dio*, de *Christo Sacramentato*, du *Signore*, du *buon Pastore* et surtout de la *Gran Madre di Dio*, de la *Madonna*. C'est par elle qu'il se met le plus facilement en rapport avec le surnaturel et pour lui, elle est le symbole de ses sentiments les meilleurs. — L'Italien est violent, mais il est bon de nature. « Il faut avoir de la patience », c'est là son mot favori, et, dans la souffrance, il pousse bien souvent cette patience jusqu'à l'héroïsme. C'est ainsi qu'il gagne le ciel à sa manière et trouve même souvent le chemin de la sainteté.

Après avoir lu les vers accrochés à la porte, Ballin tira la sonnette ; un son plein et grave, fort comme l'appel d'un homme, retentit, puis s'évanouit. Longtemps, rien ne bougea. Derrière la porte, c'était toujours le même silence solennel. Ce n'est qu'après quelques minutes que nous entendîmes le claquement de sandales se rapprocher de plus en plus. Une grosse clef tourna dans la serrure, et un frère en robe brune, très grand et fort, se trouva devant nous. Il avait deux yeux perçants de portier qui, très certainement, savaient distinguer les gens entre eux, mais qui se mirent à rire dès qu'ils nous aperçurent. Ballin voulut baiser la main du moine, mais celui-ci ne le permit pas. Nous restâmes un moment ensemble à nous entretenir en phrases hachées et en gestes aimables. Mais ce que nos yeux apercevaient était d'une telle intimité et d'un tel charme que nous nous tûmes. Nous étions dans une étroite galerie couverte entourant sur trois côtés une petite cour dallée. Le toit était porté par de petites colonnettes reposant sur le mur haut d'un mètre qui entourait la cour. A droite, cette cour était limitée par le mur d'une construction basse avec une série de petites fenêtres au deuxième étage. Au milieu se trouvait un puits qui semblait hors d'usage. On se sentait à cent lieues du monde dans ce paradis du silence et de la paix. Un beau chat arriva en sautant et, caressant, se frotta contre la robe du moine déchaussé. — « Venez », dit le moine. Nous suivîmes un long **corridor** dans lequel, à droite et à gauche, des cellules étaient encastrées. Nous nous arrêtâmes devant la porte de la dernière cellule à droite. Ayant frappé, une voix grave répondit : *Avanti* et, ouvrant la porte, nous vîmes le Père Norberto, le prédicateur, qui, enveloppé dans un grand manteau, était assis derrière sa table. Il nous salua avec la vivacité du méridional, nous fit asseoir, l'un, sur la caisse aux vêtements, l'autre sur une chaise. Il faisait très froid dans la cellule, et pourtant on s'y sentait si bien ; tout vous attirait : les meubles et les objets si proches les uns des autres, le lit, la caisse à vêtements, le prie-Dieu, la table de travail, et la petite étagère pour les livres. A peine avions-nous échangé quelques mots que le vieux Père Placido et le jeune Napolitain, le Père Giovacchino, vinrent aussi nous saluer. Maintenant c'était vraiment impossible de bouger dans la cellule. Les trois pères nous regardaient et nous les regardions. — Nous nous semblions si étrangers les uns aux autres. Ils avaient de la peine à comprendre comment deux hommes, modernes comme nous, avaient pu trouver le chemin de la foi catholique, et nous, nous étions ravis de cet esprit de sérénité, d'affabilité et de cordialité qui animait ces hommes. C'était l'esprit du doux pauvre d'Assise qui avait passé chez ses fils. Nous en arrivâmes bientôt à parler de leur père spirituel et à nous renseigner sur la règle et les usages du couvent. Le Père Norberto nous prêta une vie de saint François d'Assise du Père de Chérancé et les *Fioretti*. — Après avoir fait encore un tour dans le couvent et admiré le petit bois de cyprès, nous retournâmes à pieds à Florence. Notre conversation roula naturellement sur ce que nous venions de voir et d'entendre dans le couvent.

Le Pauvre d'Assise devint notre père spirituel à nous aussi. C'est en vérité sa vie merveilleuse et son exemple qui nous initièrent vraiment au christianisme. Il nous « fit entrer dans son cellier, » et la bannière qu'il leva sur nous fut l'amour. Il nous enseigna l'humilité, le dévouement, le renoncement, nous rendit doux et généreux et nous communiqua sa joie aimable. Nous avons dû être de bons gaillards en ces jours de première ferveur et de véritable amour. Je me souviens que nous avions envoyé des photographies à tous nos amis, aux Nabis, à Drathmann et aux autres, bien que nous ne fussions pas riches. Nous avions restreint nos dépenses, et il nous restait ainsi un peu d'argent. Ballin me fit cadeau de ses chemises blanches, ne voulant porter que des chemises de laine avec un col mou et une cravate. Il renonça aussi à manger de la viande, tout cela par amour de la simplicité. Parfois, ce qui lui faisait grand plaisir, je comparais son repas à celui que saint François recueillait en mendiant : un horrible mélange. Malgré tout, Ballin restait grand seigneur. Il voulait absolument que chacun de nous portât une grosse bague style moyen-âge ; mais je refusai, le traitant de gaspilleur. Il y renonça, mais j'acquiesçai volontiers à une autre de ses idées. Nous devions faire un acte expiatoire à la Madone de Cimabué à Santa Maria Novella, parce qu'on l'avait enlevée du maître-autel pour la reléguer dans une autre chapelle latérale, où elle était beaucoup admirée mais peu vénérée. Nous achetâmes à cette intention chez une fleuriste tout ce qu'elle possédait de chrysanthèmes et les portâmes à l'autel de la Madone. Il n'y avait pas de nappe sur l'autel au-dessus duquel était suspendu le tableau. Cela faisait justement notre affaire : nous répandîmes toutes nos fleurs sur l'autel et restâmes quelque temps en prière devant le beau tableau. Un frère dominicain arriva sur ces entrefaites et voulut aussitôt chercher des vases pour y mettre les fleurs. Nous nous y opposâmes. A notre avis, c'était bien plus joli ainsi. Le frère ne voulut pas nous contrarier, mais le lendemain, pourtant, les fleurs étaient en bouquets dans deux grands vases. Une autre image de la Madone que nous aimions beaucoup se trouvait à Santa Maria Maggiore au-dessus d'un autel à gauche de l'entrée. Nous passsions rarement devant l'église sans la vénérer ; plus tard, je l'ai copiée pour Ballin.

Quelques jours avant Noël, Ballin se retira au couvent de Fiesole pour se préparer au baptême sous la direction du Père Giovacchino. Le jour de Noël, je m'y trouvai, moi aussi. Heureux et simples comme des enfants, nous célébrâmes pour la première fois en chrétiens croyants la naissance du Seigneur. Le souvenir de saint François qui aimait cette fête par-dessus tout et la ferveur touchante de ses fils nous faisaient passer sur bien des lacunes liturgiques et nous maintenaient dans la meilleure disposition d'esprit. Le vieux père Placido chanta la messe de minuit. Il ne cessait de tousser et criait à tue-tête. Malgré tout c'était beau ; notre piété tenait ferme contre tout cela. Le lendemain, je retournai à Florence, mais Ballin resta à Fiesole. Il devait recevoir le baptême à la Vigile de l'Epiphanie. La Province franciscaine de Toscane possède non loin de la *Barriere della Quercia* un hospice pour les frères de passage. C'est là que, le matin de la Vigile de l'Epiphanie, je trouvai le père Giovacchino et Ballin. Mon ami était dans un recueillement profond, grave et silencieux, tout rentré en lui-même. Il semblait avoir passé les derniers jours dans de constantes prières. J'avais peine à le reconnaître. Mon ami avait trouvé dans le Père Giovacchino un fort bon maître. Le franciscain était un excellent théologien, aimant la mystique, confesseur recherché et grand orateur. Il avait été élevé au couvent dès sa jeunesse et avait en réalité grandi avec le froc. Une pareille éducation n'est pas sans inconvénients, mais quand elle réussit, elle donne cette sûreté d'attitude et d'action que l'on rencontre aussi chez les officiers supérieurs qui, tout jeunes, ont porté l'uniforme. De même que ceux-ci sont soldats jusque dans la moelle, les autres sont entièrement prêtres et moines, et par le fait qu'ils sont dévoués corps et âme à leur profession, ils ne deviennent jamais des gens de routine. Le père Giovacchino était d'une extrême vivacité et d'une grande cordialité, et dans toute son attitude il avait quelque chose de cette *grandezza* que l'influence espagnole à implantée à Naples.

L'heure vint où nous dûmes nous mettre en route pour nous rendre au palais de l'Archevêque de Florence, le Prince Donato de San Clemente, qui devait baptiser mon ami Ballin. L'Archevêque, un homme grand et maigre, de noble figure, nous reçut avec la plus grande amabilité. Peu après nous nous trouvions devant sa chapelle particulière. Il mit l'amict, l'aube, la ceinture et l'étole. La longue cérémonie du baptême d'un adulte commença. Un fait m'est resté gravé dans la mémoire. Quand vint le

moment de quitter ce lieu où les premiers exorcismes
avaient été prononcés sur lui, pour se rendre dans la
chapelle même et faire sa profession de foi devant l'autel,
Ballin ne se leva pas. Il s'y traîna à genoux, ce qui fut à
la fois très comique et extrêmement touchant. Il fit sa
profession de foi d'une voix ferme et claire, tandis que
l'évêque penché sur lui l'écoutait attentivement pour
savoir s'il disait bien tout ce qu'il fallait dire. Au moment
du baptême, je tins, comme parrain, l'épaule de mon ami,
puis l'évêque dit la Messe durant laquelle Ballin reçut la
première communion. — « Comment te sens-tu ? » demandai-je à Ballin une fois dans la rue. — « On est écrasé »,
répondit-il. C'était ce que j'avais ressenti moi aussi après
le baptême. — « Qu'allons-nous faire aujourd'hui ? » demandai-je. — « Allons tout d'abord commander pour
la fête de demain un bouquet pour Monseigneur l'Evêque,
puis, allons nous promener à la campagne, car je ne
pourrais pas dîner à la pension », répondit Ballin. — La
journée nous parut longue. Le soir, avant de se coucher,
Ballin s'agenouilla pieusement et fit sa prière du soir.
Jusqu'ici j'avais toujours fait la mienne étendu dans
mon lit. Il était après son baptême plus profondément
converti que moi après mon *illumination*. Dès ce jour-là
nous nous sentions comme deux frères qu'un sort commun
aurait lié.

Toutes les fois que Ballin me parlait de son séjour au
couvent des Franciscains de Fiesole, me racontant tout ce
qu'il y avait vu et entendu, il finissait par ces mots : « Ce
serait épatant de pouvoir y séjourner quelques. mois. »
Un jour nous demandâmes au couvent si cela était vrai-

ment impossible. On nous répondit que seul le général de l'Ordre se trouvant à Rome pouvait en donner l'autorisation. Nous avions fait depuis longtemps le projet de nous rendre dans la Ville Eternelle et nous ne tardâmes plus à le mettre à exécution. On nous donna une lettre de recommandation pour le Père Général et, à la mi-janvier, nous quittâmes Florence. Avant notre départ, nous nous étions fait admettre dans le Tiers-Ordre.

En nous rendant à Rome, nous nous arrêtâmes à Sienne, bien que nous connussions déjà cette ville ainsi que Pise, Lucques et Pistoie, les ayant visitées lors de notre séjour à Florence. La Sienne médiévale nous plaisait tant, par son art surtout! L'Ecole siennoise n'a jamais renié complètement son caractère primitif et même là où se font sentir les influences du début de la Renaissance, elle reste fidèle à sa tradition et ne tombe jamais dans le naturalisme. Les peintres siennois Duccio, Ambrogio Lorenzetti et Simone Martini étaient avec Giotto et Orcagna les artistes que nous aimions le plus. Rien d'étonnant à cela : leurs peintures étaient les fruits de l'enthousiasme religieux qu'avait fait naître en Italie l'apparition de saint François. Nous retrouvions dans ces œuvres l'esprit de notre père, cette volonté qui cherche avant tout à saisir et à réaliser la valeur intérieure des choses, sans se soucier si la forme extérieure dans laquelle elle se manifeste atteint la perfection. Mais ce n'est pas uniquement pour son art que nous aimions Sienne, mais aussi parce que le souvenir de deux saints, de sainte Catherine et de saint Bernardin y est encore vivant et que le milieu dans lequel ils ont vécu est pour ainsi dire resté intact. — Quand on va par les rues de la ville on ne serait nullement étonné de rencontrer la longue et maigre silhouette de saint Bernardin, et l'on croit voir dans le lointain s'approcher sur une ânesse sainte Catherine accompagnée de deux frères dominicains, revenant sans doute de la cour du Pape où elle s'était rendue pour le conjurer encore une fois de revenir à Rome et d'abandonner le séjour d'Avignon... Lorsque l'on visite la maison de cette fiancée douloureuse et courageuse du Christ, on aimerait, dans un petit coin où elle devait prier, se plonger dans ses œuvres pour goûter, entraîné par son amour, un peu de ce bonheur qu'elle sentait dans ses fréquents entretiens avec Dieu.

La prière monte tout naturellement du cœur, dans ce sanctuaire, comme aussi dans la chapelle consacrée à sainte Catherine à l'église San Domenico que Sodoma a si merveilleusement décorée de fresques la représentant en extase, évanouie dans les bras de deux religieuses. La tête de la sainte est d'une beauté vraiment surnaturelle, un vrai chef-d'œuvre qui m'est toujours resté dans la mémoire.

Nous visitâmes naturellement aussi le grand couvent des Franciscains à Sienne, à une demi-heure de la ville, appelé *l'Osservanza*. Le père Giovacchino de Naples nous avait donné une lettre de recommandation pour le père Frediano Gianini, alors lecteur de théologie. Ce père qui fut plus tard custode en Terre Sainte puis délégué aposto-lique en Syrie, était, comme le père Giovacchino, un théo-logien émérite. Comme ce dernier, il avait dès son enfance porté le froc, et son développement avait évolué d'une façon harmonieuse. Quand je me rappelle ce prêtre-moine, âgé alors d'une trentaine d'années, son crâne puissant fraîchement rasé, entouré de la couronne de cheveux noirs comme du jais, ses yeux foncés et spirituels, son fin nez d'aigle et sa bouche grave, lorsque je me souviens de l'assurance calme de toute sa personne si attrayante, étant toute harmonieuse, j'aimerais alors crier à tous les détracteurs italiens des couvents et des églises : Oh ! aveugles que vous êtes ! Quand donc reconnaîtrez-vous que vos hommes les plus éminents sont des ecclésiastiques, que vous avez vraiment lieu d'être fiers de saints tels que le Bienheureux Cottolengo (+1842) et le Bienheureux Dom Bosco (+1888), de papes tels que Pie IX, Léon XIII, Pie X et Benoit XV, de cardinaux tels que Rampolla, Ferrari et Gasparri ? Quand donc nous croirez-vous, nous autres étrangers, lorsque nous affirmons que dans un grand nombre de couvents de votre beau pays vous possédez d'exquises oasis qui comptent pour les voyageurs parmi les choses les plus délicieuses et les plus réconfortantes que l'on puisse rencontrer chez vous ? Cessez donc de vous faire tort à vous-mêmes, si même, pour posséder tant d'hommes éminents et tant de lieux sacrés, il vous faut passer sur bien des choses !

J'ai gardé une fidèle affection au Père Frediano. Avec quelle bonté et quelle patience il nous écoutait, lorsque, pleins d'enthousiasme, nous lui racontions, lors de nos nombreuses visites, nos projets d'avenir ! La vie de saint François et de ses premiers compagnons nous obsédait, et notre rêve le plus cher était de mener, comme Tertiaires dans le monde, une vie identique à la leur. Nous étions désolés de ne pas avoir le droit de porter l'habit de l'Ordre, comme les tertiaires du Moyen-Age, car nous pensions que l'habit nous donnerait une toute autre

autorité pour annoncer la vérité et qu'il nous protègerait plus efficacement aussi contre les tentations du
monde.

Nous voulions convertir tous nos amis auprès desquels
les prêtres et les moines n'avaient pas d'accès. Nous
étions prêts à subir une épreuve quelconque, par exemple,
vivre d'aumônes, ou mieux encore de notre pinceau,
peignant le long de notre route des Madones et des Saints
sur les maisons. Faire le tout à pied ! Cela dut faire une
grande impression au Père Frediano, car les Italiens
redoutent beaucoup la marche ; en tous cas il nous encouragea et ne trouva pas l'idée mauvaise. D'ailleurs notre
enthousiasme était parfaitement sincère. Pourtant nous
avions trop de confiance en notre force morale et ne nous
rendions pas compte que ces projets cachaient au fond
une folle envie de vagabonder et le goût de l'aventure.
Peu à peu nous comprîmes notre folie. Nous nous aper-
çûmes à plusieurs reprises que c'était surtout au dessert,
après un bon repas, que nous parlions avec le plus d'éloquence de la vie intérieure, de l'oraison et de la prière,
du jeûne et des privations. Cela nous parut suspect et nous
devînmes plus raisonnables et plus modestes.

Un matin, nous partîmes pour Rome, et vers midi la
superbe coupole de Saint Pierre, symbole de la Ville Eternelle, nous salua de loin.

Rome n'est pas une ville pour les artistes qui débutent.
Elle a rarement bercé un grand artiste ; mais sous sa
protection beaucoup d'hommes de génie sont parvenus à
leur plein développement et ont trouvé la force d'accom-
plir leurs œuvres les plus belles. Rome est la ville de l'âge
mûr, où la sensibilité intuitive mais timide, hésitante,

n'est plus le seul guide de la force créatrice comme dans la jeunesse, mais où l'artiste, grâce à une connaissance claire des règles de la forme et à un travail assidu, est arrivé à la maîtrise absolue de ses moyens d'expression. Ce que je dis des artistes s'applique aussi à presque tous les saints qui, venant d'autres pays et d'autres villes, ont afflué vers Rome. C'est à Rome qu'ils sont parvenus au plus haut degré de leur sainteté et ont atteint le plein développement de leur force. Que l'on songe seulement à saint Didacus, à saint Jean de Dieu, à Félix de Cantalizio, à Philippe de Néri et à d'autres hommes vraiment immortels. Beaucoup d'entre eux ont été comme le Romain saint Benoît, législateurs d'une nombreuse famille spirituelle, dignes disciples de la Rome législative. [1]

C'est en effet Rome qui promulgue les lois et par là on reconnaît son importance et sa force. Rome ne se contente pas d'intentions idéales ni de sentiments nobles ou de simples indications ; elle veut le développement de la forme extérieure jusqu'en ses plus menus détails. Aussi attache-t-elle une grande valeur à l'objectivité. Les gens qui ont ce qu'on appelle de *bonnes idées* n'y trouvent que peu de crédit et font mieux de rester dans une ville comme Paris, où ils pourront jouir de leur succès éphémère. Tant que l'idée nouvelle n'est pas mûrie, n'a pas atteint une forme définitive, elle ne peut en imposer à Rome qui aime mieux se contenter des choses anciennes qu'elle possède déjà. Son amour de la forme est même

---

1. Saint Benoît est, il est vrai, né à Nursie dans la province de Pérouse non loin de Rome ; il descendait cependant d'une ancienne lignée italienne ; il fit ses études à Rome et était, d'esprit, un véritable Romain.

poussé si loin qu'elle préfère le pur schématique et la rigidité à ce qui est lâché ou superficiel. Rome est la Ville Éternelle. Tout ce qui est encore en fermentation, elle le nie, ou bien le condamne si ces idées nouvelles cherchent trop à s'imposer. Et en cela elle a raison. Un chien trop exubérant en effet mérite le fouet, même lorsque dans son exubérance il fait parfois de jolis bonds. Rome n'a rien d'étroit, rien d'une petite ville, rien de provincial. C'est vraiment une ville mondiale. Le monde entier y a sa patrie. Rome n'est pas non plus une ville gracieuse, charmante, coquette, intime et jeune, mais c'est une ville digne, noble, virile et mûre. C'est la ville la plus mûre qui existe.

C'est ainsi que je vois Rome aujourd'hui ; et ceux qui y ont séjourné souvent et longtemps m'approuveront, je pense. Je comprends si bien maintenant pourquoi Rome, au début, nous a plu si peu ; j'en ai déjà indiqué quelques raisons, mais la raison véritable est que nous regrettions infiniment de ne pas y trouver l'esprit et les monuments du moyen-âge. Ce qui nous avait tant séduits dans l'idéal franciscain, c'est-à-dire l'importance donnée à tout ce qui est intérieur et personnel, ne semblait pas avoir grand poids à Rome ; de plus, il n'y avait plus rien de ce charme ombrien et de cette grâce florentine, mais tout était *classiquement froid*, d'une pompe peu chrétienne. Seules, les mosaïques des grandes basiliques nous parlèrent un langage que nous comprenions, mais le reste... Dans l'irritation de notre déception, les gigantesques anges lourdauds, qui, à l'entrée de l'église Saint Pierre, portent les bénitiers, nous semblèrent incarner l'idéal de l'art romain. Nous admirâmes naturellement les fresques de Michel Ange à la Sixtine, mais nous leur préférions celles de Botticelli, de Perugin, et de Pinturichio sur les murs latéraux de la célèbre chapelle. Les fresques de Raphaël dans les *Stances* nous plurent bien, mais nous trouvions celles de Fra Angelico dans la chapelle de Nicolas V infiniment plus jolies de couleurs. Voilà ce que devaient nécessairement ressentir deux jeunes peintres convertis pour qui l'idéal franciscain n'était pas seulement un fruit merveilleux du christianisme, mais en était l'ultime et suprême révélation. Peut-être serions-nous tombés dans les erreurs des *fraticelli*, si notre père François ne nous avait pas inspiré un grand respect et un grand amour pour l'Eglise, pour son chef et ses serviteurs. Cela nous rendit plus prudents et nous garda de bien des jugements téméraires. En somme, bien que l'impression générale de Rome fût pour nous une grosse déception, tant de choses étaient si admirables que peu à peu nous nous prîmes à aimer, nous aussi, la Ville Eternelle.

Nous habitions à Rome dans la Via Capo le Case, non loin de la place d'Espagne, qui est le véritable quartier des étrangers. Notre maison était située presque à côté d'une petite chapelle de couvent où j'assistais souvent à la messe du matin et me confessais régulièrement à un prêtre italien qui avait été missionnaire en Australie. Très souvent aussi, nous allions à la petite église des Pères du Saint-Sacrement sur la place San Claudio, surtout le soir pour le salut.

La liturgie y était célébrée avec beaucoup de solennité et on y chantait bien. Dans aucune autre église de Rome je n'ai trouvé une atmosphère de prières aussi dense que chez ces Pères. Le Nabi P. était rentré dans leur ordre et faisait alors son noviciat à Bruxelles, d'où il nous écrivit plusieurs fois. Mais il n'alla pas jusqu'à prononcer ses vœux ; il quitta son couvent et, peu après, l'Eglise catholique.

Nous prenions d'habitude nos repas dans le petit restaurant de « Don » Cesare dans la Via Sixtina. Nous étonnions beaucoup les habitués en ne faisant aucun mystère de nos sentiments religieux. A table, nous faisions le signe de la Croix devant tout le monde, et, durant le carême, notre premier carême, nous ne mangeâmes que des pâtes. Parfois des modèles venaient déjeuner, le plus souvent en costumes nationaux ; j'ai fait à diverses reprises le portrait de l'une de ces belles, la Romaine Bibiana. Rome est peut-être la seule ville où le peintre trouve des modèles vraiment beaux et sérieux.

Ballin rencontra plusieurs amis à Rome. Tout Danois cultivé veut y avoir été au moins une fois dans sa vie. C'est sans doute au peintre Carstens et au sculpteur Thorwaldsen qu'est dû cet amour que l'on professe au Danemark pour la Ville Eternelle. Par Ballin, je fis la connaissance de plusieurs Danois, entre autres de l'écrivain éminent Henrik Pontoppidan qui s'intéressait alors beaucoup au catholicisme.

Nous fûmes aussi présentés au romancier Juhanni Aho qui était Finlandais et nous passâmes des soirées fort agréables en sa société et celle de sa femme qui faisait de la peinture. Iuhanni Aho s'intéressait à tout : c'est qu'il venait du bout du monde où bien des choses anciennes et bien des choses nouvelles n'avaient pas encore pénétré. Il aimait à nous entendre parler de saint François et restait des heures entières plongé dans la « Vie des Pères du Désert. »

Bien que souvent cela ne dût avoir presque aucune conséquence, beaucoup des personnes que nous fréquentions furent plus ou moins atteintes « de catholicisme ».

Comme tous les pèlerins de Rome, nous visitâmes toutes les grandes églises de la Ville Eternelle, et les catacombes. Nous priâmes sur les tombes des martyrs et visitâmes les musées et le Forum. Nous eûmes aussi la joie, lors d'une canonisation, de voir le Saint Père Léon XIII. Lorsque le Pape passa devant nous, un jeune séminariste nègre me grimpa sur l'épaule, car sans cela il n'aurait rien vu.

En ces jours-là, je vis pour la première fois des reproductions, d'après des cartons, des peintres bénédictins de Beuron ; nous restions froids devant ces œuvres. La chaleur franciscaine y manquait, et rien ne pouvait nous plaire lorsque cette qualité nous faisait défaut. Nous fîmes encore un pèlerinage au couvent de saint Bonaventure près du Forum, livré depuis aux fouilles archéologiques. C'est là que vécut pendant bien des années le peintre danois converti Kügler, sous le nom de Fra Pietro. Un franciscain nous conta toutes sortes de choses édifiantes sur lui et nous montra quelques-unes de ses peintures qui rappelaient beaucoup le Perugin. Nous tentâmes à diverses reprises de voir au couvent San Antonio, dans la Via Nerulana, le général des Franciscains, puis nous finîmes par y réussir. Il nous donna en riant l'autorisation d'habiter quelque temps au couvent de Fiesole à seule charge de laisser une aumône à notre départ. Le père provincial, nous dit-il, aurait pu tout aussi bien que lui nous en donner l'autorisation. Il n'était vraiment pas nécessaire

de venir à Rome, et de s'adresser à lui-même. Nous étions
extrêmement fiers d'avoir vu le successeur de saint François et de lui avoir parlé, et nous nous réjouissions à
l'avance des beaux jours qui semblaient nous attendre au
couvent de Fiesole.

Avant de partir pour Rome, j'avais appris à mon frère
Ericus ma conversion. Il reçut cette lettre le jour de la
naissance de son premier enfant, le 16 décembre 1891.
Etrange coïncidence ! Certainement cette nouvelle lui fut
désagréable, bien qu'uniquement pour des raisons extérieures, mais il a dû se dire : « Chacun son goût. » C'est
ainsi que sont les Hollandais.

A 23 ans, le 18 septembre 1891, je devenais majeur,
suivant la loi néerlandaise. « A partir de ce moment, vous
vous tirerez d'affaire tout seuls », n'avait cessé de nous
répéter notre père. L'état de ses finances au début de
l'année 1893 le forçait d'ailleurs à tenir parole. Je reçus
une lettre dans laquelle il me demandait ce que je comptais faire, afin de ne plus mettre sa bourse à contribution.
Je ne pouvais donc pas cacher plus longtemps ma conversion, car le projet que je nourrissais en était la conséquence naturelle. Maintenant que j'étais catholique et si
enthousiasmé des fresques de Giotto et de son école, mon
seul désir était de me consacrer à la peinture religieuse.
Voici le plan que je m'étais tracé : « Tu feras au couvent des
Franciscains de Fiesole tes premières fresques, puis, tu
iras de couvent en couvent ou de village en village. Tant
que tu ne demanderas pas d'argent, mais que tu te conten-
teras d'être logé et nourri, tu trouveras bien, muni des
recommandations que tu as, du travail comme peintre

d'église ; en outre, tu pourras bien, en vendant quelques
études, te procurer de quoi fumer. Ericus t'enverra ses
vieux habits : ils te vont comme un gant ; on te fera bien
cadeau d'une paire de souliers, et tu trouveras bien à
emprunter un beau livre. Mon cher, que veux-tu de plus ?
Rien, absolument rien, pourvu que tu puisses peindre et
prier un peu, que tu arrives à manger et à te loger, qu'importe le reste ? Si tu reviens pour quelque temps dans ta
patrie, tu t'installeras alors non loin de la fabrique de
biscuits de ton père ; tu y trouveras de quoi manger : du
pain, des biscuits, du pain d'épices, du beurre, et du
lait à boire ; voyons, qu'est-ce qu'il te manque encore ? "
— En formant ce projet, j'entrevoyais déjà la possibilité
de finir mes jours dans quelque couvent. Et, chose
étrange, je ne pensais pas alors à un couvent de Franciscains, mais à un couvent de Chartreux, sans pourtant en
avoir jamais vu.

La lettre par laquelle j'informais mon père de ma conversion et de mes projets d'avenir aurait difficilement pu
être plus maladroite. Le ton ne répondait nullement à la
gravité de la chose, et cette lettre me faisait voir sous un
faux jour. Sans le vouloir je me donnais l'air de m'être
fait catholique par des raisons toutes naturelles, et presque sans combat intérieur, pour avoir l'occasion, par
exemple, de peindre dans des églises, des couvents et des
villages. C'était en réalité une tâche bien difficile de mettre
mon père au courant d'un acte qui, étant donnée l'idée
fausse qu'il se faisait de l'Eglise catholique, devait lui
paraître ou bien d'une légèreté prodigieuse, ou complètement insensé. Je pensais qu'il valait mieux faire ressortir
dans ma lettre les avantages extérieurs, puisqu'il était

incapable d'apprécier le bien que pouvait en tirer mon âme. Je me diminuai ainsi moi-même, faute que je ne devais pas tarder à sentir cruellement. La réponse de mes parents ne se fit pas attendre longtemps ; très certainement, mon père a dû pleurer en apprenant ma conversion ; sa lettre et celle de ma mère trahissaient une profonde douleur, douleur surtout d'avoir été trompés par un enfant chéri, et d'être mis devant un fait accompli. Quant à ce qu'on m'écrivit sous le coup de la première émotion, je n'ai nul besoin d'en parler. Certaines expressions peu flatteuses étaient fort compréhensibles, et en partie justifiées. Je tiens à mentionner cependant que, ni dans la lettre de mon père, ni naturellement dans celle de ma mère, il n'a été question de m'exclure de la famille, ni de me déshériter, ni même de me supprimer dorénavant tout secours. Il me faut aussi dire tout de suite que ma famille n'a cessé de m'aimer toute la vie ; néanmoins je sentais qu'il était temps maintenant de gagner moi-même mon pain.

Le général des Franciscains nous ayant donné la permission d'habiter au couvent de Fiesole, nous avions grande envie d'y aller. Nous ne retournâmes pas à Florence par le même chemin, mais en passant par Assise. Ballin qui, lors de son baptême, avait pris le nom de Francesco, voulait visiter la tombe de son nouveau patron. Cette petite ville prit plus tard pour lui une importance capitale. En 1894, il y séjourna plusieurs mois avec son compatriote le poète Johannes Jöergensen qui a si bien décrit cet épisode dans son journal de voyages. On apprend là, comme aussi dans d'autres livres de Jöergen-

sen, toutes sortes de choses de mon cher et fidèle ami,
Mogens Francesco. A Assise, nous nous sentîmes de nouveau chez nous, alors qu'à Rome nous étions toujours
restés étrangers. Nous vîmes alors de nos propres yeux
ce que nous connaissions déjà par les livres : la petite
ville intimement liée à l'histoire de saint François, avec
ses églises et ses sanctuaires, une idylle au milieu d'un
paysage idyllique. Pour un admirateur du doux pauvre
d'Assise, ce lieu est en quelque sorte une révélation nouvelle et plus forte de son esprit. Quiconque contemple le
charme et la grâce ainsi que la sérénité répandus sur la
plaine ombrienne et sur Assise, ne s'étonne pas de retrouver ces qualités chez un saint qui y est né. Cela confirme
la théorie de l'influence du milieu. Assise reste l'un de
mes plus beaux souvenirs. Toutes les fois que je pense à
saint François, la petite ville se présente à ma mémoire
comme l'expression architectonique de cet homme d'une
pureté touchante et d'une simplicité divine. Assise con-
vient à saint François comme le nid à l'oiseau qui se le
construit.

Parlant d'Assise et de saint François, je ne puis faire
autrement que de parler de sa sœur spirituelle sainte
Claire dont la vie a été l'incarnation la plus pure de son
idéal, et auprès de qui il a toujours trouvé consolation et
foi en son œuvre, quand il était découragé par les soucis
qu'il se faisait au sujet de ses fils spirituels. On peut dire
des saints ce que disait saint Paul : « Pour les élus,
tout concourt au salut. » L'amour qu'ils ont pour leurs
amis et enfants spirituels reste parfaitement ordonné pendant toute leur vie, parce qu'ils les aiment en Dieu, tandis que l'amour spirituel des âmes imparfaites dégénère

facilement et peut conduire à toutes sortes de vanités et
même d'égarements. Ce qui le plus souvent pousse les
autres à la chute provoque chez les saints un nouvel
essor vers leur but suprême, qui est l'union avec Dieu.
En aimant, ils doublent leurs forces, et trouvent les paroles qui, comme les fruits du pur amour, ont réconforté
et fortifié à travers les siècles les âmes altérées de Dieu.
Je ne restai que deux jours à Assise, mais j'en emportai
pour toute la vie la force de la consolation.

Les grandes grâces doivent s'obtenir par la lutte. Nous
comptions être admis immédiatement au couvent de Fié-
sole, mais il n'en fut rien tout d'abord. On nous dit qu'il
fallait également l'autorisation du Père Provincial, que ce
dernier ne devait venir qu'après Pâques, et qu'il nous
faudrait patienter jusque-là. Il ne nous restait plus qu'à
chercher provisoirement une demeure à Florence. Nous
en trouvâmes une chez un comte ruiné, dans la Via Taddeo. Une déception plus grande nous attendait encore.
L'ami Ballin fut rappelé dans son pays pour son service
militaire. Ce fut là un véritable coup, mais il se consola
bientôt en pensant à la joie de ses parents qui attendaient
avec tant d'impatience leur enfant unique. La nouvelle de
son baptême leur avait fait beaucoup de peine, mais ils
s'étaient montrés pleins de bonté et d'une grande largeur
d'idées. Nous n'eûmes heureusement pas que des décep-
tions, mais aussi une grande et joyeuse surprise. Sans
nous l'avoir fait prévoir le moins du monde, le nabi Sérusier nous annonça sa visite à Florence. Malheureusement
il n'y avait pas de place dans notre maison, quand il
arriva, mais nous nous voyions presque tous les jours.

Peu de temps après son arrivée, je racontai à Sérusier que j'avais été baptisé à la fin d'août de l'année précédente et que j'avais été admis dans l'Eglise catholique. Le Nabi s'en montra heureusement surpris et m'en félicita, mais cela l'embarrassa un peu ; c'est lui qui avait posé les fondements de ma vie religieuse et j'étais entré dans l'Eglise catholique que lui avait quittée, bien que j'eusse connu et partagé un certain temps ses idées théosophiques. Sérusier s'est-il alors senti poussé vers l'Eglise ? En tous cas, dix ans plus tard, dans ma première année de prêtrise, il en retrouva le chemin, lors d'une visite à Beuron.

Quelques jours plus tard, nous étions assis à déjeuner. Soudain Sérusier me dit : « J'ai parlé hier avec Edouard Schuré de ta conversion ». — « Il est donc ici ? » demandai-je. « — Oui », répondit Sérusier, « mais de passage. — Eh bien ! qu'en dit-il ? — Schuré a été très étonné », dit mon ami, « que son livre *Les Grands Initiés* ait conduit quelqu'un vers l'Eglise catholique (ce qui d'ailleurs est trop dire) et en cherchant à expliquer ta conversion, nous en arrivâmes à dire qu'après être parvenu à la connaissance de Dieu, tu avais voulu prendre une décision, et t'étais fait catholique pour te récompenser toi-même d'avoir trouvé le chemin de Dieu. — Non », répondis-je, « voici exactement ce qui en est : Je voulais entrer en communion, en relation occulte avec le Christ et ses apôtres ; le baptême en a été le moyen, le reste est venu de soi-même ». Sérusier fut très satisfait de cette réponse qui, en effet, lui convenait fort. Il me dit alors : « Dommage que Schuré soit déjà parti, il eût été ravi de ce que

tu viens de dire. C'est très *nabique*; nous n'y avions pas
pensé ».

Pâques, 2 avril 1893, était venu, puis avait passé. Ballin
était parti. Tout en haut, sur la colline de Fiesole, nous
nous étions embrassés comme deux frères, en prenant
congé l'un de l'autre. Sérusier habitait alors avec moi
chez le comte ruiné. J'avais passé les derniers jours de la
semaine sainte en prières ferventes et en jeûnes sévères.
Le jour de Pâques, de très bonne heure, je m'étais rendu
à jeun à Fiesole, pour me confesser et communier au
couvent. Echauffé par la marche, j'avais pris froid dans
les corridors frais du couvent. Depuis, j'étais sans entrain,
je me traînais. Mon estomac se vengeant des jeûnes, se
révoltait. L'autorisation du Père Provincial des Franciscains d'habiter au couvent n'était toujours pas venue. Je
travaillais à la galerie des Offices à une copie de la Vénus
de Botticelli, pour le consul du Danemark à Rome. Mon
chevalet était à côté de celui d'une Anglaise distinguée
qui copiait le même tableau. C'était la veuve du célèbre
architecte Clark. Elle vint à moi et se montra très aimable à mon égard. A diverses reprises elle m'invita chez
elle, dans sa villa admirablement située, non loin de la
Porta Romana ; elle me fit faire la connaissance du préra-
phaëlite M. Stanhope que j'allai voir plusieurs fois dans
son grand atelier et une fois dans sa villa princière des
environs de Florence. J'ai toujours eu plaisir à passer
quelques jours ou quelques heures dans une demeure
luxueuse, installée avec goût. Mais à peine l'ai-je quittée
que presque toujours je m'écrie : « Dieu soit loué que

tout ce fatras ne m'appartienne pas ». Ce que j'admire aujourd'hui encore chez Mrs Clark, c'est la dignité avec laquelle elle goûtait les plaisirs nobles de la vie. Elle reste pour moi le type le plus pur d'une lady.

Combien « l'éternel féminin » se manifeste différemment chez les diverses nations ! Quelle erreur de proclamer la femme d'un peuple quelconque comme la femme par excellence ! Une seule pourtant peut être considérée comme telle : c'est Marie, la mère du Christ, la seconde Eve, l'image la plus parfaite de la bonté divine dans l'ordre créé. C'est chez elle que brille le blanc le plus pur, le plus simple de la féminité, alors que chez les autres ce blanc est composé d'autres couleurs claires, et elle peut s'appliquer les paroles des Proverbes : Plusieurs filles se sont montrées vertueuses ; mais toi, tu les surpasses toutes. (Prov. 31, 39.)

J'ai passé aussi la fête de l'Ascension, 11 mai 1893, auprès des Franciscains de Fiesole, et, à cette occasion, je reçus enfin l'autorisation d'habiter dans le couvent. Sérusier retourna en France ; la beauté harmonieuse de l'Italie ne lui disait pas grand chose ; il lui préférait l'âpre beauté de la Bretagne. Mon propriétaire de la via Taddeo me vit partir avec regret. Au fond d'une encoignure de sa demeure, je laissai une grande Madone à l'Enfant Jésus, ma première peinture murale.

XII

Celui à qui il a été donné de faire un séjour prolongé dans un couvent bien organisé a pû apprécier tous les bienfaits qu'on peut en retirer tant pour l'âme que pour le corps. Sans être obligé de partager les fatigues de la vie religieuse, il participe en quelque sorte à la récompense que le Christ promet à ceux qui pour lui ont quitté père et mère. Plus que jamais la vérité de cette parole lui est apparue : « Qu'il est bon et qu'il est doux pour les frères d'habiter ensemble » [ps. 132]. Il a eu cette rare jouissance de goûter le calme de la solitude et la paix du silence, sans éprouver l'angoisse de l'abandon. Comme il lui a été facile de se recueillir et de s'ouvrir à Dieu dans cette atmosphère de prière ! Il a été agréablement surpris de trouver dans le couvent un grand nombre de personnalités remarquables, une richesse de caractères empreints d'originalité parfaite. Et n'était-ce pas un bonheur depuis longtemps désiré que de choisir parmi tous un prêtre avec qui pouvoir en toute tranquillité parler de l'état de son âme ? Peut-être pour la première fois de sa vie, il ne se sentait pas en proie à la méfiance quand

humblement soumis on lui témoignait de la bienveillance.
On ne cherchait pas à l'édifier par de pieuses sentences
ou par de pieux discours et précisément à cause de cela
son âme fut véritablement édifiée. Et lorsqu'en partant
le cœur plein de reconnaissance, il a tendu la main au
P. Supérieur et au P. Hôtelier, il s'est senti pris d'un
grand amour pour l'Eglise qui, malgré les persécutions
et les adversités, a toujours su à travers les siècles main-
tenir les couvents.

Le couvent des Franciscains de Fiesole est assez étendu.
Il a été agrandi à différentes époques. Autour de la petite
cour, où se trouve le puits déjà mentionné, sont cons-
truits, formant rectangle, l'église et le couvent primitif. De mon temps, l'ancien petit couvent qui a été
évacué (il est accessible aujourd'hui aux voyageurs et
même aux femmes) était la demeure des clercs. Ces clercs
sont les frères qui étudient la théologie pour être prêtres.
A cette petite cour est rattachée une cour beaucoup plus
grande entourée de fines arcades. Ici également se trouve
un puits, mais plus simple, où l'on puise l'eau pour la
communauté. Au sud, cette cour est fermée par le bâtiment des clercs; à l'ouest, par le réfectoire et par la bibliothèque ; au nord, par l'économat ; à l'est, par l'atelier du
tailleur et un grand réfectoire pour les étrangers. Au-
dessus de l'économat et du réfectoire des étrangers, se
trouve un second étage avec une galerie à arcades qui
mène à une série de chambres très primitives, destinées
aux étrangers. C'est là que j'habitais. Ma cellule donnait
donc au Nord. De ma fenêtre j'avais une vue splendide
sur le petit bois de cyprès et sur les sombres Apennins.
Très net, on distinguait parmi les autres montagnes le

Monte Senario sur le sommet duquel se trouve la maison mère des Servites. Le mobilier de ma chambre se composait d'un grand lit presque aussi large que long, d'un lavabo, d'un prie-Dieu, d'une petite table et d'une chaise de paille. Les murs étaient blanchis à la chaux, le sol pavé de carreaux rouges. Excepté le serviteur du couvent, personne d'autre que moi n'habitait cet étage. De la galerie ouverte devant ma cellule, j'apercevais quelquefois un jeune frère derrière la petite fenêtre d'une cellule dans le bâtiment des clercs. A part cela, je ne vis pas grand chose de la communauté, au début, sauf dans les heures de récréation, quand les pères et les frères se rassemblaient sous ma fenêtre ou faisaient une promenade dans le petit bois. Mais, peu à peu, je me liai plus intimement avec eux et fus le Giovanni, ou, comme disaient les clercs, le Gianni auquel peut-être, aujourd'hui encore, on garde un souvenir amical, là-haut, sur la colline de Fiesole.

Comme je l'ai déjà dit, mes premiers amis franciscains ont été les pères Norberto, Giovacchino et Placido. Mais durant mon séjour à Fiesole, je ne devais avoir d'intimité qu'avec ce dernier. Le père Norberto était toujours en mission, et le père Giovacchino avait été envoyé dans un autre couvent. Le père Placido avait alors dans les soixante ans. Grand et fort, il ressemblait (que l'on ne prenne pas mal cette comparaison) à un bon dogue qui pouvait aussi montrer les dents. Le fond de son caractère était la bonté et la gaieté. Comme il savait rire de bon cœur, le cher homme ! Il enseignait la théologie morale et canonique au séminaire épiscopal de Fiesole et était un confesseur fort zélé. Le ton paternel de sa voix basse et rauque, toujours voilée, inspirait l'amour et la confiance. Je le vois encore venir à moi, la tête en feu, suant et soufflant, un mouchoir autour du cou, afin de ne pas mouiller le col de son habit. Il était obligé de faire sous la chaleur torride la rude montée du séminaire au couvent. M'apercevant, il me disait : « Jean, çà va ? » (Il aimait parler français avec moi). « Ah, quelle chaleur, Jean, *Dio mio, che caldo !* Ici, en haut, il fait toujours bon, il y a de l'air, mais en bas… un enfer ! Jean, il fait bon au couvent, j'aime être chez moi — Au revoir, Jean ».

Le père Placido a été mon confesseur durant tout le temps que j'habitais le couvent. Un jour que je voulais me confesser, il me dit de sa voix grave : « Viens, Jean, nous allons faire cela dans le chœur. » Il prit place dans une des stalles inférieures. Je m'agenouillai devant lui. Lorsqu'il me donna l'absolution, il étendit les deux bras devant lui, mit ses mains sur ma tête, et prononça le *ego te absolvo*, d'un ton si paternel, avec une telle conviction et tant d'affection que jamais je ne pourrai oublier ce moment, pas plus que le saint homme, mort depuis bien des années.

Des semaines se passèrent et pas une seule fois je ne quittai le couvent. J'étais si heureux dans ses murs : que serais-je allé chercher ailleurs ? Le matin, en me réveillant, j'étais salué par le bon soleil qui, à travers les fentes des volets presque complètement clos, lançait un rayon de lumière vive et tissait sur le mur blanchi une raie d'or. Ah ! qu'on avait peu de peine à se lever par cet éternel beau temps ! Quel délice, à peine habillé, de se bai-

gner dans l'air frais du matin... Ma toilette était bientôt
faite. Le frère savetier m'avait prêté une paire de vieilles
sandales ; je ne portais de chaussettes et de bas que le
dimanche et les jours de fête ; autrement, j'allais toujours
pieds nus. Une chemise, un pantalon, une ceinture et un
veston complétaient mon équipement. Je n'avais pas
besoin de me raser car, depuis mon premier séjour en
Bretagne, je portais une courte barbe. En un tour de
main, ma chambre était faite ; puis, j'allais à l'église et
servais la messe. Je servais souvent deux, trois et même
plusieurs messes. Chaque fois, après l'élévation, je disais,
selon la coutume des Franciscains, le *Notre Père*, les bras
étendus. Cela étonnait les gens qui venaient à l'église.
Souvent, ils demandaient qui était ce jeune pénitent et
disaient : « Veut-il devenir un saint ? » C'est que, pour
les méridionaux, être saint ne fait qu'un avec la pénitence. Pour eux, un saint est quelqu'un qui, dans le
grand désir de ressembler au Christ, jeûne souvent, prie
beaucoup, reste longtemps dans l'église, habite une
demeure misérable, dort sur le sol et vit d'aumônes. Conception assez exclusive, mais justifiée assurément.

Après avoir servi la messe, je me rendais à la petite
salle du déjeuner. Il y avait là, sur un petit feu de charbon de bois, une grande cafetière de fer blanc remplie de
café noir, et sur la table étaient rangées les tasses avec
déjà du sucre dedans. A côté se trouvait une grosse miche
de pain, faite du blé que les frères convers avaient mendié
en été. Je le trouvais fort bon ; de ma vie je n'ai mangé
du pain plus succulent. Si je rencontrais le père Placido
au déjeuner, il me disait alors de sa voix rauque : « Jean,
prenez encore une tasse, vous n'avez pas ici au couvent,

ce que vous avez l'habitude d'avoir chez vous. Vous n'avez
ni lait, ni fromage, rien ! » Puis pour finir : « Adieu Jean,
il faut que j'aille au séminaire donner un cours. »

Le reste de la matinée, je le passais habituellement
dans ma chambre, soit à dessiner, soit à peindre ou à lire.
Dehors, devant le bois de cyprès, le petit jardin grillait
sous le soleil ardent. Au-dessus des sombres sommets des
cyprès s'élevaient les Apennins et le Monte Senario, plongés dans un azur léger. Sur les figuiers, devant ma fenêtre, d'énormes cigales chantaient : c'était un vrai plaisir. De la ville parvenaient les cris de joie des enfants.
De temps à autre, on entendait en bas dans la cour quelqu'un puiser de l'eau : choc du seau de cuivre contre le
mur du puits, le cliquetis de la chaîne de fer dans la
manivelle gémissante et plaintive. Parfois des miaule-
ments de chat parvenaient à mon oreille, quand le frère
portier, fra Vitaliano, grondait son chat *Buscherati*. Un
peu après onze heures, la cloche appelait pères et frères
dans le chœur. Une demi-heure plus tard, on les entendait se rendre au réfectoire en chantant un psaume. Presqu'aussitôt après, je me rendais à l'église pour sonner
midi, tâche qui m'était confiée. La corde de la cloche à la
main, j'attendais qu'en bas à Florence, le coup de canon
annonçât midi. Aussitôt je faisais frapper trois coups au
marteau et disais un Ave Maria. Après l'avoir répété trois
fois, je faisais sonner la cloche joyeusement à toute volée
et j'étais toujours très fier quand, au couvent, l'angélus
sonnait plus tôt qu'au campanile du Dôme. Ce pieux travail terminé, j'allais chercher à la cuisine mon déjeuner
que le cuisinier tenait prêt sur le fourneau. Je mangeais
seul dans une petite chambre destinée aux étrangers, au

rez-de-chaussée du bâtiment des clercs. Ce n'est qu'aux grandes fêtes que j'avais la permission de manger au réfectoire avec les Pères. Au début, la cuisine italienne me causait quelque répugnance, mais elle me réussissait fort bien. Bientôt je ne ressentis plus rien de la faiblesse provoquée par le jeûne. Je me sentais plus fort et mieux portant que jamais. Le père Placido me dit un jour en me regardant fixement : « Jean, vous avez bien meilleure mine que lorsque vous êtes venu ; cela tient à la nourriture simple et au bon air ».

Pendant que j'étais à table arrivait régulièrement un vieux petit bonhomme, *il postino*, qui, chaque jour, allait chercher à la poste les lettres pour le couvent et recevait en retour son déjeuner. Il ne savait ni lire ni écrire, mais savait découvrir quelles lettres m'étaient adressées. Quand il voyait qu'il ne s'était pas trompé, il souriait d'un petit air satisfait. — Après le déjeuner, je me joignais à quelques pères qui s'entretenaient dans la grande cour ou dans le jardin. Puis venait l'heure de la sieste qu'il est coutume de faire dans les pays chauds. On dit à Rome : « Entre midi et deux heures ne sortent en été que les Allemands et les chiens ». Infatigables, nous voulons, nous autres gens du Nord, utiliser ces heures et, très souvent, nous dérangeons dans leur repos des gens plus raisonnables que nous. A Fiesole, l'église, à l'heure de la sieste, était fermée et on n'ouvrait la porte que si on frappait longtemps « à cause de son *importunité*. » (Luc II, 8). Mais alors frà Vitaliani ne faisait pas bon visage et ne montrait pas tout le couvent. Je ne faisais qu'une courte sieste et prenais un livre ou écrivais une lettre. Dans le courant de l'après-midi, le frère portier me demandait parfois de conduire quelques visiteurs. Comme je parlais bien le français et passablement l'allemand et l'anglais, je pouvais causer avec tous. Plus d'un étranger me regarda de côté pendant la visite. Leur visage semblait dire : « Qui peut bien être ce drôle de type ? » Ma gaieté et mon esprit cultivé ne leur semblaient pas compatibles avec mon intention de me faire moine. C'est que j'allais déjà pieds nus, et j'étais assez hirsute.

Le *gardien* d'une communauté franciscaine reste rarement plus de trois ans dans ses fonctions, du moins dans le même couvent. C'est ainsi qu'en mai 1893, je trouvai à Fiesole un autre supérieur que celui qui, chaque fois que nous allions là-bas, nous accueillait, Ballin et moi, avec une amabilité si franciscaine. Le nouveau gardien donnait l'impression d'un homme sévère. C'est pourquoi, au début, je le craignais un peu et préférais ne pas le rencontrer. Mais comme il était très aimable et très bon envers moi, je cessai bientôt d'être effarouché. Le second supérieur de la maison était padre Vicario, un religieux exemplaire qui, comme sacristain, s'occupait avec un soin minutieux de la lampe perpétuelle devant le Tabernacle. Toutes les fois qu'il entrait dans l'église, il aidait la petite flamme à se relever quand elle était défaillante. C'était un homme qui allait silencieusement son chemin et parlait peu. A part les deux religieux dont j'ai déjà parlé, il y avait encore dans la famille qui formait le couvent les deux lecteurs de l'école de théologie, padre Giovanni Crisostomo et padre Teofilo, puis padre Stefano, aux multiples occupations, à la fois cellérier et organiste, le padre Ottato, appelé ordinairement *Il Monti*, les pères Nicolo et Stanislao, et enfin le père Giuseppe Maria Lochmann, un tyrolien allemand. Les autres habitants du couvent étaient des frères convers et des clercs. C'est surtout avec ces derniers que je me liai particulièrement. Il est vrai que les clercs, d'après la règle du couvent, ne devaient pas fréquenter les laïques, mais on fermait les yeux quand on me rencontrait au milieu d'eux, pendant la récréation, dans le bois de cyprès. Je crois bien que mon séjour au couvent de Fiesole n'aurait pas été pour moi si délicieux et si fécond, sans les rapports presque quotidiens avec ces jeunes clercs. Ayant tous été élevés dans le couvent, ils étaient restés de purs enfants chez lesquels l'esprit aimable de saint François avait trouvé des dispositions d'âme analogues aux siennes, si bien qu'ils s'adaptaient facilement à son genre de vie. Pour moi, leur plus belle qualité était la sérénité du cœur telle qu'on la rencontre à un haut degré chez les enfants et chez les saints. Ils étaient peut-être déjà trop mûrs pour être capables de se développer beaucoup encore. C'est là un danger qui menace d'ailleurs tout méridional dans sa jeunesse. Mais ne travaillons-nous pas tous à devenir sciemment ce qu'inconsciemment nous étions enfants, c'est-à-dire à devenir tels que des enfants? Quelques-uns de ces clercs me témoignaient une tendresse et une affection comme je n'en avais pas encore rencontrées. Leur affection ne dégénérait jamais en sentimentalité de mauvais goût. L'éducation ascétique du couvent leur avait appris le renoncement et la maîtrise de soi. Ils possédaient leurs âmes dans la patience (Luc, 21-29) et savaient maîtriser l'ardeur de leur cœur. Leur respect réfrénait leur amour... C'était toujours un cri de joie quand j'apparaissais au milieu

d'eux dans leur récréation. Souvent, nous bavardions à
l'ombre ; d'autres fois, ils m'initiaient à quelque question concernant la foi, ou bien je prenais part au jeu de
boules. Une autre fois, nous cherchions des fraises ou des
champignons, puis, tour à tour, ils posaient pour moi.
Un mot revenait sans cesse sur leurs lèvres : « Fais-toi
Chartreux, Gianni, fais-toi Chartreux, tu ne dois pas être
Franciscain ; être Franciscain et faire de la peinture, cela
ne va pas ensemble. Nous n'avons pas d'argent, et le
peintre a besoin de couleurs, de toile et de bien d'autres
choses encore et on ne peut pas tout mendier. — Le père
David qui est peintre, lui aussi, a la vie dure ; les chartreux sont riches ; fais-toi chartreux, Gianni. » Je dois
beaucoup à ces chers camarades ; ils ont exercé une
influence décisive sur ma vie religieuse. Leur foi était si
naturelle, si dénuée de doute, leur piété si simple, leur
amour, cette pierre de touche de la vérité, si bienfaisant,
que je fus de plus en plus confirmé dans la foi et la piété.
Et la remarque que me fit ma jeune sœur lors de mon
retour en Hollande, que j'étais devenu bien plus aimable,
fut un compliment à l'adresse de mes chers amis de Fiesole.

Dans l'atmosphère religieuse du couvent, mon âme s'épanouissait merveilleusement. Une vie nouvelle commença
alors pour moi : la vie en Dieu. Les *Confessions* de saint
Augustin et la vie de sainte Thérèse rédigée par elle-même
m'y initièrent. Je me souviens encore de la profonde
émotion religieuse que ces livres me causèrent, et à quel
point ils stimulèrent mon amour pour Dieu. Je ne pouvais pas comprendre quand je voyais un père rester

inoccupé, car n'y avait-il pas à la bibliothèque toutes les
œuvres de saint Augustin ? Pourquoi ne les lisait-il pas ? Il
n'y avait pourtant rien de plus doux ni de plus utile. Je
restais dans ma cellule, penché sur les *Confessions*, plein
d'étonnement ; le livre était si vieux et pourtant si
moderne ! Ainsi, la vie commune que saint Augustin avait
projeté de mener avec ses amis Romanianus, Nibridius,
Alypius et Verecundius, n'avait-elle pas été notre rêve,
le rêve des nabis, Sérusier en tête ? « Mais quand on
vint à demander si les femmes y consentiraient, plusieurs
étant déjà mariés, et nous aspirant à l'être, l'argile si
bien façonnée de cette illusion nouvelle éclata entre nos
mains, et nous en rejetâmes les débris ; » dit saint Augustin. Il en fut de même pour nous. Ah ! Seigneur, ce fut
une lutte bien plus grande encore que la mienne, celle
que saint Augustin dut soutenir pour parvenir à la vérité.
Quelle piété dans ce livre, quelle sagacité, et quelle ferveur ! Souvent je m'arrêtais dans ma lecture et réfléchissais à ce que j'avais lu. Peu à peu mes idées se brouil-
laient et s'évanouissaient, mais je ne restais pas seul ; il
n'y avait pas que le silence avec ses bruits, ses chants et
ses soupirs, qui m'entouraient, mais il y avait là quelqu'un qui était autour de moi, qui était en moi, qui se
levait et marchait avec moi, qui m'attendait lorsque je
m'arrêtais... La prière me venait tout naturellement ; oh !
comme je me sentais heureux ! Je fus « allaité et rassasié
à la mamelle de ses consolations », je savourai « avec
délices la plénitude de sa gloire ». Elle fit « couler sur
moi la paix comme un fleuve » et je fus « porté sur le
sein et caressé sur les genoux » [Is. 66.]

Le moment où l'on est « épris de Dieu », moment qui suit ordinairement toute conversion sérieuse, était venu pour moi : temps des fiançailles, de l'amour sensible, avec ses joies ineffables et ses angoisses terribles, avec l'abandon total et les froissements ridicules. Cette tendre affection est régulièrement confondue par les néo-convertis avec l'amour divin. Ce qu'ils prennent pour l'amour pur est encore un amour plus ou moins intéressé, égoïste et sentimental, qui garde quelque chose de sensuel. Ils ont beau affirmer qu'ils ne se cherchent pas, mais cherchent uniquement Dieu, qu'ils ne veulent que Lui, et vivre selon sa volonté, c'est rarement tout à fait vrai. Ce qu'ils aiment en réalité dans cet amour sensible, c'est surtout les joies de l'amour et l'exaltation de la vie qui l'accompagne, cet essor de l'esprit, qui souvent en fait momentanément des artistes, des maîtres de la parole, s'exprimant dans des prières ardentes ou dans des poésies enflammées. Ce qu'ils recherchent dans ces amours, c'est avant tout cet enrichissement du « moi » dont le Werther de Gœthe dit : « Je paraissais être plus que je n'étais, parce que j'étais tout ce que je pouvais être. »

Quand on est en cette disposition d'esprit, tout dépend d'une bonne direction. Un guide sûr saura utiliser ce besoin de développer sa personnalité. Il aidera son protégé à se débarrasser des mauvaises habitudes et à en acquérir de bonnes, la vertu n'étant autre chose que l'habitude du bien.

Pourvu qu'à côté de cet amour sensible, l'amour divin, qui se manifeste dans l'accomplissement des commandements de Dieu et la patience dans les épreuves, ne cesse

de croître ! En ce cas cette tendresse presque passionnée
pour Dieu est une chose si charmante ! Comme ils sont
touchants, les néo-convertis ! Avec quel sérieux ils font
tout ce qu'ils entreprennent, qu'ils sont admirablement
sincères et vrais ! Et finalement, tout véritable amour
n'est-il pas précédé de l'amour sensible, même si celui-ci
n'est pas toujours suivi du véritable amour ? Et puis, ceux
dont l'amour va grandissant, ne restent-ils pas souvent
très aimants, très tendres ? On rencontre cela fréquemment dans les unions heureuses et, dans le domaine religieux, chez les saints extatiques, chez qui le côté excessif
inhérent à la passion devient une qualité appréciable, car
« la mesure de l'amour est un amour sans mesure ».
L'amour perd alors son caractère égoïste, car on ne se
cherche plus soi-même, la créature, mais le Créateur, et
cet amour n'a plus rien de sensuel, jaillissant de la
volonté et non du sentiment.

On peut observer que les néo-convertis lisent de préférence les œuvres des extatiques, fait qui s'explique par ce
que nous venons de dire. Ils trouvent en eux cette fougue
que la passion donne même au bourgeois le plus sec et au
lourdaud le plus épais. L'ardeur et l'élan des extatiques
et des mystiques répond à la fièvre de premier zèle qui
s'empare du néophyte.

Bien que j'eusse une préférence pour les œuvres des
mystiques, j'étudiai également avec beaucoup de zèle des
œuvres dogmatiques, parmi lesquelles *le Christ de la Tradition* de Mgr Landriot. J'étais captivé par la lecture de
cet ouvrage qui m'initiait davantage aux principaux mystères du christianisme, à la Trinité, l'Incarnation et
l'Eucharistie.... Ah ! vraiment, c'était un bonheur inap-

préciable que de vivre ainsi quelques mois dans le calme du cloître pour Dieu seul, et de nourrir son âme d'oraison, de lectures et de prières. Ce fut l'époque bienheureuse de la première ferveur. Je la considère toujours comme le printemps de la vie spirituelle, où Dieu attire et échauffe l'âme, la fait s'épanouir et entrer en floraison afin qu'elle puisse porter un jour les fruits de la fidélité et de la patience, une fois que les belles fleurs sont tombées.

L'automne était venu, puis passé. Une pluie abondante avait chassé la chaleur de l'été. C'était parfois terrifiant de voir arriver du Nord avec une grande rapidité les nuages orageux fouettant d'averses formidables la plaine de l'Arno ; plus terrifiant encore, lorsqu'ils se déchargeaient sur le couvent en haut de la colline.

Mais aussitôt après, le soleil riait à nouveau sur les campagnes rafraîchies. — Les figuiers devant ma fenêtre avaient déjà perdu leurs feuilles, mais les cyprès et les yeuses avaient gardé leur vêtement vert sombre. Le soir, il faisait déjà nuit de bonne heure. De la fenêtre du corridor du couvent d'où l'on apercevait Florence, on voyait s'allumer une à une les petites lueurs de la ville. Peu à peu le contour des choses s'effaçait et alors on ne voyait plus que des milliers de ces petites lumières et le reflet de l'éclairage de la ville qui se détachait sur le ciel. Je songeais alors aux hommes qui habitaient là-bas, dans « le monde ». Bien peu sans doute pensaient à ce moment à Dieu, sauf quelques-uns pourtant. Ceux-là aussi étaient de petites lumières au milieu de l'ombre. Ils ressemblaient à ces lucioles qui, dans le midi, voltigent en si grand nombre par les lourdes nuits d'été portant une petite lampe étincelante qu'ils font briller en volant à travers les ténèbres. Et, sans cesse, ces paroles de saint Paul me revenaient à l'esprit : « Autrefois vous étiez ténèbres, mais à présent vous êtes lumière dans le Seigneur ; marchez comme des enfants de lumière. » (Eph. 5-8). Ah ! oui, cela je le désirais ; je souhaitais devenir tout lumière, mais je voulais aussi laisser luire ma lumière. On ne m'écoutera que lorsque je serai devenu tout lumière... Ou bien en serait-il de moi comme il est dit du Christ dans cette poésie néerlandaise :

> « *Hi dacht, si souden't al verstaen,*
> *Dat licht ugt syne ooghen..... »*

> « Il pensait qu'ils le comprendraient tous.
> Cette lumière brillante dans ses yeux. »

Je pensais fréquemment à Ballin et lui écrivais souvent. Il était artilleur, et comme il se trouvait dans la forteresse d'une île, il lui fallait ramer à tour de bras et monter la garde jour et nuit. Je pensais aussi souvent à mon pays, que je n'avais pas vu depuis un an et demi ; il m'attirait et me repoussait tout ensemble. Mais lorsque Ballin me demanda de faire au printemps prochain à Copenhague une petite exposition de mes peintures et de mes dessins, et m'invita à passer quelques jours dans la maison de ses parents, je pris la résolution de retourner en Hollande et de passer l'hiver au sein de ma famille.

J'avais fait au couvent de Fiesole deux peintures murales. L'une d'elles représentait saint François d'Assise qui, les bras étendus, bénit six novices. Padre Giuseppe Maria, qui aimait passionnément la peinture, me rendit alors de légers services. Il me parlait continuellement

des Bénédictins allemands de Beuron et de leur peinture.
Ces moines-peintres avaient fait, disait-il, des choses
remarquables au couvent du Mont-Cassin situé à mi-chemin entre Rome et Naples. Il avait, dans le Tyrol, connu
l'un d'entre eux, Dom Lucas Steiner. Les véritables fondateurs de l'Ecole de Beuron étaient Dom Desiderius
Lenz et Dom Gabriel Würger. Comme je l'ai déjà dit,
j'avais vu chez le peintre van Rhoden, à Rome, quelques
photos d'après les cartons de ces moines, mais je ne
savais pas que c'étaient les mêmes que ceux dont le père
Giuseppe parlait avec tant d'enthousiasme. Ma curiosité
de voir quelque chose d'eux devint de plus en plus
grande. Je finis par adresser une lettre au couvent de
Seckau, en Autriche, qui faisait partie de la congrégation
de Beuron et que connaissait le père Giuseppe. Mgr
l'abbé se chargera bien de transmettre votre lettre, disait-
il. Je suivis son conseil. J'exposai dans ma lettre les idées
que j'avais alors sur la peinture, et demandai que l'on
voulut bien m'envoyer quelques reproductions des
œuvres des peintres de Beuron. Quelques jours après je
recevais deux réponses à ma lettre, l'une de l'abbé de
Seckau, Dom Ildefons Schober et l'autre du père Desiderius Lenz. Tous deux joignaient à leur lettre quelques
images et des photographies. J'entrai en correspondance
avec le père Desiderius et appris de lui maintes choses sur
les principes et la technique de l'art de Beuron. Il m'invitait aussi à m'arrêter à Beuron en me rendant en Hollande, ce que je promis avec beaucoup de plaisir.

C'est par un bel et chaud après-midi de Novembre, en
1893, que je descendis la colline de Fiesole pour me rendre

à la gare après avoir fait quelques visites à Florence. Je me sentais joyeux comme un jeune homme qui, après avoir été un certain temps lié, peut de nouveau se mouvoir librement et va vers ce qui est nouveau et inconnu. L'air était divinement calme. Le paysage ensoleillé racontait la joie de vivre ; une activité laborieuse, mais sans hâte, tissait comme un vêtement de paix... Le séjour auprès des Franciscains m'avait donné de la fermeté et de l'équilibre. Je me sentais maintenant assez fort pour livrer dans le monde le bon combat. J'étais sûr de mon affaire, et je montrai beaucoup d'aplomb, qui, sans une naïveté très réelle, aurait été de l'effronterie. Tout en devenant plus grave et plus religieux, je n'avais rien perdu de ma spontanéité, de ma vivacité et de ma fraîcheur d'autrefois. Avec beaucoup de joie et de confiance, je repris donc, après cinq mois de solitude monacale, le bâton de pèlerin. Je comptais me rendre dans l'Italie du Nord, en Allemagne, en Hollande, et au Danemark, puis revenir en Italie, et décorer la chapelle des tertiaires au couvent des Franciscains de San Salvatore al Monte, non loin de San Miniato, sur la rive gauche de l'Arno. Le soir du même jour, le train m'amena à Milan. Le lendemain, je poursuivis tout doucement ma route. Je passai quelques heures à Chiasso, puis continuai jusqu'à Lugano ; j'y vis les curiosités de la ville et me reposai deux heures dans la salle d'attente de la gare. Vers les dix heures du soir, je me mis de nouveau dans le train, m'installai de mon mieux et m'endormis aussitôt. En passant sous le tunnel du Gothard, je fus réveillé par les voix bruyantes de mes compagnons de voyage. A peine le train était-il sorti du tunnel qu'un jeune homme ouvrit la portière du wagon.

Un tourbillon de neige lui fouetta le visage. Brr... fît-il en la refermant prestement. Comment, dis-je tout étonné, de la neige ? — Oui, oui, de la neige, me répondit le jeune homme, il ne fait pas bon sur les hauteurs. « Seigneur, pensai-je, on voit bien à présent qu'on est en Novembre. Adieu midi, adieu le bon soleil ». Il faisait froid dans le wagon et je frissonnais. Heureusement que dans ces montagnes on a pourvu aux besoins des voyageurs et qu'on peut se procurer une tasse de café bien chaud, à toutes les stations.

Ayant encore les yeux remplis des beautés italiennes, ma première impression sur ce que je vis de la Suisse ne fut pas des plus favorables. Dieu que je trouvais les femmes laides ! Et la nature donc ? — Un vrai décor de théâtre ! Et quel contraste entre ces hautes montagnes qui vous écrasent et ces petits chalets que l'on aperçoit à peine dans le fond de la vallée ! Et dire que des milliers de personnes de tous pays se rendent en Suisse pour admirer cette nature, et cela souvent sur de simples indications de Bædeker ! — A la rigueur, je pourrais le concevoir de la part de jeunes couples, mais des gens sérieux devraient être plus raisonnables. Que je regrettais Florence et ses environs en ce moment ! « Oh ! Italie, belle Italie », dis-je soupirant, « que tu vas me manquer dorénavant ! » Et tout en bougonnant je repris ma place dans un wagon de troisième classe.

XIII

BEURON

Arrivé à Zurich, je m'informai où se trouvait Beuron ;
on me répondit que je devais passer par Singen, Immendingen, Tuttlingen et changer de train à toutes ces stations. A partir de Zurich, le train était chauffé et même à
un tel point qu'ayant quitté Schaffouse, ne pouvant plus
y tenir, j'ouvris la fenêtre, ce qui ne fut pas du goût du
contrôleur, car lorsqu'il entra il m'apostropha rudement
et me déclara sur un ton qui n'admettait aucune réplique
que la fenêtre devait rester fermée. Je ne pus m'empêcher de rire et pensai : à présent, tu sais que tu te trouves
en Allemagne. Enfin, l'obéissance et la discipline ont aussi
leur valeur. Je fermai donc tranquillement la fenêtre,
mais non sans avoir fait observer que j'avais trop chaud.
Depuis, chaque fois que le contrôleur traversait le compartiment, il laissait un moment la porte entr'ouverte et
la fermait ensuite avec fracas. C'est que l'Allemand du
sud aime une chambre bien chaude et craint beaucoup
l'air. A partir d'Immendingen le train longe le Danube,
qui n'est encore qu'un petit fleuve. Le paysage était nu,
triste et abandonné. Toute la vie se concentrait dans les

maisons. Il pouvait être près de deux heures lorsque je
débarquai à Beuron. L'endroit me paraissait complètement
coupé du monde. Je me trouvais dans une étroite vallée,
serrée entre de hauts rochers boisés ; c'était à peine si le
Danube pouvait se frayer un passage. C'était déjà comme
en plein hiver et les arbres étaient complètement givrés.
On avait le sentiment d'être enterré dans les neiges et
obligé d'hiverner loin du monde habité. De la gare on
n'apercevait rien de l'endroit, ni couvent, ni église, à peine
cinq ou six maisons isolées. Je m'enquis auprès du seul
voyageur descendu du train avec moi, où se trouvait le
couvent. « Là-bas, près de l'auberge, passé le coin, me
dit-il, suivez tout droit le chemin et vous apercevrez
déjà le couvent. » Je fis comme il me l'avait dit et arrivé
à l'auberge je vis peint sur les murs crépis à la chaux un
Saint Joseph avec l'Enfant Jésus, premier indice du
monde cultivé. Devant moi se trouvait aussi le couvent :
un bâtiment à deux étages couvert d'un haut toit brun.
Devant l'entrée du couvent se trouvait un portrait. Là je
remarquai une seconde peinture, une Madone avec
l'Enfant Jésus, entourée des saints Pierre et Paul et de
saint Maur et saint Placide. J'examinai attentivement la
peinture ; le dessin était plein de noblesse, mais l'expression des visages un peu doucereuse. Je sonnai. Sur ma
demande de parler au Père Desiderius, on me répondit
qu'il se trouvait actuellement en voyage, mais qu'il ren-
trerait dans la soirée. « Venez au parloir, me dit le
frère portier, je vais prévenir le Père Hôtelier. »
Peu après, celui-ci arriva. C'était un homme distingué,
grand, maigre, au teint clair, au visage juvénile ;
il portait une petite calotte noire sur ses cheveux

déjà blancs. Après avoir échangé quelques mots il me demanda aimablement : « Voulez-vous rester chez nous ? » C'était mon plus vif désir. « Venez avec moi », me dit le Père ; « malheureusement l'hôtellerie n'est pas chauffée, mais je vais faire faire de suite un bon feu. » Il me conduisit au rez-de-chaussée dans une grande chambre voûtée, qui me fit une impression très agréable. Un tapis était étendu sur le sol, le lit était recouvert d'un dessus blanc, puis une chose me frappa surtout : les fenêtres étaient garnies de rideaux de tulle. Je n'en n'avais pas vu depuis des mois. Le Père Hôtelier se retira et me laissa seul, sans s'être informé si j'avais déjeuné. « C'est la première chose que m'aurait demandée un Franciscain », pensai-je. Heureusement qu'on m'avait donné un demi-pain à Fiesole, aussi fut-il le bienvenu. Après m'être restauré, je m'assis devant le poêle ronflant et me mis à somnoler.

Une heure après, le Père Hôtelier revint. Il m'invita à assister aux vêpres, le service à Beuron étant très beau. « Mais d'abord, vous devez prendre quelque chose. D'ailleurs, avez-vous déjà déjeuné ? » me demanda-t-il soudain. Ayant répondu que non, il joignit les mains de pitié, se sauva et revint en compagnie d'un frère qui m'apportait du café, du pain, du beurre et des œufs.

Dans la grande église du couvent, construction de style rococo, modernisée d'une façon pas toujours très heureuse, je pris place dans le banc réservé aux hôtes. Au son d'une cloche, les moines, vêtus de noir, entrèrent en longue file deux par deux dans le chœur. Il se rendirent dans les stalles, et, après s'être signés, s'agenouillèrent. A un signe du prieur, tous se relevèrent et s'inclinèrent profondé-

ment durant une demi-minute. Puis commença l'office de
None qui précède les vêpres. On ne fit que le réciter. Au
Gloria Patri et Filio et Spiritui sancto, à la fin de chaque
psaume, les moines se levaient de leurs sièges et s'in-
clinaient profondément. Tout se déroula dans un ordre
parfait avec une exactitude et une régularité presque militaire. Après *None*, les moines de nouveau s'inclinèrent
longuement et se redressèrent sur un signe du prieur.
L'orgue se mit à jouer. Un père chanta : *Deus in adju-
torium meum intende.* — Tous répondirent : *Domine ad
adjuvandum me festina.* — Puis un petit chœur et un plus
grand alternèrent leurs chants. J'étais extrêmement surpris. Les moines ne criaient pas, mais chantaient vraiment.
C'était tout nouveau pour moi. Depuis que j'étais catholique, j'avais surtout entendu crier. Dans les cathédrales
d'Italie, surtout à Florence, c'était souvent à n'y pas tenir.
Au lieu d'un chant, c'était un véritable hurlement, qui,
décuplé par l'écho, ne parvenait pas à s'apaiser. Dans mon
amour pour l'Eglise, j'avais excusé tout cela. Mais quand
je sus combien le plain-chant peut être imposant lorsqu'il
est bien chanté, une véritable joie s'empara de moi.
J'éprouvai ce que l'on ressent quand soudain on découvre
dans une personne aimée un beau trait de caractère que
l'on ignorait. A la fin des vêpres, après le magnifique
Salve Regina, les moines restèrent quelque temps encore
agenouillés, se levèrent sur un signe du prieur et, deux
par deux, quittèrent le chœur.

Rentré dans ma chambre, je m'assis de nouveau devant
le poêle. Le chant des vêpres me poursuivit longtemps
encore. « C'est admirable, admirable », ne cessai-je de
murmurer. La nuit vint. J'allumai la lampe à pétrole.

A Fiesole je n'avais eu qu'une petite lampe à huile. Ah !
comme on était bien dans cette chambre, comme je me
sentais heureux ! Ce n'est que dans le Nord qu'on trouve
une telle intimité, parce que la vie se passe presque
tout entière dans la maison et non au dehors comme
dans le Midi. Rien d'étonnant que les Allemands et les
Italiens ne se comprennent pas réciproquement. Leur vie
si différente, dictée par le climat, fait qu'ils ont des vertus
et des qualités très différentes aussi... Que peut bien
penser le blaireau de l'antilope, et vice versà ? Ne doivent-
ils pas se trouver l'un l'autre bête et ridicule ? « Aucun
sérieux », dit le blaireau de l'antilope. — « Aucune vivacité », dit l'antilope du blaireau. Et pourtant l'un et
l'autre, dit-on, font un bon rôti, mais demandent à être
préparés d'une certaine façon... La préparation, voilà la
question !

Vers sept heures, le Père Hôtelier me conduisit au dîner.
Dans le vestibule du réfectoire, je fus présenté au Père
Prieur qui me souhaita aimablement la bienvenue. Après
le benedicite dit en commun, je regardai à la dérobée
autour de moi. J'étais dans une grande salle très haute,
avec des fenêtres à petits carreaux placées tout le long du
côté gauche. Les pères étaient assis, le capuchon rabattu
sur la tête, à des tables de chêne le long du mur, les
frères convers au milieu du réfectoire. Moi-même, j'étais
assis au haut bout de la salle, près de la table particulière
de l'Abbé absent, en face du Prieur et des Pères âgés. Une
fois que le moine chargé de la lecture eût lu un paragraphe
de la règle, le Prieur frappa avec un petit maillet de bois.
Les Pères rejetèrent leur capuchon, déplièrent leur serviette et mangèrent leur soupe. Pendant le repas, l'ordre

était presque aussi régulièrement observé qu'au service divin, à l'église. Les moines silencieux mangeaient avec beaucoup de dignité et de tenue. Tout bruit inutile était évité ; les servants de table portaient des pantoufles feutrées ; les cuillers, les fourchettes et les couteaux étaient maniés avec précaution par les moines. Je pouvais comprendre chacun des mots prononcés par le lecteur. Après le passage de la règle, il avait lu les noms des saints bénédictins dont la mémoire devait être célébrée le lendemain, puis il continua la lecture de la vie de saint Fridolin. Il lisait lentement et clairement, toujours sur le même ton, mais avec beaucoup d'expression. De temps à autre il faisait une pause assez longue. Les servants affairés portaient les plats et les assiettes vides au guichet de la cuisine. Le bruit des cuillers et des fourchettes peu à peu s'éteignit complètement. On n'entendait plus que la voix du lecteur. La plupart des moines étaient assis, immobiles, les mains sous le scapulaire. Le prieur jeta un regard scrutateur à travers la grande salle et frappa de nouveau avec son maillet. Le lecteur s'arrêta au milieu d'une phrase, ferma son livre, descendit du pupitre, s'avança jusqu'à la table vide du supérieur, s'inclina profondément et chanta : *Tu autem Domine, miserere nobis !* Les moines répondirent : *Deo Gratias*, se levèrent et se placèrent devant la table pour dire les *grâces*. Après les grâces, je quittai, le second, le réfectoire, immédiatement après le Prieur. Dans le vestibule, je fus présenté au Père Desiderius. C'était un grand et robuste vieillard, un vrai Germain, aux maxillaires puissants, très chevelu. Sa bouche et son menton disparaissaient entièrement dans une large et longue barbe blanche. Des yeux gris investigateurs et

scrutateurs étaient enfoncés sous des sourcils très
fournis. Un beau nez sortait d'un front puissant. Le Père
Desiderius me serra cordialement la main, avec un air
conquérant. Tous les hommes de génie sont pour certaines choses des gâte-métier, c'est pourquoi ils sont
toujours à l'affût de ceux qui pourraient les aider. Il n'y
a que le sauvage qui puisse se tirer d'affaire tout seul,
comme l'animal... Ce soir là, nous ne parlâmes que de
choses insignifiantes. Fatigué du voyage, j'allai me coucher avant les moines.

Le lendemain, sur le conseil du Père Desiderius, je
visitai la chapelle Saint Maur, le berceau de l'art de
Beuron. Le temps était froid et brumeux. Après avoir
suivi pendant une demi-heure le Danube, sans rencontrer
âme qui vive, la chapelle soudain sortit de la brume. Elle
avait la forme d'un temple. Je m'étais attendu à tout
autre chose. Ma première pensée fut celle-ci : Pourquoi
est-on venu planter ici quelque chose de grec ? J'en voulais toujours au classicisme. Tout classicisme n'avait-il
pas conduit, jusque-là, à l'académisme ?... Quelques pas
encore et j'étais devant la chapelle. Elle se compose d'une
Cella carrée et d'un porche auquel on accède par un
grand escalier. Le tout est couvert d'un toit à pignon
débordant fortement des côtés latéraux et abritant ainsi
les fresques extérieures, qui représentent des scènes de
la vie de saint Benoît et de saint Maur. Sur le mur principal de la *Cella*, au-dessus de la porte d'entrée, se trouve,
en un cercle inscrit dans un carré, une Madone plus
grande que nature avec l'Enfant Jésus. A droite et à gauche du carré, placées dans des rectangles, deux figures

monumentales : saint Benoît et sainte Scolastique. Au-
dessous, coupée par l'ouverture de la porte se trouve une
frise haute d'un mètre représentant cinq moines et cinq
religieuses, qui dans leurs mains levées offrent leurs couronnes de vertus.

Au début, j'éprouvai plus d'étonnement que d'admiration. Seule la frise représentant les saints me plut infi-
niment.Par la porte de chêne, j'entrai dans l'intérieur de
la chapelle. Une grande fresque occupe tout le mur du
fond. Sur un fond bleu foncé, le Christ sur la croix et six
figures plus grandes que nature se détachent sur tons
très clairs. A droite, sous la croix, sont représentés la
Mère du Christ, saint Joseph et sainte Catherine, à gauche saint Jean l'Evangéliste, saint Jean-Baptiste et sainte
Cécile. Au-dessus des saints on voit les symboles des
quatre Evangélistes. En haut des murs latéraux, des
anges à genoux admirent étonnés l'œuvre de la Rédemp-
tion. Au-dessous de l'autel de marbre blanc repose comme
sur une tombe la statue de saint Maur, d'un style très
sobre. Sur le mur où se trouve la porte de la chapelle est
représentée l'histoire de sa mort, alors qu'entouré de ses
moines, il expire au pied de l'autel.

Le peintre a une façon à lui de regarder les œuvres
d'art. Souvent ce qui l'intéresse le plus, c'est de voir
comment elles sont faites. Sur un dessin que lui envoya
Raphaël, Albert Dürer a écrit un jour :

« 1515 Raffahel de Urbin, tenu en si grand honneur par le
pape a fait cette figure nue et l'a envoyée à Albert Dürer à
Nuremberg pour lui montrer sa main. »

Ce que veut voir le peintre, c'est la main de l'artiste,

et il se réjouit quand les grands de la terre se servent de cette main, sachant que le don divin du génie ne trouve son véritable essor que par une belle commande. Il est rare qu'un peintre soit tellement impressionné par une œuvre d'art qu'il se sente profondément ému. Mais si l'émotion le gagne, il cesse de critiquer, n'exige plus la facture et admire sincèrement avec un grand respect et un grand amour. Et alors, il arrive que dans son enthousiasme il se met à jurer, mais avec tant de cœur, que cela devient presque une prière, une action de grâces à Dieu d'avoir donné une telle puissance à l'homme.

Je regardai longtemps les fresques de la chapelle Saint Maur. Je n'étais pas ému, mais j'éprouvais du respect pour la main qui avait fait une œuvre si noble. Pour moi qui revenais d'Italie, la comparaison de ces peintures avec celles de Giotto, Duccio et Fra Angelico, s'imposait. Ces artistes avaient plus d'unité de style encore que les peintres de Beuron, mais les fresques de la Chapelle Saint Maur avaient pourtant un avantage, celui des belles proportions des figures. Cela tenait-il au principe de *mesurer et diviser* dont le Père Desiderius m'avait parlé à diverses reprises dans ses lettres ? Je résolus de me renseigner davantage à ce sujet étant maintenant à la source.

En revenant, je me retournai plusieurs fois. Tout bien considéré, la chapelle convenait parfaitement au paysage, elle l'animait même fort bien. Au milieu des variétés infinies du règne végétal, la chapelle paraissait, par sa stricte adaptation à la nécessité, par sa noble symétrie et l'unité dans ses détails, d'une simplicité dorique. Elle représentait l'image d'un esprit supérieur donnant à ses entours romantiques une pieuse consécration.

Peu après ma visite à la chapelle de Saint Maur, je frappai à la cellule du Père Desiderius. *Ave*, cria une voix lente. «Bonsoir», dis-je en entrant, «puis-je venir un instant?» L'imposant vieillard était assis derrière une large table, ses lunettes au bout du nez. « Ah, c'est vous, M. Verkade, » dit-il, en se soulevant légèrement de sa chaise, « entrez et asseyez-vous. » — « Je vous dérange... vous lisez ? » demandai-je. — « On peut toujours y revenir, » répondit le Père, « la Sainte Bible est si belle quand on la lit du commencement à la fin, beaucoup plus belle que quand on n'en lit que quelques passages. Je l'ai déjà lue treize fois d'un bout à l'autre. L'Ancien Testament surtout est pour les peintres plein d'enseignement. Il est d'un caractère si majestueux et on y trouve tant de beauté et de poésie!» Je regardai autour de moi dans la cellule. Sur la grande table, on voyait toutes sortes d'objets pour écrire et dessiner, puis des photographies et des dessins, les cinq figures géométriques en carton, une boîte à aquarelle, quelques livres, le tout dans un certain ordre. Parmi les livres je remarquai la *Divine Comédie* de Dante, les *Confessions* de saint Augustin, un bréviaire tout usé, le *Héraut de l'Amour Divin* de sainte Gertrude et les *Gloires de Marie* de saint Alphonse. Sur une planche au-dessus d'un pupitre se trouvaient quelques statuettes en plâtre, entre autres une Madone à l'Enfant, svelte et mince comme une colonne, d'une grande noblesse. Au mur, quelques dessins coloriés et quelques feuilles couvertes de figures géométriques ; puis, à portée de la main, quelques cartons.

Je demandai au Père Desiderius de m'initier davantage à ses principes d'art et de me raconter l'histoire de la

Chapelle de Saint Maur. Le vieux moine écarta son épaisse moustache de ses lèvres et commença : « Je suis venu pour la première fois à Beuron le 20 janvier 1868, attiré par le chant grégorien. J'avais alors trente-six ans et nourrissais de grands projets. Je regrettais que l'art moderne fût livré complètement au naturalisme et à la volonté individuelle du premier venu. Pendant des années, j'étais resté confus et indécis devant les apparences toujours changeantes de la nature. A la fin, je compris que la copie laborieuse de la nature seule ne peut jamais conduire à une œuvre de la qualité des antiques. Je me mis donc à la recherche de la technique des anciens. Les œuvres des Byzantins ainsi que celles de Giotto m'avaient déjà appris que la géométrie, le « *diviser* » et le « *mesurer* » étaient des facteurs essentiels de l'art. Il me semblait pourtant que, contrairement aux Grecs classiques, les Byzantins n'avaient pas suivi des lois bien définies, tandis que Giotto n'avait consulté, bien sûr, que son sentiment. Quelles étaient ces lois ? Une étude approfondie de la structure des plantes et surtout des vases étrusques et grecs m'a fait faire un grand pas en avant. En étudiant ces vases je tombai un jour sur l'œuvre monumentale de Lepsius traitant des temples égyptiens. Il me semblait, en l'étudiant avec une émotion toujours croissante, que j'avais déjà connu et vu tout cela. Là, pour la première fois, mon amour de l'ordre et du calme, de la symétrie et des belles proportions fut entièrement satisfait. Je trouvai chez les Egyptiens une religiosité comme je la comprenais moi-même : descendre dans le fond le plus intime de son âme et se plonger dans les profondeurs de l'Eternel. Devant ces œuvres d'une force dominatrice et d'un sérieux saisissant, il me semblait que, chez les Egyptiens, émouvoir l'âme, dompter les instincts sauvages et exciter une sainte terreur étaient plutôt le résultat d'une *science*. Il me semblait encore qu'ils arrivaient à produire une telle impression, avec deux moyens : d'abord par la logique, par une critique implacable qui descend jusque dans le fond de la nécessité vitale, et ensuite par les lois des nombres et des mesures, par l'harmonie des dimensions. Cette notion, l'harmonie des dimensions, me ramena au domaine de la musique, et soudain je compris que, de même que la musique repose au point de vue de la mélodie et de l'harmonie sur les rapports des nombres, de même les arts plastiques ne peuvent s'en passer. Ce qui frappe dans les temples et les statues antiques, égyptiens surtout, ce sont les rapports les plus simples des nombres soient arithmétiques ($2 : 3$; $3 : 4$; $4 : 5$, etc.) soient géométriques ($\sqrt{1} : 2$; $\sqrt{2} : 3$; $\sqrt{3} : 4$, etc.). C'est là le secret de leur beauté.

J'avais donc enfin compris l'essentiel et, lorsque j'arrivai à Beuron, mon rêve fut de libérer l'art moderne de l'esclavage individualiste et de le ramener vers la beauté classique au moyen des nombres et des mesures. — Mais il semble que nos peintres modernes ne veulent pas encore s'en occuper. C'est que le nombre est quelque chose de divin et il manque à notre époque la religiosité des peuples primitifs. Il lui manque la générosité d'offrir à Dieu un cœur ouvert à sa grâce. Quel est aujourd'hui l'idéal de l'art ? Quelle est l'esthétique actuelle ? Où sont sa force et sa lumière ? »

Le Père Desiderius s'était échauffé ; il y avait du terrible dans cet homme ; on croyait voir et entendre un prophète d'Israël ; mais aussitôt il reprit son calme, se résignant avec un soupir. Il me sembla que le vieux moine avait donné trop d'importance à la force créatrice des mesures et trop peu à l'imagination créatrice qui, elle, se sert des mesures et leur donne une forme. Mais je me tus là-dessus et demandai : « Et la chapelle de Saint Maur, quelle est son histoire ? »

«Le lendemain de mon arrivée dans la vallée de Beuron », poursuivit le Père Desiderius, « je fis une visite à la princesse Catherine de Hohenzollern, fondatrice de Beuron, mon ancienne *souveraine*, car moi je suis né à Haigerloch dans la principauté de Hohenzollern. Je m'entretins d'art avec elle, lui exposai mes idées et lui montrai quelques esquisses que j'avais apportées. Dieu sans doute m'inspira ce qu'il fallait dire. Elle me dit qu'elle avait fait le vœu de bâtir une chapelle en l'honneur de saint Maur. Elle avait déjà chargé un architecte de lui faire un projet, mais celui-ci avait tant de commandes qu'il se retirerait volontiers ; je n'avais qu'à faire un plan ; elle verrait alors ce qu'on pourrait faire. On me donna une chambre dans le couvent et je pris mes repas au réfectoire des Pères, à la table réservée aux hôtes. Trois semaines après, je présentai à la princesse un beau projet. Malheureusement il ne fut pas agréé, étant trop coûteux. La princesse ne voulait qu'une chapelle toute simple. Je voulais partir immédiatement, mais, me ravisant, je fis en deux jours un autre projet qui fut agréé. En septembre 1868, c'est-à-dire dans la même année, le gros de l'édifice était achevé. J'allai alors à Rome, chez mon ami Jacob Wüger (né à Steckborn, Suisse, en 1829, mort au Mont-Cassin en 1892) ayant dès le début compté sur son aide. Wüger avait

trois ans de plus que moi. Il était en réalité plus dessi-
nateur que peintre. Dès son enfance, il avait travaillé
d'après nature avec un grand amour et un grand respect.
Il avait un talent remarquable pour la forme et un sens
intuitif de la construction anatomique du corps humain.
Dessinant d'après nature, ses yeux étaient comme ceux
d'un aigle qui fixe sa proie pour la saisir à coup sûr.
Travaillant à une composition, il était très calme et profondément recueilli ; ce qui l'entourait alors n'existait
plus pour lui. Les cartons furent dessinés à Rome et, en
mai 1869, nous partîmes tous deux pour Beuron, en compagnie d'un élève de Wüger, Fridolin Steiner (né en 1848
à Ingenbohl, Suisse, mort en 1906 à Beuron). Nous nous
mîmes alors à peindre. Toutes les décorations furent
faites *affresco* en aquarellant simplement sur le mur
fraîchement enduit sans mettre du blanc de chaux dans
les couleurs, ce qui est la méthode la plus commode et la
plus sûre.

En 1871, en été, la décoration de la chapelle était terminée, et le 5 septembre, elle fut consacrée par l'évêque.
La même année encore, Wüger entra dans les ordres à
Beuron et prit le nom de Gabriel. Fridolin Steiner le
suivit sous celui de Luc, et ce fut moi, le premier venu,
qui y entrai le dernier. »

Ce que le Père Desiderius n'avait pas dit alors, c'est
que toutes les compositions pour la décoration de la
chapelle étaient de sa main. Wüger trouva dans les
esquisses de son ami un travail préparatoire qu'il sut
apprécier. Il s'y tenait strictement, les étudiant même
la loupe à la main. D'autre part Pierre Lenz (le nom du
Père Desiderius dans le monde) dépendait, quant à l'exé-

cution de ses projets, du talent et du travail de Würger. En ce temps-là, les deux amis se sont merveilleusement complétés.

« Et que dit-on de la chapelle lorsqu'elle fut terminée ? » demandai-je. — « On la critiqua d'une façon terrible, » répondit le Père, « mais la princesse était satisfaite, et avec le temps la critique s'est changée en louange. Mais venez, la cloche du souper vient de sonner. »

Le soir, après complies, je m'agenouillai à côté de deux jeunes moines à l'autel de saint Benoit et regardai le portrait du grand fondateur de l'ordre. Je trouvai ce tableau horriblement banal, et pourtant je continuai à le regarder comme un enfant regarde un étranger, en disant : « Peux-tu être mon ami ? » Un beau portrait de saint François me revint à la mémoire, ce qui me fit trouver ce saint Benoît encore plus fade et léché, et pourtant, je ne cessais de le regarder en me disant : « Peux-tu être mon Père ? car si jamais je me fais moine, j'aimerais être moine à Beuron. »,

Un jour, le Père Hôtelier me dit : « Nous célébrons demain une grande fête, la fête de Saint Martin, le patron de notre couvent et de notre congrégation. Je suis heureux que vous ayez l'occasion de voir comment on célèbre chez nous une grande solennité. » Saint Martin, la *Sintermaarten* de mon enfance, patron de Beuron, comme c'est étrange, me dis-je. Je demandai de plus amples renseignements sur ce saint. Le Père Hôtelier me donna, entre autres, celui-ci : Saint Martin de Tours fut le premier confesseur non martyr dont on célébra à l'église l'anniversaire de la mort. Un de ses disciples, Sulpicius

Severus, a écrit l'histoire de sa vie. La légende de ce saint a été dès son origine une des vies de saints les plus répandues, ce qui fit que le saint évêque fut beaucoup vénéré et que des milliers de vieilles églises et de chapelles lui furent consacrées. Je racontai que, lorsque nous étions enfants, nous parcourions les rues avec des choux-raves évidés où brûlait une petite bougie ou avec des lampions de couleur et qu'on s'arrêtait pour chanter devant les demeures des gens aisés. Je lui demandai l'explication de cette coutume. « Je ne peux vous renseigner à ce sujet », répliqua-t-il, « mais tenez, voilà le Père Wigbert qui doit le savoir. » Ce dernier, sur un ton assez solennel, me raconta ceci : Cette coutume que l'on ne rencontre pas seulement dans le Bas-Rhin mais aussi en Scandinavie et en Finlande, semble être une survivance de l'antiquité germanique. On divisait alors l'année en deux saisons, l'été et l'hiver. Le jour de la Saint Martin, on célébrait le départ de l'été et la venue de l'hiver. Très ingénieusement, le feu, dans cette cérémonie, jouait un rôle ; la vie populaire le considérait comme le symbole du soleil chaud et lumineux dont on prend congé. En même temps, le feu était la promesse symbolique du retour du soleil après l'hiver. Peut-être aussi considérait-on alors le feu de la Saint Martin comme un symbole du foyer familial qui, dès le début de l'hiver, règne en maître dans nos pays du nord. En tous cas, la coutume de chanter à la porte des bourgeois avait pour but de recueillir de quoi se chauffer l'hiver.

Le Père Wigbert était visiblement heureux de dire cela. Il nous regarda d'un air triomphant qui semblait dire : « Hein ! que pensez-vous de cela ? » Puis il s'inclina, dit *benedicite* et nous laissa. Le Père Hôtelier le suivit des yeux et dit lentement en scandant chaque mot « Un puits de science, le Père Wigbert ».

La fête de la Saint Martin se passa fort brillamment. Durant presque toute la journée, la louange de Dieu retentit dans le chœur de l'église. A peine le matin de très bonne heure avait-on chanté Matines et Laudes, et célébré les messes basses, que les moines étaient de nouveau rassemblés dans le chœur pour réciter Prime. Une heure après, on célébrait la grand'messe. Elle fut magnifique. Les Pères chantaient encore beaucoup mieux que les jours précédents. On sentait qu'ils étaient inspirés ce jour-là par l'amour qu'il portaient à leur saint patron. Les interludes de l'orgue étaient très beaux aussi. Cela vous rappelait des moments de recueillement profond sous la haute futaie, quand on entend le vent venir de loin, puis passer dans les sommets des arbres ; ou bien encore un jour au bord de la mer, l'oreille tendue au roulement des vagues... Mais tout cela n'était si impressionnant que parce qu'il y avait unité de volonté entre ceux qui servaient à l'autel et les chantres au chœur, et parce que les cœurs concordaient avec les voix jubilantes.

En traversant le cloître, après la grand'messe, je rencontrai le Père Ambrosius, le chantre et bibliothécaire du couvent.

Il me jeta un regard interrogateur qui semblait dire : « Eh ! bien, qu'en dites-vous ? » — « La grand'messe a été vraiment fort belle et vous avez admirablement chanté, » lui répondis-je. Le Père sourit et dit d'un air satisfait : « Ah ! oui, ce chant, ce merveilleux chant grégorien, je le chante déjà depuis vingt ans et je découvre chaque fois de nouvelles beautés dans ces mélodies. Il est vrai qu'il faut souvent bien du temps avant que nos oreilles gâtées s'y mettent, car la mélodie y suit une tout autre ligne que dans la musique profane. Cependant l'art de varier une idée mélodique, d'y entrelacer constamment les ornements les plus divers, ne se trouve nulle part si développé que dans le chant grégorien. Vous venez d'entendre l'*Introït* ; n'est-ce pas une ouverture riche en couleurs, pleine de piété, annonçant par sa verve sereine la majesté divine des mystères qui s'approchent ? — Et le rythme mélodieux du *Graduel* et de l'*Alleluia* ? Là le cœur du chantre tressaille de joie, quand il rencontre un de ces passages de neumes onduleux, qui n'ont pas besoin de textes. Alors, il ne peut que jubiler comme une alouette dans l'air. Et le Père Ambrosius fit claquer sa langue et se passa la main sur l'estomac comme quelqu'un qui vient de faire un délicieux repas. « Et puis l'*Offertoire*, » continua-t-il, « avec ses grands intervalles et ses courbes si hardies. C'est là que l'âme du chantre s'ouvre ! il faut des hommes pour cela ; de simples garçons n'y arriveront jamais. »

« Et les femmes ? » demandai-je timidement — Des femmes dans le chœur, c'est une aberration profonde, surtout chez nous en Allemagne ; c'est contre toutes les règles de l'Eglise ; et c'est un désordre que maintenant on ne peut presque plus enrayer. Il est vrai que l'Eglise met le bréviaire dans la main des moniales lors de leur consécration, et qu'elles ont pour tâche de louer Dieu à l'Eglise. Mais avez-vous déjà entendu chanter des religieuses ? — Certes, répondis-je, en France, c'était fort beau. — Oui, oui, dit le père Ambrosius, la première fois, en effet, on croit entendre chanter les anges, mais quand il faut les entendre des mois durant, c'est à devenir fou, c'est d'un langoureux !... Pst ! pst ! cette langue, cette langue ! J'ai eu beau me chapitrer toute ma vie, çà ne change pas. Je n'ai rien dit, entendez-vous, je n'ai rien dit. Oui, c'est souvent très beau, et il y a des exceptions, » et, branlant la tête, le père Ambrosius continua sa route.

Un moine que je ne connaissais pas et qui, non loin de là, nous avait entendus, vint à moi en souriant et me dit : « Ne croyez pas tout ce que dit ce tigre du chant grégorien. Dans nos villages les voix de femmes sont indispensables dans le chœur, et les religieuses après tout ne chantent pas si mal. »

Je passai des heures encore dans la cellule du Père Desiderius. Peu à peu, il m'initia à la force mystérieuse des nombres simples et des rapports géométriques dans leur application aux arts. Il parla aussi de son canon du corps humain et me montra une figure d'homme et une figure de femme d'une grande finesse dans les proportions et d'un contraste frappant. La figure d'homme était pleine de force et de dignité, celle de femme pleine de douceur et de grâce. L'une et l'autre avaient pour base une construction géométrique qui précisait les proportions générales. Il en était de même d'une tête de Christ dont l'expression toute spirituelle me frappa : « Voyez, dit le père Desiderius, tout le contour, ainsi que la place de l'œil, et de l'oreille, etc. sont déterminés par la construction, et rien n'est laissé au hasard ; le tout est tracé au compas et à la règle. Naturellement, tout dépend de la façon dont on se sert de ces instruments. La subtilité du dessin dépend du

respect avec lequel on les manie. Dès que quelqu'un trace
sur du papier un cercle avec un compas, je vois aussitôt
s'il a du sentiment ou non ; le respect est chose capitale
aussi bien en art qu'en religion. »

Les révélations du Père Desiderius sur les *mesures* me
firent une profonde impression. Je comptais en tirer
parti. Puisqu'il nous faut presque tout apprendre, nous
sommes faibles, mais comme nous pouvons beaucoup
apprendre, nous sommes forts. C'est pourquoi nous cher-
chons toujours un levier qui puisse centupler notre force.
La construction géométrique semblait être un de ces
leviers ; n'offrait-elle pas aussi une base pour une nouvelle tradition en art? Car je rêvais toujours un travail en
commun avec tous ses avantages : l'aide réciproque et
l'encouragement. N'était-ce pas là aussi le rêve du grand
Vincent van Gogh? Que de fois n'en parle-t-il pas dans ses
lettres ! Sa nature profondément religieuse le poussait à
l'idée de la solidarité qui d'ailleurs était l'idée chérie de
son siècle. Voilà ce que je pensais alors et cela, je le
pense encore aujourd'hui. Mais à présent, je sais que ma
paresse n'était pas étrangère à mon admiration pour
la construction géométrique, pour les mesures et pour les
nombres. Dans chaque individu, il y a un imposteur qui,
avec un minimum de peine, cherche à réussir le plus vite
possible. Nous voudrions tous être des magiciens : la
mesure non seulement semblait être un levier, elle semblait être aussi une baguette magique...

Si les théories et les esquisses du Père Desiderius m'attiraient fort, je ne pouvais par contre m'enthousiasmer pour
certaines œuvres de l'École de Beuron datant de la fin des
années 1880. Contrairement aux premières peintures de

Beuron, je ne trouvais plus d'analogie entre ces œuvres et celles de l'art moderne.

Il semblait qu'avec le temps le « diviser et mesurer » avait été un peu oublié, tandis que le style des romantiques Cornélius et Kaulbach, les maîtres des Pères Bénédictins, avait pris le dessus. Or c'était la seule chose qui ne me plaisait pas à Beuron. En dehors de cela, mon âme d'artiste y trouvait tout ce qu'elle pouvait désirer.

XIV

Le jour de la Sainte Gertrude, le 17 novembre, je quittai Beuron pour retourner dans ma patrie. Je voulais être
à la maison le 20 novembre, jour de l'anniversaire de mon
père. Je me souviens d'avoir vu pendant le voyage, à la
Marienkirche de Stuttgart, le chemin de croix de Beuron,
sans avoir pu admirer ces peintures. A Cologne, les gamins
me coururent après en criant: « un étranger, un étranger! »
Je ne pus m'empêcher de rire de leur hardiesse craintive.
En traversant la Hollande, les nombreuses petites églises
catholiques des villages, la plupart nouvellement cons-
truites, semblaient m'accueillir avec joie. Je sentais toute
la solennité du moment. Pour la première fois j'allais
revoir ma patrie en tant que chrétien croyant, que catholique. Je pensais aux miens avec plus de tendresse encore
qu'auparavant. Je ne les avais pas vus depuis si longtemps,
depuis plus de vingt mois, et, en Italie, j'avais appris à
aimer.

C'est dans un wagon de seconde classe complètement bondé que je fis le trajet d'Amsterdam à Haarlem,
où mon père avait transféré sa résidence. Jusqu'ici j'avais

presque toujours été seul. Bon gré mal gré, il me fallut
entendre le bavardage banal et familier de quelques bons
Hollandais. Cette conversation, bruyante et vulgaire, me
parut d'une platitude effroyable. Je souffris véritablement pendant cette demi-heure. Le train enfin s'arrêta.
J'étais à Haarlem. « Adieu, Messieurs, *tot genœgen*, très
agréable; » cria l'un des voyageurs bavards qui descendit
en même temps que moi. « Oui, oui, très agréable, » mur-
murai-je, « que vos becs se gèlent la prochaine fois. »

Une fois sur le perron, je regardai si quelqu'un était
venu à ma rencontre. J'aperçus ma sœur et une amie.
« Bonjour Jean, tu vas bien ? Tu as tout-à-fait l'air
d'un étranger... Notre frère Édouard a été bien gravement malade, il a failli mourir ...une appendicite... mais
il est hors de danger maintenant. » — Puis les jeunes filles
se mirent à raconter toutes sortes de choses indifférentes.
Ayant la tête pleine de jupons et de chapeaux, elles ne
soupçonnèrent pas à quel point pour moi le moment était
solennel : rentrer à la maison paternelle, après cette trans-
formation complète qui s'était faite en moi...

La nouvelle demeure de mon père était non loin de la
gare. Nous arrivâmes bientôt à la maison. Toute joyeuse,
ma mère vint à moi et m'embrassa. Papa n'est pas là
pour le moment, me dit-elle. Il avait promis d'aller au
club. Ma dépêche était arrivée trop tard pour qu'il pût
avertir ses amis. Mais il rentrera tôt. J'entrai dans la salle.
Ce fut aussitôt une impression d'intimité. Bien que ce fût
une autre pièce, tout y était comme autrefois à Amsterdam : le tapis, les longs rideaux aux fenêtres, les tableaux
aux murs. Mais pourtant je me trouvais dans une atmosphère qui m'était devenue étrangère, celle de la vieille

bourgeoisie aisée de la Hollande. Je ne partageais plus sa manière de comprendre la vie, ses goûts et ses coutumes. Ma mère s'occupa tout de suite de mon bien-être corporel. «Bina va bientôt apporter le dîner, » disait-elle. Cela m'exaspérait. Ne s'était-il donc rien passé pendant ces vingt mois? Ma sœur et son amie, toutes les deux belles et bien portantes, me regardèrent avec leurs yeux de moutons innocents. Quoique je n'eusse pas soufflé mot, elles ne remarquèrent toujours pas mon émotion. Je me sentis effroyablement seul dans la maison paternelle où rien n'était changé. Puis c'était comme si les murs me chuchotaient tout ce qu'on avait dit de moi dans cette pièce. Ah ! mon Dieu, rien que des soupçons ridicules, rien que des choses inexactes ! Je me sentis pris d'une grande tristesse et cherchai du secours. Ma mère était là. Je la pris dans mes bras et éclatai en sanglots. «Mère, mère, » je ne pus dire davantage. Les deux jeunes filles quittèrent la salle. Ma mère elle aussi se mit à pleurer en disant: «Calme-toi, cher petit, calme toi. » Je pleurai pendant un instant. Puis Bina, la servante, arriva, portant le dîner. Ma mère s'assit derrière le service à thé. La bouilloire chantait à côté d'elle. Le chat *Kater Franz* était sur le sofa, on l'entendait ronronner... Frère Edouard avait été bien malade, il ne pouvait toujours rien prendre de solide, me racontait ma mère. Elle n'avait plus eu du tout le temps de lire ces derniers mois, elle n'avait fait que feuilleter le journal des Goncourt. Pluton, le chien, s'était fait écraser par le train il y a quelques semaines ; au fond, c'était un bonheur, car la pauvre bête était presque complètement aveugle.

Vers dix heures, mon père arriva. Dès que je l'entendis

à la porte, j'allai à sa rencontre. Il m'accueillit avec bonté.
Ce soir-là, on ne dit pas un mot de religion.

Quand je pense aux deux mois que je passai dans ma
famille l'année qui suivit mon baptême, je ne peux m'empêcher de songer à ces pauvres *Babous*, ces fillettes
malaises, que les Hollandais qui vivent à Java ramènent
parfois chez eux pour quelque temps. Silencieuses,
prévenantes, patientes et aimables, elles ont malgré tout
quelque chose de ridicule. Leur allure est trop solennelle
dans leurs *Sarongs* étroits et bigarrés et leur tunique aux
couleurs vives. Elles ont beau demander ou raconter gentiment quelque chose dans leur mauvais hollandais, on
ne peut s'empêcher de sourire.

Bien qu'étant dans ma patrie, je me sentais aussi étranger qu'une *Babou*. Dans ce perpétuel brouillard, je fus pris
d'une immense nostalgie du soleil d'Italie. Je remarquai
fort bien que les autres me trouvaient ridicule. En vérité
j'ai bien des fois dû être irritant. C'est ce qui arrive souvent aux nouvaux convertis et aux amoureux. Ils sont
gauches, exagérés, puérils. Ils sont comme l'homme de
l'Evangile qui vend tout ce qu'il possède pour acheter un
champ où il sait qu'un gros trésor se trouve enfoui; mais
ils n'ont pas découvert encore tout le trésor. Tout ce qu'ils
ont acquis auparavant, même le bien, ils n'en font aucun
cas et le rejettent, sans posséder encore complètement ce
qui est nouveau et meilleur. Ils sont à la fois plus pauvres
et plus riches qu'avant. Mais leur pauvreté se montre, alors
que leur richesse reste inaperçue. C'est le côté tragique des
conversions.

Je prêchais à mes amis peintres l'évangile de la *mesure*
du Père Desiderius. Je fis peu de peinture. Je n'avais
d'ailleurs pas d'atelier ni même une chambre à moi pour
pouvoir travailler. Par contre, j'accomplissais strictement
mes devoirs religieux. Je tiens à noter un trait de bonté
de ma mère. Elle venait souvent me réveiller pour que je
ne sois pas en retard à la Messe. Elle me disait aussi souvent d'entretenir des relations avec Beuron et le père
Desiderius, car cela pourrait me servir. Ma mère ne pensait qu'au bonheur de ses enfants. L'idée que, me voyant
partir pour le couvent, son bonheur à elle en pourrait
souffrir, ne lui venait même pas. Son amour l'éclairait et
la rendait prophète. Je passai l'Avent dans une stricte
abstinence sans boire d'alcool et sans fumer. Quant au
théâtre ou autres choses semblables, je n'y allais plus. Je
me souviens d'avoir éprouvé d'amers remords après m'être
laissé entraîner un jour par un ami d'enfance dans un restaurant très cher.

Une fois, il y eut une explication avec mon père à
propos de religion. Plus tard il en éprouva des regrets.
Selon lui, vouloir convaincre un nouveau converti de son
erreur revenait à s'efforcer de blanchir un nègre. D'après
ce que m'a raconté ma sœur, mon père redoutait beaucoup
mon retour au sein de la famille. « Que de soucis inutiles
on s'est fait et que ne nous a-t-il pas fallu entendre pendant ces six derniers mois et, en fin de compte, tu es bien
plus gentil qu'auparavant », ajouta-t-elle.

Il va de soi que je passai quelques jours auprès de mon
frère jumeau à Zaandam, notre ville natale. Ma belle-sœur,
toute fière, me présenta son premier enfant. Malgré ma

ressemblance avec mon frère, il se mit à crier lorsque je voulus le prendre dans mes bras.

Les affaires de mon père, avec l'aide de mon frère, étaient en pleine prospérité. Je ne restai pas longtemps en Hollande. Non : tout désillusionné, mon sens pratique s'aperçut que je n'avais rien à y gagner. — Ballin me pressait de venir à Copenhague.

Le 2 février 1894, je pris congé des miens et, par Hambourg et Kiel, me rendis à Copenhague où j'arrivai dans la matinée du lendemain.

XV

COPENHAGUE

Comme nous fûmes heureux de nous revoir, Ballin et moi ! Il me conduisit aussitôt à sa mère qui me reçût de la manière la plus cordiale. Durant les trois mois que je passai dans cette demeure hospitalière, elle m'est apparue comme le type de la Juive à l'âme croyante et haute. Très intelligente, sérieuse et gaie tout ensemble, elle était de plus une femme courageuse. Pendant dix-huit ans elle dût garder le lit, mais elle parvint à vaincre moralement et physiquement son mal. A déjeuner, je fis la connaissance du père de Ballin, un brave homme un peu irritable. Les deux époux s'adoraient. Mogens était leur unique enfant.

Dès le début de mon séjour, il fut question d'une *exposition Jan Verkade*. J'avais apporté un certain nombre de petits tableaux et tous mes dessins. Je trouvais dans Ballin l'homme qu'il fallait pour mener à bien une telle entreprise. C'était un ami qui savait vraiment vous aider et qui d'ailleurs avait presque toujours de la chance quand il entreprenait quelque chose pour les autres. On choisit ce que l'on voulait exposer: environ quarante dessins, pour la plupart des études de têtes faites en Bretagne et vingt-cinq petits tableaux : portraits, paysages, natures mortes. Pour les dessins, je fis couper des verres et les encadrai moi-même d'une étroite bande de papier foncé. Je fis faire des cadres pour les peintures. Ballin trouva le local nécessaire dans la *Bredgade*. Le propriétaire nous offrait gratuitement la salle mais se réservait le droit des entrées. Il se chargeait même du catalogue ; j'en dessinai le titre. Puis, je peignis une affiche représentant une Bretonne assise, et portant en grandes lettres *Exposition Jan Verkade*. On accrocha les tableaux. Ils faisaient bon effet, mais les murs étaient un peu vides. Ballin trouva le remède. Dans la maison même où devait avoir lieu l'exposition, se trouvait un magasin de broderies islandaises. Mon ami pensa qu'elles pourraient servir d'ornement. Tout d'abord la marchande ne voulut pas les donner. Mais lorsqu'elle eut vu le « célèbre peintre hollandais Jan Verkade », dont Ballin lui avait parlé, avec tant d'enthousiasme, elle consentit tout de même. Je ressemblais, paraît-il, à feu son mari... Un neveu de mon ami qui était pépiniériste, nous prêta quelques arbustes et des fleurs. On les disposa dans la salle d'exposition qui était vraiment *ravissante*.

En composant le catalogue, Mogens me dit : « Jan, si tu veux vendre quelque chose, il ne faut pas faire de trop gros prix. » Je le laissai faire. Ballin marqua alors le prix de chaque tableau qui variait de dix à cinquante couronnes pour les dessins, de cinquante à deux cents couronnes pour les tableaux. La veille du vernissage, nous envoyâmes environ cent-cinquante catalogues et invitations à des amateurs connus et à des parents de mon ami.

Tout heureux, nous nous rendîmes, l'après-midi suivant
vers une heure et demie, à la *Bredgade.* Le temps, malheureusement, était à la pluie. « Il n'y aura sans doute personne, » dit Ballin, « il est encore trop tôt. Il faut aussi
que les journaux en parlent ». Mais il se trompait. A
notre grand étonnement, il y avait déjà beaucoup de
monde malgré ce mauvais temps. On se pressait vraiment
dans cette petite salle. Nous entrâmes. Un murmure cou-
rut dans la foule... « Le voilà...Verkade ». Tous les regards
furent braqués sur nous. Je me tins bien, saluai quelques
amis, parlai français, allemand, anglais et italien tout à
la fois. Cela faisait visiblement impression. Une étudiante
demanda à Ballin : « Qu'est-ce que M. Verkade parle le
moins bien ? » — « Anglais », répondit-il. « Bien, dit la
jeune fille, alors je parlerai anglais avec lui. »

Le jour du vernissage fut aussi un succès au point de
vue financier. La mine grave, des messieurs se dirigèrent
vers le bureau et bientôt après le gardien apparut portant la petite étiquette bienvenue « *vendu* » qu'il fixa à quelques dessins. A trois heures, neuf dessins et un tableau
étaient vendus. La nuit vint ; les visiteurs se retirèrent.
Ballin invita quelques amis et amies à fêter ce succès.
Au nombre de dix environ, nous nous rendîmes tout
d'abord dans un grand magasin où j'achetai un chapeau,
puis à la pâtisserie. Il va sans dire que c'était moi qui
régalais.

L'exposition continua à avoir du succès. Plusieurs dessins encore, et le tableau le plus cher, trouvèrent amateur
et presque tous les grands journaux consacrèrent de longs
articles au peintre hollandais Jan Verkade. J'étais venu
au bon moment à Copenhague. Même au Danemark, le

symbolisme, le synthétisme et le traditionalisme dont nous étions les ardents apôtres avaient trouvé droit de cité, et nos modestes débuts avaient alors tout l'attrait de la nouveauté. Aujourd'hui ils resteraient presque inaperçus. Dans le domaine religieux aussi nous cherchions à répandre nos nouvelles idées. Ce qui donnait du poids à nos paroles, c'était l'aveu ouvert de notre foi. Le fait que, dans ce Copenhague tout dominé par les courants réalistes et naturalistes, deux jeunes gens absolument modernes se déclaraient résolument en faveur de la tradition et de l'objectivité en religion et en art, fit sensation, surtout parmi les artistes. Cela eut même une influence décisive sur l'écrivain Johannes Jœrgensen considéré généralement comme le plus éminent des poètes modernes. Un soir qu'il pleuvait nous le rencontrâmes sur un pont. Ballin me présenta. Son extérieur n'avait rien d'un poète. Il avait l'air tourmenté et chagrin. Après cette première rencontre, nous nous vîmes fréquemment et ne tardâmes pas à nous lier d'amitié. Il me demanda des illustrations pour sa revue *Taarnet*. Rien ne pouvait m'être plus agréable. Dans le numéro de février, il y eut des dessins de moi. Ainsi mon nom devint de plus en plus connu à Copenhague.

Souvent l'artiste, par manque de succès, se décourage et perd confiance en lui-même, alors que l'approbation des autres serait un aiguillon qui le stimulerait à faire de son mieux. Pour d'autres, au contraire, le succès est une entrave parce que, entre autres choses, il fait perdre le calme et le recueillement nécessaires à l'artiste. Ce fut mon cas. En arrivant à Copenhague,

j'avais dit à Ballin : « Mogens, ce sera bientôt le carême ;
nous voulons le passer dignement » —. Mon ami avait
fait une réponse évasive. Il prévoyait sans doute que ce
projet ne pourrait se réaliser. La bonne volonté ne manquait pas, mais les circonstances étaient plus fortes que
nous. Presque chaque jour apportait de nouvelles distractions, de nouveaux *plaisirs*. Grâce à mon exposition,
j'avais fait la connaissance de toute une série de gens
aimables et pleins de talent. Je passai des heures inou-
bliables avec certains d'entre eux. Avant ma conversion,
rien ne m'aurait plu davantage. Mais dans cette période
de mon évolution religieuse, ce contact fréquent avec le
monde m'éloignait de Dieu, ce qui parfois m'affligeait
beaucoup. Au point de vue religieux, j'étais comme une
jeune plante, ou plutôt un arbrisseau, qui venait à peine
d'être transplanté dans un autre terrain. Je n'avais pas
encore de profondes racines et j'avais besoin d'être
copieusement arrosé. Mais les distractions amenaient une
grosse sécheresse. Je ne craignais pas trop, il est vrai,
pour ma vie spirituelle, car ma foi était profonde et
solide, mais je craignais de ne porter que peu de fruits ou
même pas du tout. Souvent je me faisais l'effet d'un
traître. Un jour surtout ce sentiment m'accabla. La veille,
Ballin et moi avions passé la soirée avec des amis. Presque
tous les invités étaient des artistes. Que l'on se représente
un repas des gardes civiques de Frans Hals et on aura
une idée de ce que fut cette soirée. Vers minuit ces
Danois raffinés s'étaient transformés en des pirates nor-
diques qui, bras dessus, bras dessous, les têtes en feu,
hurlaient de vieilles chansons. Nous rentrâmes à deux
heures du matin. Je m'assis sur le bord de mon lit. Bal-

lin s'assit à côté de moi. — « Mon Dieu, quelle bêtise
énorme, dit mon ami. — Quelle bêtise, répondis-je.
— Je suis éreinté, dit Ballin. — Et moi, je ne puis
me tenir sur mes jambes, tant je suis fatigué... Quelle
journée ! Le matin à la Messe et la nuit, rentrés à deux
heures du matin ! Et dire qu'il faut faire encore sa prière
du soir... Quel contraste ! Demain de nouveau on ne
pourra rien faire, et ainsi nous arrivons à Pâques..., vite
soufflons la lampe, afin de nous cacher dans les ténèbres.
— Sapristi, il ne faut pas exagérer, nous ne sommes pas
encore tombés aussi bas que dans *L'Examen de Minuit*
de Baudelaire. Une chose cependant peut s'appliquer à
nous : nous avons bu sans soif et mangé sans faim, c'est
dégoûtant, dégoûtant ! » Nous approuvâmes tous les deux
de la tête. Mon ami se leva alors lentement et dit en bâil-
lant : « Nom d'un chien, que je suis fatigué. Bonne nuit
Jean, à demain ».

Une fois seul, je me jetai à genoux et cherchai à renouer
le fil qui mène au ciel, mais le lendemain j'étais toujours aussi mécontent de moi. L'après-midi, j'entrai à
l'église où je restai longtemps. J'étais tout seul avec le
Saint-Sacrement. Je cherchai à me rapprocher de nouveau
du Beau absolu, du Bien Suprême et de retrouver ainsi
la paix perdue. Ce ne fut pas en vain. La paix du Seigneur descendit sur moi comme une rosée, et une fois
en moi, s'épanouit doucement. J'étais de nouveau *libre*.
Le cœur plein de reconnaissance, j'éprouvai le besoin de
m'abandonner complètement à Dieu, de lui offrir ma
liberté, pour *rester libre*. Je le priai instamment de m'indiquer le lieu où il voulait que je le servisse. Puis je me
rendis aussitôt auprès du Père Jésuite Esser et me con-

fessai. C'est ainsi que durant mon séjour à Copenhague mûrit lentement ma résolution d'entrer au couvent : l'éventualité que j'envisageais depuis longtemps devint peu à peu un besoin de l'âme. J'en restai provisoirement à mon projet de retourner d'abord à Beuron puis de partir pour l'Italie. Dieu me désignerait bien le lieu où il voudrait m'avoir.

Si le sentiment de ma faiblesse et de mon inconstance me causait parfois de graves soucis, je n'étais pas pour cela un homme malheureux. Au contraire. Nous étions, Ballin et moi, la bonne humeur en personne, et c'est là justement ce qui fit tant d'impression sur Johannes Jœrgensen. Car il n'était pas heureux et aspirait au bonheur. Mais il était arrivé à la conviction que la vérité ne peut jamais rendre malheureux, tandis que la tristesse et le mécontentement sont le critérium manifeste d'une erreur de l'intelligence. Il y avait donc lieu de se demander si Ballin et Verkade, parce qu'ils étaient heureux, ne possédaient pas la vérité. Le Dimanche des Rameaux, nous allâmes le voir. Je lui portai un rameau béni et lui dis en souriant : « Prenez-le, il vous portera bonheur. » Je n'attachais en réalité pas grande importance à ces mots. Mais plus tard Jœrgensen m'a raconté quelle profonde impression ils lui avaient faite alors. C'est que, justement, il cherchait le bonheur.

Le 25 mars, Ballin et moi nous célébrâmes nos deuxièmes Pâques comme catholiques. Pendant la semaine sainte nous avions vécu très retirés et pris part avec amour aux cérémonies des derniers jours. Nous ressentions comme un bonheur tout particulier de pouvoir

assister aux offices avec la petite communauté catholique
de Copenhague, dans la jolie église de Saint-Ansgar. Un
sentiment de fraternité, de solidarité, régnait dans l'église.
Après la messe de la Résurrection, le jour de Pâques,
nous nous réfugiâmes dans les belles forêts des environs
de la ville. Quelques buissons étalaient déjà leur tendre
feuillage et les hêtres brandissaient leurs bourgeons vio-
lacés dans l'atmosphère grise et froide. Nous parlâmes de
l'Italie, de saint Francois d'Assise, de ses fils à Fiesole, du
père Giovacchino et du père Placido. Nous nous rappelâmes Sienne avec saint Bernardin et sainte Catherine,
et cherchâmes ainsi à nous réchauffer un peu, car dans ce
nord si honnête, mais si froid, l'atmosphère catholique des
pays du midi nous manquait beaucoup. Et dire qu'ici
aussi, il y avait eu autrefois des abbayes, des chapelles et
des croix le long des routes. La Réforme avait balayé tout
cela, mais si discrètement que le peuple ne s'était pas
aperçu comment petit à petit l'ancienne foi avait été rem-
placée par le luthérianisme.

« Comme ce doit être joli aujourd'hui à Beuron, dis-je,
Mogens, il faut que tu y ailles aussi. Si tu retournes
cette année en Italie, il faudra absolument t'arrêter à
Beuron ; peut-être y serai-je encore, nous continuerons le
voyage ensemble. — J'aimerais que Jœrgensen fût des
nôtres, dit mon ami. Il semble être arrivé à un point mort
et a besoin d'être stimulé. Peut-être pourrai-je lui prêter
l'argent nécessaire au voyage. J'ai déjà songé à organiser
pour lui une tombola de tableaux. Tu donneras certainement quelques études. » — Ainsi, en ce jour de Pâques,
un plan fut esquissé qui devait en grande partie se réaliser,
comme on a pu le lire dans les livres de Jœrgensen.

Je restai encore presque tout le mois d'avril chez Ballin. Pendant ce temps, je fis entre autres choses une grande fresque dans le cabinet de travail de mon ami Mogens Francesco [1].

Longtemps j'hésitai pour savoir si je passerais par la Hollande ou par Berlin pour me rendre à Beuron et en Italie. Je finis par me décider pour Berlin que je ne connaissais pas encore.

Un jeudi matin, le 26 avril 1894, je quittai Copenhague vers neuf heures et demie. Je traversai d'abord en chemin de fer l'île de Falster, puis un vapeur me conduisit à Warnemünde, pittoresque petite ville de la Baltique. Je repris le train et partis pour Berlin par Rostock et Neu-Strelitz. La traversée du Mecklembourg me plut infiniment. Le temps était splendide et le ciel mouvant. Les arbres commençaient à verdir et à fleurir, vision de vert clair et de rose, de blanc et de bleu. Parfois on voyait des conscrits bien astiqués faire l'exercice avec passion. Ils faisaient bien dans ce jeune paysage aux nuages rapides. Ce fut un tout autre spectacle à Berlin où j'arrivai le soir

1. Nommant ici pour la dernière fois mon ami, je tiens à lui consacrer encore quelques lignes, car, à notre grand regret, la mort l'a enlevé prématurément. En 1891, il fit avec Jöergensen un séjour à Assise. L'automne de la même année, il tomba gravement malade, semblа perdu, mais guérit comme par miracle. Le 26 Janvier 1893, il épousa une Danoise d'origine française, Marguerite d'Auchamp. A la même époque il fondait un atelier de bronzes d'art, d'où sortirent de fort belles choses. Sa femme lui donna cinq enfants. Elle mourut à 34 ans le 8 août 1907. Ballin ne se remit jamais complètement de cette grande douleur. Il quitta ses affaires et se consacra uniquement à l'éducation de ses enfants et aux intérêts de l'Eglise catholique au Danemark. Peu avant Noël, il tomba malade, et mourut le 27 Janvier 1914 à 42 ans. Sa mort a été très-édifiante. Son fils aîné que Ballin, en souvenir de son ami, a appelé Jan, fait à présent ses études théologiques ; un autre se fera bénédictin.

vers dix heures. J'y retrouvai la vie de la grande ville qui,
à Copenhague déjà, ne m'inspirait que du dégoût.

Je n'entrai pas dans la capitale la joie dans le cœur,
comme autrefois à Paris, mais à contre cœur et avec
répulsion. Je regardais tout avec parti-pris. Rien d'étonnant à ce que je n'aie rien compris à Berlin. On a dit fort
justement de la capitale de la Prusse que l'âme de cet
énorme Berlin ne se révèle pas au regard superficiel. Pour
comprendre Berlin, il faut connaître en particulier des
hommes éminents, des rouages différents de cette formidable usine de travail et de volonté. Il m'eût été facile par
l'intermédiaire du peintre Leistikow, dont j'avais fait la
connaissance à Copenhague, d'entrer en relation avec des
milieux divers. Mais je ne le voulus pas ; j'étais trop heureux d'être enfin seul. De plus, j'étais resté si sensible,
après que Dieu se fut emparé violemment de mon âme,
que certaines impressions me bouleversaient.

Je me rappelle encore combien je fus dégoûté de voir
dans un restaurant bourgeois des femmes s'attabler devant
des chopes géantes de bière blonde ; d'entendre dans un
magasin d'instruments de musique un pianola débiter
tout seul des œuvres de maîtres ; d'être témoin de scènes
de ménage qui se déroulaient dans la rue. Par contre les
musées étaient magnifiques, de même que le *Tiergarten*,
mais nulle part on ne trouvait une *Notre-Dame* ou une
vieille petite chapelle où pouvoir prier, rêver, et se reposer un peu. Du moins, je n'en trouvais pas. Je ne pus supporter Berlin un jour de plus, et vingt-quatre heures
après mon arrivée, je pris le train de nuit pour Munich
où j'arrivai le matin du 28 à onze heures, par une grosse
averse de printemps. J'étais content, les merles sifflaient

de joie. Mais une Française qui, devant les splendides fragments du temple d'Egine demandait où étaient les belles
choses qu'il y avait à voir à Munich, se lamentait en
disant : « Ce que j'en ai pour mes coups de parapluie ! » [1].

A Munich, la vie me parut plus intime, et l'atmosphère
intellectuelle plus chaude qu'à Berlin. Je pouvais rester
assis dans le dôme à regarder la belle et vieille décoration de l'église. Dans les brasseries les serveuses étaient
aux petits soins pour leurs clients, et à l'auberge *Zum
schönen Rosengarten* je trouvai une bonne chambre avec le
petit déjeuner pour 1 fr. 80 par jour. Ah le bon vieux
temps ! J'y restai deux jours de plus que dans la capitale
de la Prusse. C'était la dernière fois que je devais me promener en homme libre et maître de lui-même dans une
grande ville. Ce qui me fit du bien, enfin, ce fut la solitude. Je me ressaisis complètement, ce qui me fit plaisir. Voulant communier le dimanche, j'allai le samedi
soir à la cathédrale pour me confesser. M'étant préparé,
je vis un prêtre grand et très gros se glisser dans son con-
fessional. Ma nature se révoltait. « Je n'irai pas à confesse
chez celui-là, » me dis-je. Mais aussitôt une voix intérieure me répondit : « C'est chez celui-là que tu dois
aller ; dans le prêtre, ce n'est pas l'homme que tu dois
voir, et tu as là l'occasion d'éprouver ta foi. » Je suivis
cette voix. Ce fut pour moi un bonheur, car jamais encore
je n'avais rencontré chez un prêtre inconnu autant de com-
préhension et de bonté que chez ce confesseur.

Après avoir visité une fois encore le lundi la *Glypto-
thèque* et avoir contemplé longuement les fragments

---

1. En français dans le texte.

d'Egine et la statue inoubliable de l'Apollon à la Harpe,
je partis vers une heure de l'après-midi par Augsbourg,
Ulm et Sigmaringen, pour Beuron. A partir d'Ulm, le
train devint une vraie patache. Il s'arrêtait à tous les petits
villages du Wurtemberg. Mais je ne m'ennuyais pas.
Des paysages toujours nouveaux s'offraient à mes regards
et mon cœur débordait à l'idée de la belle vie monacale de
Beuron que bientôt je devais partager.

XVI

BEURON, LA NOUVELLE PATRIE

Le train avait à peine dépassé le pittoresque château de
Hohenzollern, à Sigmaringen, qu'il s'arrêta de nouveau.
Un père bénédictin monta et s'installa dans mon compartiment. Je le connaissais : c'était le Père Ambrosius,
chantre et bibliothécaire du couvent de Beuron. J'allai à
lui et voulus lui baiser la main, mais, comme je la portais à mes lèvres, ses phalanges heurtèrent involontairement mes dents au point de les faire saigner. « Ces Messieurs pourraient être un peu plus aimables, pensai-je,
car enfin ce n'est que le prêtre que l'on vénère en eux. »

Le train longeait constamment le Danube. Parfois, cependant, il abrégeait sa route en traversant bruyamment
un tunnel. La vallée se resserrait de plus en plus ; les
montagnes couvertes de hêtres et de sapins, avec leurs
rochers calcaires si fantastiques, semblaient toujours
plus hautes et le paysage devenait de plus en plus romantique. La végétation me semblait très en retard. Dans
l'extrême nord, dans l'île de Secland, les hêtres étaient
depuis déjà longtemps en bourgeons, tandis qu'ici quelques buissons commençaient seulement à verdir.

Le père ne semblait penser qu'au mois de Marie qui devait commencer le soir même. Il arriverait juste à temps, disait-il, pour chanter un cantique à la Sainte-Vierge. Au couvent, le Père Ambrosius me remit au frère portier et se hâta de nous quitter. Bientôt après apparut le Père Hôtelier qui m'accueillit cordialement et me logea de nouveau provisoirement dans la cellule des hôtes, Saint Fridolin.

Le lendemain, j'allai dire bonjour au Père Desiderius et aux autres Pères que je connaissais. Le vénérable Père prieur (Mgr l'Abbé était toujours absent) m'autorisa à faire un long séjour, et bientôt je m'installai dans une petite cellule au-dessus du réfectoire, où je me mis immédiatement à travailler au carton d'une Sainte Vierge à l'Enfant que je voulais peindre à la fresque dans le corridor où j'habitais.

Un grand couvent de Bénédictins est un petit monde en soi. Un monde dans lequel ne se trouvent que des hommes, mais où la sollicitude féminine ne manque pas, car bien des femmes lui consacrent leur travail. Un monde où différents talents sont appelés à s'entr'aider et à se supporter réciproquement, afin d'être préservés de toute exclusivité, et d'arriver par là à un harmonieux développement. Un monde où ceux qui ont pris l'engagement de chanter les louanges de Dieu sont considérés comme des élus. Un monde où servir, à l'imitation du Christ, est regardé comme un honneur et comme le chemin le plus sûr pour parvenir à la liberté de l'esprit. Un monde enfin avec ses lois propres, qui procurent à ceux qui les observent fidèlement la paix et la miséricorde divine. Un monde qui peut devenir une source de

vie pour tous ceux qui s'approchent de lui, source de
consolation pour les affligés, d'encouragement pour les
désespérés ; de réconfort pour ceux dont l'âme est desséchée, enfin une source de richesse pour tous ceux qui
marchent dans la voie spirituelle. Mais un monde aussi
où « votre adversaire le diable, comme un lion rugisssant
rôde autour de vous, cherchant qui dévorer » [Pierre 5-8],
et qui, à cause de cela, a déjà été le lieu de grands scandales et de grandes tristesses. Comme le dit le vieux dicton : « *Corruptio optimi pessima.* »

C'était une vie toute différente de celle de Fiesole que
j'avais devant moi à Beuron lorsque je regardais par la
fenêtre de ma cellule. Tandis qu'à Fiesole ma fenêtre
donnait sur le petit potager et le bois de cyprès, mon
regard rencontrait ici l'ancienne métairie du couvent
transformée aujourd'hui en un jardin pour les hôtes
étrangers.

Matin et soir, les *bonnes bêtes* si bien soignées quittaient
l'étable pour aller boire à la fontaine. Les bœufs et les
vaches marchaient d'un pas lent tandis que les veaux
gambadaient. Chevaux et bœufs étaient attelés et dételés par les frères. L'économe du couvent, le frère
Marian, à la barbe rousse, allait et venait fort affairé, donnant des ordres impératifs et brefs. Je ne pouvais m'empêcher de rire quand je le voyais, car on m'avait dit à
ma première visite à quel point il méprisait les peintres
qui ne sont bons à rien, même pas à transporter un
chariot de fumier. Le vigoureux frère oubliait dans son
zèle que la présomption peut aussi se mêler à de pareilles
occupations. En outre je pouvais observer le Frère Ernest,

petit, mais robuste, dont la forge était à gauche, dans un coin de la cour. Tous les paysans des environs lui amenaient leurs chevaux car il était passé maître dans l'art de forger, et de ferrer les bêtes. Il faut bien avouer que ce martellement constant était un peu gênant, mais c'était un bruit champêtre qui parlait d'énergie et de labeur.

Plusieurs fois par jour, le frère tailleur traversait la cour pour aller faire chauffer son fer à la cuisine, et à n'importe quelle heure, surtout vers le soir, on voyait les moines qui, tout en disant silencieusement leur chapelet, allaient chercher à la fontaine l'eau nécessaire à leurs besoins.

Combien je me sentais de nouveau heureux dans le couvent ! Le matin, à quatre heures, on sonnait le réveil ; puis le réveilleur passait de cellule en cellule et prononçait ces paroles : « Benedicamus Domino. » Il ne s'arrêtait pas à la mienne ; une liberté presque entière m'était laissée pour me lever. Cinq minutes après on entendait tinter une cloche de l'église bientôt suivie d'une grosse sonnerie ; puis tout retombait dans le plus profond silence. Dans l'église on chantait les matines. D'habitude je prolongeais mon sommeil et quelquefois même je ne me réveillais pas. Cependant je me levais presque toujours entre cinq heures et cinq heures et demie. J'assistais alors à une messe basse, et ensuite, si le temps le permettait, j'allais me recueillir un moment dans le jardin. A cette heure matinale, le soleil était encore caché derrière les hauts rochers : des nuages blancs étaient suspendus au-dessus du Danube, parfois des corbeaux s'y engouffraient pour réapparaître peu après. Les arbres, fiers de leurs forces juvéniles, redressaient les branches pleines de sève et chargées de gros bourgeons. Dans l'herbe scintillait la rosée, ornant le moindre petit brin d'une pierre étincelante. Un murmure rustique interrompait le silence du matin ; on entendait le doux gazouillis des pinsons et des mésanges, la note grave du merle, et l'écho répétait le chant du coucou dans la forêt ; la joie était partout. La nature ressemblait à un enfant qui vient de s'éveiller et qui, bien reposé et heureux de vivre, pousse des cris de joie. Et tel qu'un enfant rejetant autour de lui ses couvertures et agitant bras et jambes, fait des efforts pour se dresser, ainsi partout les bourgeons faisaient éclater leurs enveloppes et s'épanouissaient. Ma méditation était aussi une éclosion, un développement de mon être intérieur sous la lumière rayonnante de la grâce. Car, de même que le jardin du couvent devenait de jour en jour plus fertile et laissait prévoir une belle récolte, ainsi je pressentais en moi, au milieu de cette riche floraison, l'éclosion d'un nouveau printemps.

Maintenant que je vivais au milieu de la famille monacale, je fus frappé de la grande dévotion de ses membres. Non seulement la prière et le travail alternaient régulièrement, mais, même en travaillant, le moines ne s'arrêtaient pas de prier, du moins lorsque le genre du travail le permettait. Que de fois dans la journée j'entendais les frères cuisiniers réciter des prières, et quelle ardeur au travail, non seulement chez les frères convers, mais aussi chez les pères ! Les moines semblaient ne pas perdre une minute. Quand on les rencontrait dans les couloirs, ils passaient toujours vite devant vous en rejetant leur capu-

chon et en s'inclinant. Si un moine allait un instant res-
pirer dans le jardin, on le voyait le chapelet ou un livre
à la main. Cela me semblait même exagéré. J'eusse préféré voir les moines s'occuper davantage des fleurs, des
oiseaux ou des nuages. « Voilà qui est bien allemand, de
chercher son salut dans les livres. Regarde-moi ce type
à lunettes ; ne voit-il donc pas clair qu'il reste toujours le
nez dans son livre ? » me disais-je involontairement. Mais
bien vite, je refoulais des pensées aussi irrespectueuses.

Bien que la communauté comptât alors déjà cent cinquante membres, il régnait parfois dans le couvent un
silence de mort. Il est vrai que, dans les couloirs des
étages supérieurs, des tapis de fibre de coco assourdis-
saient les pas, et la règle du silence exerçait là aussi son
influence salutaire. Ce n'est que lorsqu'après l'Angelus
de midi les moines affluaient de toutes parts vers le réfectoire, que l'on se rendait compte à quel point ils étaient
nombreux. Après le repas pourtant, une petite récréation
permettait les conversations bruyantes et animées. Les
pères, les clercs et les novices formaient des groupes
séparés. Il n'y avait que rarement une récréation générale. Le maître des novices m'invitait souvent à me
joindre à son groupe. Il était né prince Radziwill et avait
été député au Reichstag. C'était un homme qui, ayant lu
et vu beaucoup, avait toujours quelque chose à raconter.
Comme les récréations étaient en commun et que le
maître des novices était toujours présent, on n'avait pas
l'occasion de connaître les novices en particulier, mais
j'aimais leur gaîté simple et enfantine. D'ailleurs, je ne
sentais pas à Beuron le besoin de fréquenter des gens en

particulier. Ce qui m'attirait surtout, c'était la vie bénédictine dans toute son extension, c'était l'état bénédictin, la famille bénédictine.

Lorsqu'on observe une fourmilière, on reste étonné devant le prodigieux travail de chaque fourmi en particulier; mais nous admirons surtout l'esprit de solidarité qui domine ces milliers d'insectes : notre admiration se porte vers la grande idée à laquelle chacun se soumet instinctivement. On se rend compte que là agit une volonté supérieure.

Ce sont ces mêmes sentiments que j'éprouvais pour Beuron. Ici ce n'était pas instinctivement, mais d'une volonté éclairée, qu'un groupe d'hommes forts dans la foi réalisait les desseins de Dieu ; et c'est là que son Esprit trouvait des instruments dociles. C'est pour cette raison qu'on voyait accourir tant de pèlerins les dimanches et les jours de fêtes. Ce n'était pas à cause du célèbre père X ou Z, mais ce qui les attirait, c'était le couvent même. Ils venaient parce que le couvent était pour eux une source de consolation et d'encouragement, source qui ne peut jaillir que de forces réunies. Ils venaient à Beuron comme à une oasis avec ses eaux vivifiantes, ses palmiers chargés de fruits ; comme à un foyer de joie spirituelle.

J'avais tout de suite compris aussi que ce serait une folie de vouloir entrer à Beuron pour devenir un savant éminent ou un grand artiste. Cela ne pouvait être la raison principale. Mais le fait que dès le début l'art avait été intimement mêlé au développement spirituel de Beuron, et qu'il semblait nécessaire à son développement organique, ne devait-il pas m'engager à me faire moine ici

plutôt qu'ailleurs ? A Beuron, le goût des pères était déjà
formé. Ma fresque, achevée au mois de mai, ne les étonna
nullement, bien qu'elle fît songer aux primitifs italiens.
Une série de projets du Père Desiderius qui n'avaient
jamais été exécutés, m'avaient révélé ces derniers temps
toute la portée de ses efforts. J'avais trouvé dans ses
esquisses des promesses qui n'avaient été réalisées qu'en
partie, des possibilités de beauté qui dépassaient de beaucoup la valeur artistique des derniers travaux de l'école.
N'était-ce pas un but très noble que de collaborer à la
réalisation de ces possibilités ? Pourquoi donc hésiter
encore ? Au fond de mon âme, n'étais-je pas déjà bénédictin ? J'aimais le calme et la gravité des moines et leur
habit sobre ; j'aimais la solennité de leurs cérémonies,
la prière rythmée au chœur et le beau chant grégorien.
J'aimais leurs façons naturelles et franches, la dignité
et la noblesse de leur commerce. J'aimais la discipline
de leur travail dans le silence et la prière. Il n'y avait
pas une seule coutume monacale que je n'appréciasse pas.
Je n'avais pas à redouter pour ma santé. La nourriture
était saine et abondante, et la règle ne disait-elle pas :
« Qu'il n'y ait pas acception de personnes, mais appréciation des infirmités ; que celui dont les besoins sont moin-
dres, remercie Dieu et ne se contriste pas ; que celui au
contraire, à qui plus est nécessaire, voie dans sa faiblesse de quoi s'humilier, et non dans la miséricorde de
quoi s'élever ; et ainsi tous les membres du monastère
seront en paix. » Pouvait-on exiger davantage ? Il est
vrai qu'il fallait faire des sacrifices : mais dans quel état
n'en fait-on pas ? Un bon moine les accepte tout simplement, et en fin de compte, me dis-je pour me consoler,

si parfois la discipline paraît rude dans l'Abbaye de Saint Martin, on peut trouver du soulagement et de la consolation en chantant des psaumes.

Ces réflexions mûrirent en moi la résolution d'entrer au couvent. La pensée d'être délivré de bien des soucis en me faisant moine, jeta, il faut l'avouer, un petit poids dans la balance. Mais ce fut autre chose qui hâta la détermination. Ce fut la lecture du récit de la fondation d'une mission en Afrique par les Bénédictins de Sainte Odile en Bavière, l'histoire d'un grand nombre de jeunes hommes et de jeunes femmes sacrifiant leur vie afin de vaincre les premières difficultés qui surgissent toujours au début de chaque fondation. Presque tous succombèrent en quelques mois, après s'être préparés durant des années. Leur œuvre était scellée par la mort et, pour plusieurs d'entre eux, par la mort du martyre. Ils disparurent dans les fondements de la mission, victimes de leur dévouement et de leur foi.

La lecture de cette histoire me laissa tout contrit. Qu'avais-je jamais fait pour l'amour de Dieu et le bien des autres ? On appelait au secours. Devais-je accourir ? J'allai aussitôt trouver le Père Ambrosius, mon confesseur. Lorsque je lui dis l'impression que venait de me faire cette lecture, il s'emporta. « Voilà, dit il, le moyen dont se sert le diable pour perdre les âmes inexpérimentées. Il leur montre un but au-dessus de leurs forces, afin qu'elles manquent leur but véritable ». Puis il me dit brièvement : « Je ne crois pas que pour vous le chemin du ciel passe par l'Afrique : cherchez à connaître la volonté de Dieu. » Puis il me congédia. J'étais comme un caniche importun auquel on avait donné un coup de pied. J'étais fort désillusionné, mais je me dis : « C'est bien, tu ne l'as pas volé. » Dans la partie inférieure de mon âme grondait le mécontentement, mais la partie supérieure vibrait de joie. J'allai dans le jardin qui s'épanouissait en toute sa splendeur. Les lilas en fleurs répandaient leur doux arôme. Quelques bergeronnettes sautillaient en hochant la queue sur les plates bandes que l'on venait d'arranger. Des hirondelles passaient devant de petits nuages éclairés par le soleil. Une volée de corbeaux ambitieux se disputaient une petite place tout en haut sur la croix du clocher. D'autres, plus modestes, s'alignaient sur la crête du toit de l'église. Comme à un signal, à diverses reprises, tous s'envolèrent en croassant, décrivant en rangs serrés une grande courbe dans l'air, et reprirent leurs places. Je pensais à ce qu'avait dit le Père Ambrosius, et aussi à ce qu'il n'avait pas dit, du moins tout haut : « Idiot, mais reste donc ici ! » Et n'exprimait-il pas là ce que depuis longtemps je m'étais dit à moi-même ? Je ne me cassais pas la tête pour savoir si l'on voudrait de moi. J'étais assez sot et suffisant pour croire que l'on pourrait utiliser mes talents, ne fût-ce que comme simple profès. Car je ne pensais nullement à la possibilité d'être prêtre. Je ne savais même pas le latin, et le Père Desiderius lui-même n'était que sous-diacre.

De ce jour-là, je pris la résolution de rester à Beuron, mais je n'en parlai à personne. Ce n'est qu'une semaine plus tard que je confessai mon projet au Père Ambrosius. Il fut de mon avis et me promit d'en parler au Père Prieur.

Deux jours plus tard, j'étais assis en face du Père Prieur dans sa cellule. Il faisait l'impression d'un homme très grave, ferme dans ses principes, d'une grande maturité. Son aspect n'avait pourtant rien de sombre; sa pureté d'âme répandait sur sa personne une grâce aimable et presque séduisante. Il semblait avoir horreur de tout ce qui est léger et superficiel. A deux reprises durant notre entretien, il prononça le mot de *hâbleur*. Le Père Prieur s'enquit de mon âge, de mon éducation, de ma famille. Puis il me demanda si j'avais fait des dettes ou promis le mariage. Quand je l'eus tranquillisé à ce sujet, il me dit : « Mgr l'Abbé va revenir dans une quinzaine de jours, après une très longue absence. Patientez jusque-là, et pour l'instant mettez tous vos efforts à apprendre le latin, car il est absolument nécessaire de connaître cette langue pour entrer au noviciat. Il s'agit d'être de nouveau comme un enfant. » Je lui répondis que cela ne serait pas difficile et je pris congé. Le Père Ambrosius me procura une grammaire latine, et le temps passa à apprendre : *mensa, mensæ, amo, amas, amat.*

Un beau jour du mois de juin la nouvelle se répandit dans le couvent que le Père Abbé allait arriver l'après-midi. Je le vis le soir au dîner. Lorsque j'entrai au réfectoire, le Père Abbé, alors âgé de soixante-six ans, se tenait déjà derrière sa table au haut bout de la salle, dans un recueillement profond, les mains sous le scapulaire, sur lequel pendait une croix émaillée attachée à une chaîne d'or. Lorsque tous les moines furent à leur place, il jeta un regard bref et commença à réciter le *Benedicite*, d'une voix très expressive et pleine d'onction. Durant le repas, je pouvais l'observer de profil, comme il était assis devant moi. Petit, mais robuste, il donnait l'impression d'un ascète. Un calme supérieur, dû à la haute conception qu'il se faisait de sa dignité, donnait de la gravité à ses gestes. Il termina son repas plus tôt que la plupart de ses frères. Tandis que ses yeux allaient et venaient pensifs, sa main droite jouait distraitement avec le petit marteau posé à côté de lui sur la table. Après le repas, il fit l'action de grâces avec grande dévotion. Lorsque je quittai le réfectoire avec le Père Hôtelier, je dis à voix basse : « On voit, tout de même, qu'un Abbé est encore autre chose qu'un prieur. — Je suis heureux que vous ayez compris cela, » me répondit-il.

C'est à la vigile de Saint Jean-Baptiste, après vêpres, que je fus mandé par Mgr l'Abbé. Il était assis à son bureau près de la fenêtre et me fit asseoir à côté de lui. Il me regarda d'un air aimable et dit avec douceur : « Depuis combien de temps êtes-vous ici ? — Vous vous plaisez parmi nous ? — Vous venez de l'Italie, et vous êtes converti. — Remerciez-vous Dieu chaque jour ? — Quand Dieu commence à donner, il ne s'arrête pas de si tôt. — » Ici je crus le moment venu et je dis : « J'aimerais bien... pouvoir entrer ici au couvent... » je me mis à bégayer, car soudain j'eus nettement conscience qu'il s'agissait là de ma liberté, et mon orgueil se cabra à la pensée que j'allais dépendre du oui ou non d'un autre... Il doit en être ainsi du jeune homme qui demande la main de sa fiancée... Le Père Abbé répondit : « Quand il s'agit de la réception d'un postulant, je me demande si c'est bien la volonté de Dieu. J'ai l'impression que Dieu vous veut ici. Je vous accueille donc et vous donne ma bénédiction. » Je m'agenouillai. Le Père Abbé se leva et dit en me bénissant : *Benedictio Dei omnipotentis, Patris et Filii et Spiritus Sancti.* Puis il ajouta : « Maintenant, allez demander au Père Maître ce qu'il vous faut faire pour être un bon novice. »

Sans souci des convenances monacales, je courus littéralement à la cellule du Père Maître. Il en est ainsi de tout sacrifice. Tout d'abord, on se dit bêtement : « O Dieu, me voilà pris, me voilà perdu », et puis vient la joie inhérente à tout sacrifice... Je frappai, mais ne reçus pas de réponse. Je remarquai alors que sur la petite tablette de la porte, ces mots étaient indiqués : *Je vais revenir*. En attendant le retour du P. Maître, je me mis dans l'embrasure d'une fenêtre d'où mes regards plongeaient dans le jardin tout ensoleillé. Dans sa parure d'un vert sombre, la nature ne ressemblait plus à la fiancée fière de sa couronne de fleurs, mais à une jeune mère aux vêtements sérieux, parée d'un seul joyau, un joyau de prix. Car tout le long des allées, les roses ouvraient leurs tendres corolles, les plus tendres et les plus belles autour de la croix.

TABLE DES MATIERES

ACHEVÉ D'IMPRIMER LE SIX JUILLET MIL NEUF CENT
VINGT-SIX, PAR F. PAILLART, D'ABBEVILLE
(FRANCE)